日本行政史

笠原英彦 編

慶應義塾大学出版会

総説

昨今、日本の政治や行政は混迷を極め、経済の低迷、デフレの進行に歯止めがかからない。歴史的な政権交代により民主党政権が誕生したが、マクロ経済に疎いのか、有効な経済政策が打ち出せず、国民生活はますます苦しくなるばかりである。内閣府などを中心に「成長戦略」が模索されているが、残念ながら決め手を欠いている。いくらなんでも、年率経済成長四パーセントというのは、無理な話ではあるまいか。景気対策としては、政府による財政出動と日銀の量的緩和というお決まりのメニューが選択されてきたが、功を奏しているとは到底いえないようにみえる。日本社会はバブル崩壊以降、デフレを脱却できず平成不況が長期化し、不透明感に包まれている。皮肉なことに、確実なのは、赤字公債の乱発により政府の累積債務がとてつもない額に達していることである。

消費税率の引き上げは必至としても、それに先立ち歳出の削減、税金の無駄遣いをなくすことが先決であろう。そうした意味では、実際の効果には疑問の声も聞かれるが、事業仕分けは画期的な手法である。公益法人などの仕分けで、いかに省庁の天下り先確保のために不要な税金が使われているかを明らかにしたことは一定の成果である。

民主党政権は、政治主導を標榜していわゆる「脱官僚依存」を推し進めている。方向性はあながち誤りとはいえないが、この方針を実り多いものとするには、政務三役として国会議員を霞が関に送り込むだけでは不十分であろう。そもそも政治と行政は車の両輪であり、その役割を異にしている。

霞が関は永田町のシンクタンクである。そこには莫大な国家予算がつぎ込まれている。これをうまく利用しない手はないであろう。実際に省庁に足を運ぶと、大臣、副大臣、大臣政務官は大忙しで、廊下を走っている副大臣すら目撃された。大臣の政務秘書官はいつも出放っていて席を温める余裕がないのに、事務方の秘書官は電話番をしている。

そのため、政治家に重要な情報が上がっておらず、政権首脳は迷走しているのが実情である。やはり官僚から情報を上げさせ、その上で政治決断するのが適切なのではないだろうか。もっとも、官僚もセクショナリズムを脱却できず、自分たちに都合の悪い情報を政治家に上げない傾向がある。問題なのはこうした巧妙な情報操作を政治家が果たして見破るだけの能力を備えているかどうかである。

政治主導を実質化するためには霞が関の行政文化、官僚文化に習熟することが必要である。文化は価値の体系であると同時に、長い歴史の堆積物なのである。政治文化と同様、行政文化も官僚の意識を拘束する。そうした意味で、日本政治史が日本の政治文化を明らかにするのと同様に、日本行政史は日本の行政文化を解明するために大変有用である。かつて東京大学の社会人類学者、中根千枝は『タテ社会の人間関係』において、日本社会は資格より場を尊重するという特色を指摘した。霞が関の行政文化についても、こうした日本特有のタテ社会原理が作用し、タテ割り行政やセクショナリズムに拍車をかけている。専門職スタッフを抱える省庁では、事務官と技官の壁も厚い。

たとえば、医療行政の分野に注目してみよう。かつて厚生省は薬害エイズ事件を起こした。当時、橋本龍太郎内閣の厚生大臣は菅直人であった。菅大臣は問題の重要性に鑑み、省内を徹底調査させた。その結果、いわゆる「郡司ファイル」が発見された。これは郡司課長の私的メモであり、公文書ではなかった。そのため、管理が杜撰であり、空き部屋に放置されていたようである。

「ファイル」から、非加熱製剤によりＨＩＶ（エイズ）に感染する可能性が高いとのアメリカからの情報を早くにつかんでいながら、製薬会社や血液内科医の利益を優先し臭いものに蓋をしたのである。郡司課長は技官であり、東京女子医大の助教授などを経て厚生省の課長に就任し、その後東京大学医学部の教授に異動していた。明らかに、この薬害事件は技官らの閉鎖的体質が招いた行政の不作為である（拙著『日本の医療行政』）。

こうした問題は、厚生省が少子高齢社会である日本の社会保障を担う役所であるだけに、きわめて深刻であるといわねばならない。医療行政史や医療政策史の観点から厚生省、厚生労働省の政策判断の是非を問うことも重要である。近年指摘される「医療崩壊」の原因は一九八〇年代前半からの医療費抑制政策の失敗にある。

国連が定めた「高齢化社会」の基準は、全人口に占める六五歳以上の高齢者の割合が七パーセントを超えた場合である。日本はすでに一九七〇年にこの水準に達した。そして四半世紀後の九〇年代中葉には、その比率は倍増した。現在は、「高齢社会」をはるかに超えて「超高齢社会」になっている。その結果、年間の国民医療費は三四兆円に膨れ上がり、高齢化に伴い毎年着実に自然増が生じている。しかし、対ＧＤＰ比でみる限り、日本の医療費はけっして高くなく、アメリカの半分にすぎない。

にもかかわらず、厚生省は医療費抑制政策を推進した。医療行為の対価である診療報酬は、同省保険局の作成したデータをもとに中医協（中央社会保険医療協議会）が決定する。それは公定価格であり、市場原理は働かない。すなわち、日本の診療報酬体系は統制経済なのである。八〇年代以来、診療報酬はマイナス改定を繰り返してきた。九〇年代前半には省内で医療費抑制政策の是非をめぐり幹部と中堅・若手の間で論争が展開された。このとき政策の続行を求める幹部の意見が通ったが、その背景には大蔵省の圧力があった。次官や局長にしてみれば、退職は目前の出来事であり、天下り先を大蔵省がおさえている以上、要求にしたがうのはあたりまえの選択であった。その後も、同省は地方や僻地の医師不足を都市部への集中や偏在と説明してきた。

しかし、二〇〇四年の臨床研修医制度の改革によって臨床研修が義務化されると、医療界に大きな変化が生じた。臨床研修のメニューが充実した都市部の大病院へ研修医が流れ、大学病院の医局では人手不足が生じ、研修医の当直が禁止されると医師不足が一挙に顕在化した。とりわけ、産科や小児科、救急の医師不足は深刻である。体力勝負の外科医や黒子役の麻酔科医も敬遠されるようになった。そのため、医師不足により産科や小児科は閉鎖される病院が急増している。なんと横浜市でも二つの区に分娩施設がない。

これに対して、厚生労働省も事態の深刻さを認め、診療報酬のプラス改定を模索するとともに、文部科学省に医学部の定員の増加を要請した。しかし実際に医師の増加が実現するのは一〇年先の話である。医師養成制度が厚労省と文科省にまたがっているというのも問題ではないか。タテ割り行政の弊害が心配される。

およそ一〇年前に省庁再編が断行され、厚生省と労働省が統合されたのも果たして適切であったか疑問視する声もあがっている。当直明けの医師がそのまま午前の外来にでるのも珍しくなく、三〇時間以上の労働があたりまえのようになってきた。明らかに労働基準法違反のはずだが、両省の統合で地域の労働基準監督署による摘発を余り耳にしなくなった。その結果、過労から勤務医が減り、自治体病院など基幹病院でも医師不足は深刻さを増している。基本的には、九〇年代の医療費政策をめぐる政策判断が誤りであり、「医療崩壊」を招来したといっても過言ではない。

行政史や政策史はこのように政策形成や政策決定の問題点を中長期的視点から洗い出すことにより、官僚組織が陥りがちな失敗を的確に提示することができる。それにより、理論研究を補完する役割を期待することができよう。

日本行政学会では、「行政史」を自己の専攻領域と申告する研究者は一〇名ほどである。しかし行政学者の間でも、これまで行政に対する歴史的アプローチを試み着実な成果をあげている研究実績がある。西尾隆氏の『日本森林行政史の研究』や武藤博己氏の『イギリス道路行政史』がそれである。

西尾氏の研究では、戦前・戦後連続論の観点から日本の風土にあって森林行政の歴史が保全というに値する経験を重ねてきたとして、「保続」なる概念を用いて山林局の組織哲学が解明されている。武藤氏の研究では、行政史の分析方法がはっきりと提示されている。制度構造の分析にあたり、制度論と実態論の関係が模索され、「行政慣行」、「運用技術」、「状況」の三つの要因に着眼し、道路行政の展開が説明されている。

編者も稚拙ながら、内閣制に先立つ近代日本の太政官制を分析し、『明治国家と官僚制』、『日本行政史序説』を公刊した。太政官制とはいうまでもなく律令制に依拠する政治行政制度である。もちろん律令制は古代中国から七、八世紀の日本が継受した法典であり、天皇を中心とする中央集権国家の形成に大きく貢献した。

しかし、唐の中央政治機構が門下、中書、尚書の三省の分立体制で複数の宰相を抱えていたのに対し、古代日本の政治的行政的中枢機構は太政官制に一元化された。こうした彼我の相違は中国の皇帝と日本の天皇の政治的性格の違いに起因している。中国の皇帝は武力で前王朝を倒した政治的覇者であるのに対して、日本の天皇は天孫の後裔でいわば現人神としての性格が濃厚である。

そのため、古代中国の中央官制は多元的となり、結果として皇帝に政治権力が集中する仕組みになっている。これに対し、日本の天皇は政治的宗教的権威としての側面が濃厚であり、政治・行政権力は太政官が一元的に掌握した。こうした構造をもつ太政官制が明治維新に再び復活する。維新官僚は『令義解』を読んで太政官制を理解しようとした。このような歴史的背景を理解しないとおよそ一七年間存置した太政官を中枢とする官僚制や当時の行政を明確に把握することはできない。したがって、本書は明治太政官制の分析から始まっている。

さらに近年においては中京大学の桑原英明氏と協力して『日本行政の歴史と理論』を刊行して、理論と歴史の両視点から日本行政へのアプローチを試みた。依然として課題は残るが、二つのアプローチを架橋することの重要性を確認できたことが一番の収穫である。

日本公共政策学会においても、東京大学の御厨貴教授（会長）や慶應義塾大学の大山耕輔教授（理事、企画委員長）の指導下に「政策史」の分科会を企画する機会をいただいたことは、よい勉強になった。力不足の企画委員として同学会の権威である両先生の期待に応えられたかはいささか心許ないが、すぐれた報告者や討論者にめぐまれたことは実に幸運であった。あらためて、大変有意義な報告をしてくださった常盤大学の福沢真一准教授、札幌大学の宇野二朗准教授、そしてきわめてシャープな分析をしていただいた討論者、愛知大学の入江容子准教授に心から御礼申し上げたい。報告者や討論者の人選について有益なアドバイスを頂戴した早稲田大学の縣公一郎教授にも深甚なる感謝の意を表するしだいである。

こうした研究の蓄積を背景として、より行政史研究を深めるべく、今回このプロジェクトを企画した。編者は全体像を見渡すべく、今回は敢えてコンダクター役に徹することにした。総論部分では、日本行政の歴史、すなわち歴史的変遷を追究することで、戦前・戦後の連続性・不連続性を確かめるだけではなく、いわゆる一九四〇年体制論の意義を再確認した。各論部分では、各行政分野別に公共政策の展開過程を追い、様々な時代の制度変更や政策判断の是非を問い直す試みに挑戦した。

行政制度もさることながら、日本という国はともすると諸外国にモデル（模範国）を求める傾向が顕著である。古代の日本は中国化をめざし、近代日本は西欧化に走った。そして戦後の日本はアメリカナイズされてきた。近年では、五年五カ月続いた小泉内閣が推進した構造改革は「市場原理主義」とも称されるアメリカ・モデルであり、政権交代により誕生した民主党政権はイギリス・モデルを志向している。これだけ長い歴史を誇る日本はもっと自国の歴史に学び、日本・モデルを模索してみてもよいのではないか。そんな思いで本書を企画した。

本書がなるには執筆メンバーはもちろん多くの方々のお世話になった。故利光三津夫先生には実証史学を、堀江湛先生には政治学と行政学をご指導いただいた。心より恩師である両慶應義塾大学名誉教授に対し御礼申し上げる。日本行政学会では、行政の歴史的研究の意義を認めご支援くださった京都大学の村松岐夫、早稲田大学の片岡寛光両名誉教授にひたすら感謝したい。また、寺崎修慶應義塾大学名誉教授、玉井清慶應義塾大学法学部教授のご理解ご協力にも厚く感謝申し上げる。本書の編集にあたっては、慶應義塾大学出版会の村山夏子氏にご尽力いただいた。お力添えに深甚なる感謝の意を表したい。

未だ課題は山積しているが、本書は現状での研究成果をできるだけわかりやすく紹介するよう努めた。行政史研究は今後さらに発展してゆくにちがいない。本書が将来に向けて日本行政史研究の進展にいささかなりとも寄与できたとしたら望外の喜びである。

二〇一〇年盛夏

『日本行政史』企画・編集担当　笠原　英彦

〈目次〉

第3章　政党内閣期の政治と行政 ……55

第Ⅱ部 各論

第Ⅰ部　総　論

第1章　明治政府の成立と太政官制の復活

はじめに

徳川慶喜による政権返上である大政奉還以降、明治維新と呼ばれる一連の政治変動を経て、薩摩・長州両藩を中核とする明治政府は、江戸幕府より政権を奪取することに成功した。しかし、周知のごとく政権の成立と確立は同義ではなく、王政復古の大号令により成立を宣言した明治政府は、以後、政権の確立に奔走する。政権を確立し、永続させるために重要な要素は、行政機構の確立であるといえる。政治と行政は両輪の関係にあり、いずれか一方が欠けても政権の維持はきわめて困難な状況に陥ると考えられるためである。

明治政府は、その成立に至る経緯が、半ば江戸幕府に対するクーデタ的な急速な政権交代であったため、幕府に代わる全国統治機構を備えたものではなかった。ゆえに、明治初年においては、安定的な行政機構を模索して度々の制度変革を余儀なくされたといえる。

本章においては、近代国家建設を企図した、かかる明治政府による行政機構確立の過程を、歴史的側面より明らかにすることを試みる。特に、明治二年七月八日の職員令施行によって採用され、以降、明治一八年（一八八五年）一二月二二日の内閣制度創設に至るまで中央行政機構として機能した太政官制を中心に論じていくことにしたい。太政官制は、数次の改革を経て、廃藩置県の実施や西南戦争などの士族反乱、さらには自由民権運動への対処など、明治初期の政府にとって政権の存続にかかわるような重大な課題に対応し、近代国家の建設において成果を上げることに成功した。よって、本章では、太政官制が明治政府によって中央行政機構に採用されたことの意義についても論じ、内閣制度との関係を展望したいと考えている。

1　明治維新期の政府機構

慶応三年（一八六七年）一〇月一四日、江戸幕府第一五代将軍徳川慶喜は大政奉還の上表を行った。しかし、政権としての実態をほぼ失っていた朝廷は、かかる状況の推移に困惑し、かえって徳川氏にその後の方針を確定するまでの間、政権の再委任を打診するなど政局は混乱していた。地方行政に関しても、幕領を管轄していた代官・郡代に対して管轄地に関する報告を命じ、その掌握を試みたが、幕府代官・郡代に代わる機構・人材を持たなかったため、彼らに継続統治を命ぜざるを得なかった。かような状況下において、政権基盤の確立、就中、全国を統治し得る行政機構の確立は、明治政府にとって喫緊の課題であった。

一二月九日、明治政府は王政復古の大号令を発し、内外に対して政権の発足を宣言した。これは、摂政・関白、将軍、幕府など、従来の統治機構の存在を否定し、総裁・議定・参与の三職の設置による新たな統治機構の創設を宣言したものであった(1)。政府首班に相当する総裁には、皇族の有栖川宮熾仁親王が任ぜられ、政府閣僚に相当する議定には、皇族・公卿・諸侯から一〇名が任ぜられた。総裁・議定を補佐する参与には、徴士より二〇名程度が任ぜられたが、明治維新に際して活躍した諸藩の藩士がその中心となっていた。そして、これら三職の下に、行政各部に該当する神祇・内国・外国・海陸・会計・刑法・制度の各事務科が設置され、明治政府の行政機構は一応整備された(2)。これを三職七科制と呼ぶが、約半月で各事務科の統括を担当する総裁局を新設することになり、これに伴って事務科を事務局に改め、前述の七科に総裁局を加えた三職八局制に再編された。

こうして行政機構の整備が進められる一方で、政局はなおも流動的であった。将軍職を辞したとはいえ、直轄領四〇〇万石、旗本・御家人領約三五〇万石を有し、他の大名とは懸絶した実力を保持する徳川宗家が健在であることがその原因となっていた。明治政府内では、慶喜を政権に参与させて政権の安定化を図る公議政体派と、武力をもってしても徳川宗家の影響力を排除すべきとする武力討幕派の二派が対立を深めていた。両派の対立は、一二月一〇日の小御所会議における慶喜に対する辞官納地問題に端を発しており、しだいに公議政体派が優勢になりつつあった。しかし、武力討幕派は江戸において無頼漢を使嗾して強盗・放火などを繰り返し、旧幕臣を挑発することによって、鳥羽・伏見の戦いという明治政府と旧幕府の間の武力衝突を発生させることに成功する。そして、鳥羽・伏見の戦いに勝利することによって明治政府の主導権を武力討幕派が掌握したのである。この鳥羽・伏見における勝利に勢いを得た明治政府は、続いて江戸に向けて征討軍を発向する。追討を受けた徳川宗家は全面降伏し、慶応四年(一八六八年)四月一一日に江戸城を無血開城した。徳川宗家の降伏は、旧幕府本体による抗戦の終結を意味し、各地においてなおも戊辰戦争が継続中であるとは言え、政局は明治政府にとって優位に傾くことになった。

かような情勢の変化は、明治政府の行政組織の整備にも大いに影響をもたらす。江戸入城後の政府軍は、勘定・外国等の幕府の各奉行所をその職員とともに接収し、政府の行政組織として活用したのである。江戸幕府の行政組織は、マックス・ウェーバーの官僚制概念に従えば後期家産官僚制に該当するが、その組織は決して未成熟なものではなく、特定のポストに対するキャリア・パスが確立され、また、今日、俗に言う「上がりポスト」の概念も存在するなど、運用の実態においても現在の行政組織に通ずるものを有していた。明治政府が接収した奉行所は現在における各省庁に相当し、行政長官たる奉行の下に、組頭・吟味役・与力・同心などの下僚が配され、階統性構造を有する組織であった。(3) ゆえに、明治政府による幕府の各奉行所の接収は実質的な行政組織の継承を意味するものであり、特に行政実務に従事する中・下級の官僚を大量に確保したことにより、明治政府の行政機能を大いに向上させることになった。

さて、明治政府は慶応四年三月一〇日、五箇条の御誓文を発し、公議輿論の尊重や万国和親の基本方針を示し、政権に対する支持の確保を図った。続いて、閏四月二一日、江戸開城による政治状況の好転などもあって明治政府はその機構の改編に着手した。(4) この新体制を「政体書」体制と呼ぶ。なお、「政体書」において政府を「太政官」と称したことから、広義においては「政体書」体制も太政官制に含まれることがあるが、通常は、後述する「職員令」体制以降、明治一八年一二月の内閣制度導入以前の政府機構を太政官制と称する。「政体書」体制では、官吏公選制や三権分立などが導入されたが、当時としてはきわめて先進的なこれらの制度については、「政体書」の起草者である福岡孝悌がアメリカ合衆国憲法を参考とし、その内容を反映した制度設計を行ったことにより導入された。(5) その概要は以下のとおりである。

政府は、立法部に当たる議政官、行政部に当たる行政・神祇・軍務・会計・外国の各官、司法部に当たる司法官から構成される。議政官は、議定・参与によって構成される上局と、諸藩・府県から選出された貢士らによって構成される下局から成り、上下院の構想を反映したものとなっていた。また、行政各部については、行政官がその他の各官を主導する地位にあった。なお、「政体書」体制への移行により総裁職が廃止され、副総裁であった三条実美・岩倉具視の両名が新たに輔相に任ぜられ、行政官の長官に就くと同時に、政府の首班も兼ねた。三条・岩倉の両名は、議定として議政官を主導する立場にもあり、また、司法部である司法官は行政官の隷下にあったため、「政体書」体制下の三権分立とは、実質的には行政部が立法・司法部を統制する行政優位の体制であり、今日における三権分立とはその内実が異なる。

　中央行政機構については、明治維新よりほぼ半年にして三職体制より「政体書」体制へ再編されたが、地方行政機構は、未だ十分に整備されてはいなかった。維新直後、朝廷が地方行政機構の掌握を試みたが不十分なものに終わったことについては既述のとおりであるが、その後、徳川宗家の降伏により、徳川氏の旧領などを政府直轄地とするに及んで、政府はこれらを府県とし、府知事・県令を派して直接統治を行った。その一方で、大名領については、依然、大名による統治が続き、地方行政機構は、府県・藩から成る府藩県三治制と呼ばれる体制となっていた。中央集権体制の構築を目指す政府は、江戸時代における幕藩体制に近似する府藩県三治制の改革を試み、地方制度改革を推進することになる。明治政府は、明治二年（一八六九年）六月に版籍奉還を断行した。これは大名がその支配する土地と人民を天皇に奉還するものであったが、奉還後も藩主は知藩事として引き続き藩の統治に当たった。外面上は藩による支配が継続しているが、大名がその所領に対する世襲的な支配権を喪失し、明治政府の地方官である知藩事に任命されたことにより、後の廃藩置県による中央集権体制の確立のための重要な布石となったのである。また、版籍奉還の実施により、地方行政を専管する部局の設置が求められ、会計官より民部官が分立された。

　さて、「政体書」体制への移行や版籍奉還などにより、その政権基盤の構築を進めたかに見えた明治政府ではあったが、旧諸侯・公卿を中心とした政府内における保守派は、「政体書」体制に代表される欧米的諸制度・政策の実施に対して強い不満を抱いていた。政府にとって、これら旧諸侯・公卿の有する権威は、政権の維持になおも必要であったため、彼らの不満に対応する必要があった。このため、政府は岩倉らの意見を反映させ、明治二年七月八日、「職員令」を発して中央行政機構の改編を行った。(6)「職員令」では、王政復古のスローガンに基づき、古代律令制下における太政官制に倣った政府機構を規定した。これを「職員令」体制と呼ぶ。「職員令」体制では、神祇官・太政官の二官、民部・大蔵・刑部・兵部・宮内・外務の六省を中心に、その他、警察機関である弾正台や諮問機関である待詔院、教育・研究機関である大学校などの併設諸機関から成る二官六省体制が採られた。太政官は左右大臣、大納言、参議によって構成される今日の内閣に相当する機関であり、行政各部に当たる各省の統率を行った。なお、「職員令」体制では、右大臣に三条、大納言に岩倉が任ぜられ、政府の主席と次席を占めたが、閣僚である参議や行政長官である省卿の多くは旧諸侯や公卿によって占められ、実質的に政権の運営に当たる旧藩士層は、省の次官・局長級に相当する大輔・少輔以下に任ぜられるに留まった。

明治維新以降、明治政府は中央行政機構をはじめ、政府機構の確立に苦慮し、三職体制、「政体書」体制、「職員令」体制など、短期間にその機構を次々と変じている。しかし、「職員令」体制以降、太政官制の導入によって一応の機構の安定を見るに至った。よって、以下に、太政官制を政府機構に採用した意義について検討したい。

「職員令」体制施行の背景には、政府内における保守派の不満への対応と近代国家の建設という背反する目的を達しなければならないといった政治的状況が存在した。結果として、太政官制の導入がかかる問題を解決したといえる。すなわち、律令制下における太政官制の復活により、外面的には「復古」を求める保守派の要求を満たす一方で、設置された各省の機能は、律令制下における省の有する機能とは当然に異なり、実質的には、近代国家建設を推進するための内実を備えることに成功したのである。

また、太政官制の導入は、明治政府が掲げたスローガンである「天皇親政」の実現とも深く関わる。そもそも律令制下における太政官制とは、隋唐における律令制を日本に輸入する際に構築された行政機構であり、唐において確立された三省六部制を規範としている。しかし、三省六部制における皇帝と太政官制における天皇を比較した場合、太政官制においては、本来、皇帝大権とされるいくつかの権限が太政官の権限とされるなど太政官の権限が拡大され、皇帝の絶対的支配権の確立を企図した三省六部制とは異なる側面を有している。すなわち、太政官制は専制君主である天皇の親政体制としての外貌を有する一方で、内実は有力貴族層によって構成される太政官が国政の運営に関して実質的な責任を負う政治体制であった。天皇は主権者として積極的に統治を行うのではなく、太政官以下の決定を承認し、正当化する権威的な源泉としての役割が期待されたのである。ただし、あくまでも最終的な決定権は天皇にあるため、太政官制は、きわめて受動的ながらも天皇親政体制たり得たのである。ゆえに、明治政府による太政官制の導入は、「天皇親政」の実現につながるものとなった。

古代と近代の日本は、隋唐の成立と欧米列強の接近などに見られる外圧の存在、先進的制度導入の必要性、中央集権体制確立の必要性など、置かれた政治的状況に多くの類似点を認めることができる。ゆえに、天皇親政体制の実現と中央集権体制の確立など、太政官による実質的な国政運営などの特徴を有する律令制下における太政官制をモデルとして政府機構を構築することにより、明治政府が直面する問題の解決を模索したと評することもできよう。

2　廃藩置県と太政官三院制

明治四年（一八七一年）七月一四日、明治政府は廃藩置県を断行した。明治政府にとって中央集権体制の確立は重要な課題であったが、急速に事態が進展した背景には大蔵省と兵部省の要請があった。財政を統括する大蔵省では、徳川宗家の旧領を中心とした府県からの収入で国政を運営しなければならず、慢性的な財政赤字に悩まされていた。このため、大蔵大輔大隈重信をはじめとする大蔵省首脳は、藩を廃止し、全国を政府直轄の府県として税収の拡大による財政基盤の安定化を企図していた。一方、兵部省では徴兵制度に基づく国民皆兵の軍の創設を目指しており、全国統一の徴兵制度の施行には藩の存在が障害となるため藩の廃止を求めていたのである。

当時、政府内においては、近代化の推進をめぐって、西郷隆盛・大久保利通らを中心とする漸進路線と、木戸孝允・大隈重信らを中心とする急進路線の対立があり、特に大久保と木戸の対立が深刻化するなど危機的状況にあった。兵部省少壮官僚であった鳥尾小弥太・野村靖の両名は、「書生論」と称する急進的廃藩論を掲げて、廃藩置県の即時断行により政府と諸藩の間の緊張を高め、政府内の対立を解消すべきことを主張した。両名は兵部大輔山県有朋を説得し、廃藩の断行を求めて山県とともに西郷・木戸・大久保らを説得した。この結果、明治政府にとっての懸案事項であった中央集権体制の確立が廃藩置県の断行という形で急速に進行したのである。

しかし、廃藩の断行は知藩事となっていた大名の領国支配権を完全に否定するものであり、いかに版籍奉還によって明治政府の地方官とされたとはいえ、大名による頑強な抵抗が予想された。ところが、実際には抵抗や混乱もほとんど見られず、平穏裡に廃藩置県は完了した。これには、軍事的要因と財政的要因が関係していると考えられる。まず、軍事的要因については、御親兵の存在が挙げられる。御親兵は、西郷の主導の下、薩長土三藩より約八〇〇〇名の兵力を結集して編成した政府直属軍であり、これにより諸藩に対する政府の軍事的優位が確保された。このため、諸藩の蜂起を軍事的に牽制することが可能になったのである。続いて財政的要因に関しては、藩財政の問題を挙げることができる。当時、多くの藩では財政が極度に悪化し、鳥取・名古屋・熊本などの諸藩ではこれを理由に廃藩を願い出ることを検討するに至るほどであった。そこで政府は、知藩事たる大名に対して、旧領の石高の一〇分の一を家禄として給付することや、藩が国内外に対して有する負債を政府が一括して処理することなどを廃藩の条件として提示した。政府のかかる提案は、負債の完全免除と廃藩後の収入の保障など、大名にとってはきわめて好条件であり、廃藩の受容を容易なものとしたのである。その一方で、政府が引き受けた諸藩の負債総額は当時の歳入の約二倍であり、財政状況に余裕がないことは政府も同様であったため、政府は藩債処理に忙殺されることになる。

廃藩置県による中央集権体制の確立に伴い、政府は太政官職制を発して中央行政機構を改編し、その機能の向上を図った。この改正は、太政官に正院、左院、右院を設置したため、「太政官三院制」と呼ばれる。[7] 太政官に設置された三院のうち、正院は内閣に相当し、大臣・参議によって構成され、行政権を担うと同時に政府を主導した。また、左院は立法府に相当し、太政官によって選任された議官が法案の審議を行ったが、立法機能を有するには至らず、議法機関ともいうべき存在であった。右院は各省の卿・大輔など、行政の長次官によって構成され、各省間の事務に関する調整・連絡を担当する調整機関であった。右院の設置は、この段階では顕在化していなかったセクショナリズムの発生とその予防を想定したものであったといえる。

なお、太政官の機構改編に伴い、大納言の廃止と左右大臣の上位に太政大臣の新設が行われ、太政大臣には三条が補され、大納言の岩倉は右大臣に昇進した。また、この機構改編に伴って、大幅な人事の刷新も行われた。前述の三条と岩倉を除く大半の諸侯と公卿が、参議や省卿の地位を去ったのである。これにより、政権の運営を実質的に担当していた士族層が参議や省卿などの政府の要職を得ることが可能となり、政府の活動の一層の活発化が期待された。

ところで、中央集権体制の確立に伴い、地方行政の確立と税制の確立の問題から、省レベルの行政機構をめぐって問題が発生していた。版籍奉還により地方行政を主管する民部官が会計官より分立したことはすでに述べた。しかし、その後、財政担当部局である大蔵省は、税制の確立と徴税の確実化のため、地方行政を把握する必要性を主張し、地方行政担当部局であった民部省の合併を要求した。その結果、明治二年八月一一日、民部卿松平慶永が大蔵卿を、大蔵大輔であった大隈が民部大輔をそれぞれ兼任することによって、民部・大蔵両省の合併が実現した。しかし、内政と財政を総括する巨大官庁の誕生を危惧した大久保は両省の合併に異を唱え、翌明治三年（一八七〇年）七月一〇日に民部・大蔵両省を分離したのである。その後も民部・大蔵両省の合併と分離をめぐる対立は、近代化路線をめぐる大久保と木戸の対立と連動して続いたが、明治四年（一八七一年）七月二七日に民部・大蔵両省を再合併することで一応の決着を見た。この一連の問題を「民蔵合併／分離問題」と呼ぶ。しかし、大蔵省が主管していた殖産興業部門を工部省として分離したとはいえ、内政・財政の双方を主管する巨大官庁となった大蔵省の存在は、政府内における火種となり続け、民蔵両省の合併・分離の問題の最終的な解決は明治六年（一八七三年）の内務省設置を待たねばならなかった。

3　留守政府と太政官

廃藩置県の実施により中央集権体制の確立に成功した明治政府は、次なる課題として不平等条約の改正に乗り出した。明治四年一一月一二日、岩倉、大久保、木戸、伊藤博文をはじめ、留学生を含めると一〇〇名を超える大使節団が条約改正予備交渉のため渡米した。いわゆる岩倉遣外使節団である。この使節団は、その陣容や寄せられた期待とは裏腹に、全く成果を上げることができず、目的を条約改正予備交渉から欧米諸国の視察に変更した上に、政府首脳の約半数がほぼ二年間にわたって日本を離れたため政治的混乱を誘発するなど、実りの少ない結果に終わることになる。

さて、岩倉使節団の出発に際して、国内に残る三条、西郷、大隈、板垣退助らから成る、いわゆる留守政府との間に、留守中の政策の推進などに関して後に齟齬を生じないために、一二カ条の約定書が締結された。その基本的内容は、使節団派遣中における改革や新規政策推進の抑制、人事の凍結などにあったが、約定書第六款と第七款の理解をめぐって留守政府と使節団の間で見解の相違を生ずることになる。すなわち、第六款では「内地ノ事務ハ大使帰国ノ上大ニ改正スル目的ナレハ其間可成丈ケ新規ノ改正ヲ要スヘカラス」とあり、第七款には「廃藩置県ノ処置ハ内地政務ノ統一ニ帰セシムヘキ基ナレハ條理ヲ逐テ順次其実効ヲ挙ケ改正ノ地歩ヲナサシムヘシ」とある(8)。使節団側は、出国前に実施した中央集権体制の確立を確実なものとする一方、それ以外の新規事業の凍結を期待したと考えられるが、留守政府側は、第七款に近代化政策の推進を読み込み、使節団の離日中に、徴兵制、学制に基づく小学校の設置、裁判所の全国への設置、電信・灯台の設置など、各省が次々と新規の政策を展開したのであった。

ところで、かように近代化政策を推進するに当たっては財政の裏付けが必要となる。当時は、予算制度の確立が不十分であった。ゆえに、各省は経費の見積もりが甘く、事業進行中に経費が不足すると大蔵省に対して頻繁に追加の支出を求めるなどしていたため、歳出の統制が困難な状況にあった。しかし、財源の不足は明らかであるため、大蔵省も追加支出に唯々として応ずるのではなく、減額や拒絶などの対応をすることもしばしばであった。このため、各省は自らの推進する政策の重要性を大蔵省に説明し、他省より多くの経費の獲得を目指さざるを得ず、図らずしてセクショナリズム的状況が現出した。その一方で、赤字財政に悩む大蔵省は精密な会計調査を実施し、深刻な歳入欠陥に陥っている実情を把握する。このため、明治六年度予算においては、均衡予算が編成され、「量入為出」の方針に基づく緊縮財政路線を堅持することになった。しかし、深刻な財政状況を十分に認識していない各省は依然として多額の予算を要求したため、大蔵省によってその大半を減額され、大蔵省とその他の諸省の間の対立は調整し難い状況にまで発展した。かかる予算をめぐる対立を「明治六年の予算紛議」と呼ぶ。この問題は、大蔵大輔として留守政府の財政を預かっていた井上馨と、井上を補佐していた渋沢栄一の両名の紛議に対する引責辞任と、政府機構の改革に発展し、参議であった大隈が大蔵省事務総裁となることで一応の決着を見た。

かような予算紛議を何故に政府は防止できなかったのであろうか。そもそも太政官三院制では、セクショナリズムに対するために右院が設置されていた。しかし、約定書第一一款において右院の定期開催は停止され、議事のあるときのみ正院が召集するべく規定され、その機能は大幅に制限されており、予算紛議に対して十分な対応ができる状況にはなかった(9)。そして、各省間の対立に対して最終的な政治的調整を行うべき正院は、中核にあった西郷が旧主島津久光との関係で鹿児島に帰郷して不在であり、また、太政大臣の三条には事態を打開するに足る統率力が欠けるなどして、やはり有効な対応を行うことができなかった。もっとも、内政と財政を掌握した大蔵省の影響力が絶大であり、正院の統制力さえもすでに凌駕していたと考えることもでき、かつて大久保が懸念した巨大官庁の弊害が明らかになったともいえる。そして、大蔵省の統制を企図して自ら大蔵卿の地位に就いた大久保は、岩倉使節団の一員として外遊中であった。かかる状況は、司法大輔の佐々木高行が「各省独立シテ、右院ハ有名無実、正院ハ事務ニ日々遠サカリ、遂ニ各省同志権力ヲ相争ト申スニ至ル時ハ、今般ノ改革モ無益ニ帰宿スル」と述べている(10)。

さて、予算紛議の解決に当たって行われた政府機構の改革について述べる。明治六年五月二日、司法卿の江藤新平の提案による政府機構の改革が実施された(11)。この改革の眼目は、正院の諸省に対する統制力を向上させることにあり、参議の地位及び参議と省卿の関係の見直しが行われた。まず、参議については従来と同様に太政・左右大臣とともに正院の構成員であると規定すると同時に、「内閣ノ議員」であることを明記した。太政官制の下では、天皇の輔弼責任、すなわち国政運営に関する責任は大臣に限定されており、その点が変更されたのではないが、「内閣ノ議員」として国政に関与する立場にあることを明らかにしたといえる。また当時は、行政長官たる卿には参議以外の人物が充てられており、参議－省卿分離制ともいうべき制度が採られていた。ところが省卿に与えられた権限は大きく、省内の人事はもとより、所管分野の政策の推進についても高い独立性が保障されるなど、各省間のセクショナリズムを生じやすい状況にあった。予算紛議におけるセクショナリズムの噴出は、参議－省卿分離制により各省の動向を正院が十分に掌握できなかったことに一因があるとみた江藤は、参議と省卿を兼任させ、参議が直接各省を統制するべく制度を変更した。かかる参議－省卿兼任制は、国務大臣が主任の大臣として行政長官を兼任する後の内閣制度に類似しており、その祖型であると考えることもできる。また、かかる参議－省卿兼任制の導入により、江藤をはじめ各省の卿が参議に昇任し、参議の人数も大幅に拡充されることになった。なお、この制度改革は、使節団との約定書により機構改革が禁じられていたため、事実上は改革であったにもかかわらず「太政官制潤飾」と称された。

ところで、明治六年の予算紛議はセクショナリズムの問題を顕在化させるとともに大蔵省という巨大官庁の弊害をも明らかにしたものであった。内政と財政を所管していた当時の大蔵省については、民蔵分離を主張する意見が根強く存在し、大蔵卿の地位にあった大久保自身も、大蔵省が地方行政を管轄することを懸念していた一人であった。松方正義らの地方官経験者は、大蔵省の地方行政が民政を軽視し、徴税を重視する点を批判し、民政を担当する官庁を大蔵省から分離することを求め、かかる要望は左院議官宮島誠一郎の内務省構想に結実した。一方、司法卿であった江藤は、司法制度の整備に対応して警察制度の整備・拡充の必要性を感じ、司法省が管轄する警察機能を拡大し、治安の安定化を図る必要から、やはり内務省設置を構想していた。さらに、岩倉使節団から帰国した大久保は、欧米諸国の発展を見て産業育成の重要性を痛感し、勧業部門を重視した内政担当官庁の設置を急務と考えるようになっていた。地方行政、警察行政、勧業行政のそれぞれの必要性から、大蔵省より再び内政部門を分離することが求められ、明治六年一一月の内務省の設置に至り、大久保が自ら初代内務卿となった(12)。なお、内務省の設置により、民蔵合併・分離問題に最終的な決着がついたといえる。

明治六年には予算紛議に続いて、さらに重大な事件が発生した。「明治六年政変」もしくは「征韓論政変」として知られる政府の分裂である。鎖国政策を採る朝鮮が日本を侮辱する発言を行ったとする外務省への報告を契機として、朝鮮を問責の上、場合によっては武力をもって開国を迫るべきことを留守政府は決していたのであった。もっとも、かかる動向の中心にあり、自ら使節として朝鮮に赴こうとしていた西郷は、板垣に宛てて「内乱を冀う心を外に移して、国を興すの遠略」を述べており(13)、近代化政策の推進により従来の特権を剥奪されて不満を募らせる士族への対応を念頭に置いていたことが推測される。しかし、岩倉使節団の帰国により、征韓の実現は国家財政の堪え得るところではなく、むしろ内政の整備を優先すべきであるとする「内治派」が形成され、征韓論に反対したため問題は紛糾した。結局、大久保や岩倉らの宮中工作により、征韓の決定は覆され、これに抗議した西郷ら「征韓派」参議五名は一時に政府を辞した。この政変により、政府は参議の半数を失い、その政治力を大幅に低下させることになるのである。

4　大阪会議

「明治六年政変」により参議の半数を失い、政治力を低下させた政府をとりまく状況は厳しいものであった。征韓を中止したことにより、不平士族の不満はさらに高まり、明治七年（一八七四年）一月、岩倉具視が赤坂喰違坂で不平士族に襲撃される暗殺未遂事件が発生するなど、各地で不穏な動きが強まった。特に、翌二月には佐賀において、帰郷した江藤を首領として全国初の大規模な士族反乱が発生するなど、不平士族の動向は看過し難いものになった。このため大久保は、五月には、明治四年に発生した琉球漁民殺害事件の問責を名目に台湾出兵を決行した。この出兵は、国際慣行に対する無知などにより、清をはじめ英国などからも抗議を受けた。しかし結果的には、琉球が日本に帰属することを清に承認させた上で謝罪と賠償金を獲得するなど成功を収めたといえる。さらに、清国代表李鴻章と交渉に当たった大久保は、かかる成果を得たことで政府内の影響力を確固たるものとした。しかし、その反面、出兵に抗議した木戸が参議を辞するなど、薩摩を代表する西郷に続いて長州を代表する木戸をも失うなど、政府の政治力はさらに低下してしまうのである。

明治七年より本格的に着手した地租改正事業の推進や、不平士族への対応などの山積する問題を解決するためには、政府の政治力を再び向上させる必要があった。特に、大久保は木戸の参議復帰を望んでおり、伊藤や、当時野にあった井上などを仲介として木戸と交渉を重ねたのである。このとき井上は板垣にも声をかけ、木戸と板垣が提携したこともあり、明治八年（一八七五年）二月、大阪にて木戸と板垣の参議復帰の合意が為された。この交渉を「大阪会議」と呼ぶ。

「大阪会議」において参議復帰を決めた木戸と板垣であったが、立憲政体の樹立、三権分立の確立、二院制議会の設立などの条件を提示していた。このため、両名が三月に参議に復帰した後、四月一四日に「漸次立憲政体樹立の詔」が発せられ、これに合わせて政府機構の改革が進められた。この改革により、太政官において左院と右院が廃止され、新たに元老院、地方官会議、大審院が設置された[14]。

元老院は左院に代わる立法機関で、帝国議会開設まで設置されており、国会の前身となる機関である。ただし、左院と同様にその機能は立法には至らず、なお議法機関というべきものに留まった。元老院における法案審議に当たっては、「三読会」と呼ばれる三回の本会議にて法案の審議を行う「議定」と、元老院における修正を認めない「検視」が規定されており、いずれの方法で審議を行うかは正院が決定するとされた。さらに、「急施ヲ要スルノ事件元老院ノ検視ニ付スル事ヲ経ルニ暇アラサル者ハ内閣ヨリ便宜布告シ後ニ検視ニ付スルコトヲ得」として、緊急を要する法令については布告後、元老院の検視を受ければ足るとする「便宜布告」が規定されるなど、元老院の権限は大幅に制限されたものとなった[15]。

地方官会議は、府知事・県令を議官とする会議であり、主として木戸の構想に従って設置された機関であるが、木戸は、元老院を上院とし、地方官会議を下院として二院制議会を実現することを企図していた。このため、木戸は自ら第一回地方官会議の議長となるなど、地方官会議に期待をかけた。当初は、地方行政に関して活発な議論が展開されることもあったが、しだいに事務官会議的な内容に転じていくことになる。

大審院とは最高司法機関であり、今日における最高裁判所の前身となる機関である。大審院の設置は、元老院の設置による立法部と対応する司法部の設置により三権分立の実現を企図したものであったが、今日における最高裁判所とは異なり、司法行政を担当する司法省の下に設置され、行政部である正院の統制下にあった。

このように三権分立を唱えながらも、その実は行政部である正院の影響力がきわめて強く、特に、立法機能については、正院と各省が実質的な立法活動を行っていたと見ることができる。すなわち、「漸次立憲政体樹立の詔」に基づく新体制下においても、行政部が立法部の機能をほぼ兼ねており、「政体書」体制以来の行政部優位の傾向が継承されているといえる。

なお、かかる制度改革によって元老院、地方官会議、大審院の三機関が新設され、木戸・板垣の要求は満たされたかに見えたが、板垣はさらに、正院の統制力が強すぎることを懸念して、参議‐省卿分離制への復帰を要求していた。ところが、かかる板垣の要求は結局容れられるところとならず、板垣は復帰からほぼ半年にして再び参議を辞した。

さて、当該期の政府の課題は、地租改正事業の推進と不平士族への対応であることは前述したが、この両者の問題は治安の悪化という点において密接に連関した。政府は、地租改正事業を積極的に推進するため、明治八年四月に地租改正事務局を設置した。ところが、地租改正事業により地価の三パーセントを現金で納税するなど、農民に対して過重な負担を求めることが明らかとなったため、地租改正反対一揆が各地で頻発した。そして、ほぼ同時期、前年の佐賀の乱の影響もあり、各地の不平士族の活動も活発化して、熊本では神風連の乱、秋月では秋月の乱、山口においても萩の乱が発生するなど、士族反乱が相次いだ。当時は、地租改正反対一揆と士族反乱が連携する可能性が危惧され、政府は対応に苦慮することになる。政府は、税率を二・五パーセントに引き下げて農民の不満を軽減することを試み、また、廃藩置県の際に導入され、「旧慣無視」との批判のあった大区・小区制の見直しを検討したほか、治安の悪化や騒擾の発生を抑止するために警察機能の強化を図り、内務省における警察行政の比重が高められた。

かかる地租軽減に関しては、大久保の構想していた行財政改革が背景にあった。大久保は、地租改正反対一揆などの騒擾の根本的な原因が国民に対する過重な負担にあると考え、行政改革を推進することにより財政支出を抑制して減税を行うことを企図していたのである。大久保は、多数の御雇外国人を起用し、鉄道や鉱山開発などの重工業を中心とする大規模事業を展開する工部省を、軽工業を中心とする殖産興業政策を振興する内務省と合併することにより、工部省関係の予算を大幅に減額し、地租を一パーセント引き下げて二パーセントとすることを提案した[16]。しかし、大蔵卿であった大隈は、内務省管轄の地方税である民費と大蔵省管轄の国税である地租をともに〇・五パーセントずつ引き下げることで、国民への負担は地租一パーセント減額と同様になると主張して、内務省にも負担を要求した。また、工部卿であった伊藤は、合併後の内務卿を伊藤に任せるという大久保の説得にもかかわらず、内務・工部合併に積極的な賛意を示さなかった。このため、伊藤と大隈の反対にあって、大久保の行財政改革構想は頓挫することになる。ただし、明治一〇年一月に行財政改革は実施され、教部省の廃止と内務省社寺局への再編、正院の廃止などの行政機構の簡素化や、前述の地租〇・五パーセント減税など一定の成果を挙げている。

しかし、かかる政府の警戒にもかかわらず、明治一〇年(一八七七年)二月、私学校党に擁立された西郷が挙兵するに至り、最大にして最後の士族反乱である西南戦争が勃発した。約一万五〇〇〇名の兵力を結集した薩軍に対して、政府軍は五万名の兵力を投入し、半年近くの歳月をかけた激戦の末、西郷を自決させて戦争を終結させた。かような大規模な反乱を鎮圧したことにより、以降、政府に対する反乱は消滅し、政府の基盤が確立されたといえる。しかし、莫大な戦費による財政の極度の悪化と、戦費調達のための不換紙幣濫発によるインフレーションの発生など、特に財政上の問題を残すことになった。

さて、西南戦争に勝利したことにより、政府の基盤が確立したことについては前述したが、西南戦争の戦勝のみならず、政権基盤の確立は、行政機構の整備が順調に進展していたこともその要因の一つとなっている。明治一〇年一月に、官等・官制の改革が実施され[17]、政府の官僚制機構が整備されたことや、相前後して、明治四年以降順次制定を進めていた各省の職制・事務章程の整備がほぼ完了したのである[18]。職制・事務章程とは今日の省庁設置法に相当し、章程の整備により、各省は法的根拠に基づく機構整備を完了したといえる。なお、明治一〇年一月の官等・官制改革においては、名称の変更なども行われており、寮を局に、あるいは、判官を書記に変更するなど、律令制の名称をそのまま採用していたいくつかの機関・地位の名称を変更し、明治政府の行政機構は外面的にも律令制の色彩を払拭しつつあった。また、かかる行政機構の確立に伴い、採用する職員の教育方法なども確立され、江戸幕府より継続登用されていた旧幕臣の経験に依存せずとも業務の遂行が可能になった。ゆえに、中下級官僚として行政実務に携わっていた旧幕臣の淘汰が進められることになったのである。

5　自由民権運動と天皇親政運動

明治一一年（一八七八年）五月一四日、不平士族により大久保が紀尾井坂で暗殺された。すでに木戸は西南戦争中に病没していたため、大久保の暗殺により、明治維新を主導した西郷・大久保・木戸ら「維新の三傑」は全て世を去った。政権の中核にあった大久保を失った明治政府は、大久保の後継として内務卿に就任した伊藤と大蔵卿の大隈を中心とする集団指導的体制に移行した。いわゆる「大久保没後体制」である。

大久保没後体制期において、明治政府に対する二つの政治運動が展開された。一方は、板垣らによって主導された自由民権運動であり、他方は佐々木や元田永孚らによって主導された天皇親政運動である。

自由民権運動は、明治七年、明治六年政変で下野した参議のうち、西郷を除く、板垣・江藤・後藤象二郎・副島種臣らが中心となって左院に提出した「民撰議院設立建白書」がその嚆矢である[19]。これは、政府の体制を「有司専制」として批判し、国民への参政権の付与と速やかな議会の設置を要求したものであった。なお、板垣は立志社や、民権運動のための全国組織である愛国社などを結成して運動を展開したが、大阪会議により板垣が参議に復帰したことにより、間もなく活動を停止していた。ところが、西南戦争後、不平士族の活動が言論による政府批判、すなわち、自由民権運動を中心としたことにより、明治一一年の愛国社の再興や、翌一二年（一八七九年）の国会期成同盟の結成など、運動が活発化するのである。これら不平士族を中心として展開される民権運動を「士族民権」と呼び、さらに、運動に各地の地方名望家などの豪農層が参加して拡大したことにより、運動は「豪農民権」と呼ばれる段階に転じていく。なお、運動の拡大には、明治一一年に「郡区町村編制法」・「府県会規則」・「地方税規則」の三法を基本とする「三新法体制」と呼ばれる新たな地方制度が確立され、地方議会が開始されたことにより、府県、町村レベルにおいても民権派が議会という活動基盤を得たことも大きく影響している。なお、この後、自由民権運動は、後述する「国会開設の勅諭」を受けて、明治一四年（一八八一年）に板垣を中心とする自由党が、翌一五年（一八八二年）には大隈を中心とする立憲改進党が結成されて一層活発化する。ところが、しだいに運動が過熱して、高田事件や加波山事件など、激化事件と呼ばれる武装テロを頻発するようになる。このため、党内の統制や資金調達に苦慮した板垣は、明治一七年（一八八七年）一〇月、自由党の解党を宣言した。一方、立憲改進党も組織改革をめぐる紛糾から大隈が離党するなどしたため、自由民権運動は一時的に停滞することになった。

一方、天皇親政運動については、西郷・木戸・大久保らは、明治天皇を善導し、有徳の能動的君主として親政体制を実のあるものとするために「君徳輔導」を掲げ、宮中改革などを推進していた。特に大久保は「君徳輔導」に熱心であり、自ら宮内卿に就任する意思を見せたほどであった。かかる経緯の下、明治一〇年二月に侍補が新設され、元田や吉井友実ら五名が任ぜられ、翌年二月には佐々木が加えられた。侍補には、天皇の徳育・教育を担当することが期待されたが、「君徳輔導」の一環として始められた「内廷夜話」や「参議輪番祗候」、「御陪食」などにより天皇の政治教育が重視されると、天皇の政治的顧問としての機能を併せ持つようになった。ところが、大久保が暗殺され、その後継が伊藤となったことにより、政府の方針が一変する。伊藤は、参議を中心とする閣僚による安定的な国政の運営を企図しており、親政体制の実現により、天皇やその側近から成る宮中勢力が政治勢力化し、国政に容喙することは、かえって混乱をもたらすものとして警戒していた。このため、親政体制の実現を目指す侍補ら宮中勢力と伊藤は対立することになり、明治一二年（一八七九年）には侍補が廃止され、宮中の政治勢力化は回避されたかに見えた。しかし、元田や佐々木らは、依然、天皇の側近として影響力を保持し、谷干城らの政府内における保守派と提携して中正党を結成して天皇親政を要求するなど、天皇親政運動を展開し続けた。

政府は、政権の内外に批判勢力を抱えることになり、自由民権運動と天皇親政運動への対応を余儀なくされたといえる。かかる状況に対応するため、政府は行政権の強化を模索し、太政官制の改革に着手した。明治一三年（一八八〇年）、伊藤の提議に基づき、参議を国政に専念させることを目的として省務を省卿に委任し、再び、参議－省卿分離制を採用した。[20] ただし、内閣と称していた参議会議の権限強化を企図して、法制局・審議局を廃止し、太政官に法制・外務・会計・司法・軍事・内務の六部を設置し、参議がいずれかの一部を管轄して各省を統制する六部分掌制が採られた。[21]

ところで、大久保没後体制期は、行政権の強化を企図して制度改革が進められる一方で、政府と軍部の関係にも変化が生じた。明治一一年の参謀本部の独立である。従来、陸軍省が軍政・軍令両機能を備えていたため、太政大臣は陸軍省を通じて軍の編制や作戦など、いわゆる軍令事項についても統制が可能であったが、軍令機関である参謀本部が独立したことにより、軍令事項については太政大臣、すなわち政府の統制が及ばなくなった。[22] かかる関係の変化は、後に統帥権に関わる様々な問題を惹起することになる。

一方、自由民権運動の高揚に対して、国政の方針に関する諮問が参議に対して行われたが、明治一四年三月、大隈はこれに答えて、イギリスに範を採り、二院制議会の開設を二年後に実施すべきことを提言した。[23] 大隈の急進的な意見については、当初、伊藤や井上馨も賛意を示していたが、議会の開設に慎重で漸進論を唱えていた岩倉や井上毅らは大隈の動向を警戒した。折しも、翌年に開拓使の廃使が迫ったため、開拓使の諸事業を幹部職員が継続できるよう取り計らっていた黒田清隆の活動を、薩摩出身の政商五代友厚との癒着と看做した民権派が厳しく批判する開拓使官有物払下げ事件が勃発した。民権派による批判を鎮静化させるため、政府は、一〇年後の国会開設を約した「国会開設の勅諭」を発した。かかる状況にあって、岩倉・井上毅らは、君主権の強いドイツ型の国家建設を方針とすべきことを掲げ、イギリス型の立憲君主国家建設を主張した大隈を政府から排除すべきことを主張した。伊藤・井上馨も、岩倉らの説得により、ドイツ型の国家建設に賛同するに至り、孤立無援となった大隈はついに政府を去った。これを「明治一四年の政変」と呼ぶ。

「明治一四年の政変」によりドイツ型の国家建設に国是を確定した政府は、行政権の強化を企図して、同年、参事院を設置し、初代議長には伊藤が就任した。これはフランスの国議院をモデルとした機関であり、内閣法制局の前身である。その機能は、法案の作成や審議、各省間の総合調整、地方官と議会の間における紛争の裁定など、立法と行政の両面にわたり、広範な権限を有した。なお、モデルとなったのは、立法・行政機能が最も拡充されていた第二帝政期の国議院であり、かかる点からも政府による行政権拡充の意図を窺うことができる。[24]参事院は、庶務を担当する内局と、外務・内務・財務・軍事・司法・法制の各部から構成され、前年に設置された太政官六部の機能を吸収した。[25]これにより六部分掌制は廃止となり、参議と各省の提携を強めるため、参議‐省卿兼任制が復活したのである。[26]

また、明治一四年には各省に対する事務章程の整備に関しても改革が行われた。従来、今日の省庁設置法に相当する事務章程は、それぞれの機関ごとに定められていたが、明治一四年一一月一〇日、各省の事務章程をすべて廃止し、代わって各省共通の諸省事務章程通則が定められた。[27]諸省事務章程通則は一一条から成り、省卿の人事権や省内の統率権、他省との調整、府県との関係、太政官との関係などを規定した。かかる事務章程通則は、省卿の権限の明確化と、太政官をはじめとする他の機関との関係について整理したものであり、後の各省官制通則の原型となった。

「国会開設の勅諭」において明治二三年（一八九〇年）の国会開設を明言したため、明治一四年以降、政府は行政機構を整備し、行政権を強化して、国会開設とともに登場する政党勢力に対抗すべく準備を進めた。しかし、かかる行政権強化は太政官制の枠組みの中で進められたため、大臣のみに国政の運営責任が存し、実質的に国政運営に当たっている参議には責任が存在しない状況に変わりはなかった。また、制度上は、行政長官たる省卿は国政の運営に関与できず、参議－省卿兼任制を採ることによって行政各部が国政と乖離することを回避するなど、行政権の拡充を目指して行政機構の整備を進めていく過程で、太政官制の有する問題が顕在化しつつあった。このため、抜本的な制度改革が求められ、内閣制度が創設されることになるのである。

おわりに

本章においては、明治政府によって展開された行政機構の確立と、政府をとりまく政治状況の変化が行政制度の整備に与えた影響について概観した。また、明治二年より一八年に至るまで、明治初期の近代国家建設を支えた中央行政機構である太政官制については、その機構的変遷を明らかにするとともに、採用の意義についても論じた。太政官制は、いわば、「復古」と「維新」という背反する二つの政府のスローガンを実現すべき意図をもって採用されたものであり、奇しくも古代における天皇と太政官の関係が、明治初期に政府が直面した課題の解決に有用であった受動的な天皇親政体制ともいうべき体制の在り方を示唆するものであった。

しかし、近代的諸制度の整備を進め、また、行政権の拡充を目指すにつれて、政治責任の所在や各省間の調整などに関する問題が明らかになり、太政官制の制度的な問題が顕在化する。具体的には、太政官制においては、国政の運営責任が大臣に限定され、実質的に政府の中核にあった参議には認められなかったことや、省内における人事や政策の遂行などについて強力な権限を与えられていた省卿に国政に参与する地位が与えられなかったこと、また、省卿の権限が強いため、各省間においてセクショナリズムが発生した場合、これを大臣・参議が十分に調整できないことなどが挙げられる。かかる諸問題への対応・解決と、国会開設を控えてのさらなる行政権の強化を企図して、明治政府は内閣制度の創設へと進んでいく。ただし、太政官制と内閣制は完全に断絶するものではなかった。たとえば、各省の統制と国政への参与に関する問題を解決すべく導入された参議－省卿兼任制は、国務大臣的な地位にある参議と行政長官である省卿の兼任など、内閣制度下において国務大臣が各省の長官を兼任する「主任の大臣」の在り方に近似することを指摘できる。すなわち、内閣制度には太政官制下における諸制度を継承した側面もあり、一定の連続性を指摘することができると考えられる。

注

(1)『法令全書』慶応三年一二月一四日、第一七。
(2)『法令全書』明治元年一月一七日、第三六・三七。
(3) 江戸幕府の官僚制に関しては、藤井譲治『江戸時代の官僚制』(青木書店、一九九九年) などを参照されたい。
(4)『法令全書』明治元年閏四月二一日、第三三一。
(5) 福岡孝弟「五箇条御誓文ト政體書ノ由來ニ就イテ」国家学会編『明治憲政経済史論』(明治百年叢書二四八) (原書房、一九七六年)、四四頁。
(6)『法令全書』明治二年七月一八日、第六二二。
(7)『法令全書』明治四年七月二九日、第三八五。
(8) 国立公文書館所蔵『太政類典』(第二編、外国交際三一、諸官員差遣三)、「岩倉特命全権大使欧米各国へ派遣ニ付大臣参議各省長官約定書」。
(9) 同前。
(10) 東京大学史料編纂所編纂『保古飛呂比　佐佐木高行日記』五 (東京大学出版会、一九七四年)、一七三頁。

(11)『法令全書』明治六年五月二日、太政官達(番外並無号)。
(12)内務省の設置過程については、勝田政治『内務省と明治国家形成』(吉川弘文館、二〇〇二年)を参照されたい。
(13)西郷隆盛全集編集委員会『西郷隆盛全集』第三巻(一〇八 板垣退助宛)(大和書房、一九七八年)、三八六頁。
(14)『法令全書』明治八年四月一四日、太政官布告第五九号。
(15)国立公文書館所蔵『元老院職制章程改正』。
(16)大久保の行政改革については、日本史籍協会編『大久保利通文書』第七巻(二〇〇五年にマツノ書店より復刊)の一三五三「行政改革建言書」(四四五—四五〇頁)、地租減税については同書一三四九「三條公への建言書」(四三九—四四三頁)を参照されたい。
(17)『法令全書』明治一〇年一月一一日、太政官達第三号。
(18)各々の章程の詳細については、『法規分類大全』等を参照されたい。
(19)国立公文書館所蔵「民撰議院設立建白書」(上書・諸建白書(一))。
(20)日本史籍協会編『太政官沿革志』三(東京大学出版会、一九八七年)、二九頁。
(21)『法令全書』明治一三年三月一八日、太政官達第二〇号。
(22)『法令全書』明治一一年一二月五日、太政官達第五〇号及び一二月七日太政官達第五一号。
(23)『伊藤博文関係文書』、書翰五〇二「大隈公上奏文写 秘五九」。
(24)国立国会図書館憲政資料室所蔵『大森鍾一関係文書』、九一「参事院ヲ置ク」。
(25)『法令全書』明治一四年一〇月二一日、太政官達第八八・八九号。
(26)『太政官沿革志』三、三〇頁。
(27)『法令全書』明治一四年一一月一〇日、太政官達第九四号。

第1章 参考文献一覧

赤木須留喜『〈官制〉の形成』日本評論社、一九九一年
安藤哲『大久保利通と民業奨励』御茶の水書房、一九九九年

大島美津子『明治国家と地方経営』岩波書店、一九九四年
笠原英彦『天皇親政』（中公新書）中央公論社、一九九五年
笠原英彦『明治国家と官僚制』芦書房、一九九一年
笠原英彦『日本行政史序説』芦書房、一九九八年
笠原英彦編『近代日本の政治意識』慶應義塾大学出版会、二〇〇七年
笠原英彦・桑原英明編『日本行政の歴史と理論』芦書房、二〇〇四年
勝田政治『内務省と明治国家形成』吉川弘文館、二〇〇二年
門松秀樹「開拓使における旧箱館奉行所吏員の「中継」性に関する考察」『法学研究』八〇巻六号、二〇〇七年六月
門松秀樹「開拓使における旧幕臣――旧箱館奉行所吏員を中心として」『法政論叢』三八巻二号、二〇〇二年六月
佐々木克『志士と官僚』（講談社学術文庫）講談社、二〇〇一年
坂本多加雄『日本の近代2　明治国家の建設　一八七一―一八九〇』中央公論社、一九九九年
早川庄八『日本古代官僚制の研究』岩波書店、一九八六年
藤井譲治『江戸時代の官僚制』青木書店、一九九九年
升味準之輔『日本政治史』1、東京大学出版会、一九八八年
松尾正人『維新政権』吉川弘文館、一九九五年
松尾正人『廃藩置県の研究』吉川弘文館、二〇〇一年
御厨貴『明治国家形成と地方経営　一八八一―一八九〇年』東京大学出版会、一九八〇年
毛利俊彦『明治六年政変』（中公新書）中央公論社、一九七九年
山中永之佑『日本近代地方自治制と国家』弘文堂、一九九九年

門松　秀樹

第2章

内閣制度の創設と帝国議会の成立

はじめに

明治政府による近代国家建設は、明治一八年（一八八五年）の内閣制度創設、明治二二年（一八八九年）の大日本帝国憲法発布、明治二三年（一八九〇年）の帝国議会開設など、明治中葉をもって大いに進展した。特に、憲法及び議会に先駆けて内閣制度を創設し、行政機構の整備・確立に努めたところに、明治政府が行政主導の国家像を描いていたことが如実に表れているといえよう。

本章においては、内閣制度の創設にあたって、太政官制との比較を通じ、その特徴について考察を加えたいと考えている。太政官制は明治二年（一八六九年）の「職員令」体制以降、日本における中央行政機構であり続けたが、形式的には古代律令制下の太政官制に範を採ってはいるものの、その内実は、決して復古主義的で前近代的な制度ではなかった。特に、明治六年（一八七三年）の「太政官制潤飾」以降は、後の内閣制度の原型となる要素を有しているとも考えられる。ゆえに、本章では、太政官制との比較において、その連続面と不連続面の解明を中心に行うことにしたい。

また、内閣制度が憲法に先行したことにより、憲法中に内閣に関する規定が存在せず、憲法制定後、内閣総理大臣と天皇大権、各省大臣の関係などをめぐって、「大宰相主義」から「小宰相主義」への方針転換が行われたことは、周知のとおりである。ゆえに、明治憲法体制が予定した行政の機能についても検討を加えたい。

最後に、国会の開設によって議会・政党が新たに国政運営に参入したことの影響を明らかにしたい。すなわち、政党の登場により、内閣・官僚と政党の間において、政官関係が構築され、展開していくことになるが、その過程を解明していくということである。明治政府は、当初、「超然主義」を標榜していたが、明治三〇年代には、第一次大隈内閣の成立などに見られるように、政党の影響力は排除し得ないものとなっていた。かかる状況において、明治政府が、政党といかなる関係を構築し、それがいかなる意義を有したのかについて検討を加えたいと考えている。

1　太政官制と内閣制度

明治一八年一二月二二日、太政官達第六九号が発せられ、太政官制の廃止と内閣制度の創設が為された。太政官達に先立って行われた太政大臣三条実美の奏議において、太政官制の問題点が指摘され、制度を改正すべき旨が述べられていた。三条の奏議が指摘するのは以下のとおりである。

まず、「大化」以来の制度に範を採った太政官制が、すでに時宜に適さないものになっているということである。これは、太政官を「冠首」としてその他の諸省を太政官の隷下に置くという制度になっていることを挙げ、太政官を「本官」、その他の諸省を「分官」とする体制の問題点を指摘したといえる。すなわち、国政運営に関与するのは「本官」たる太政官に限定され、「分官」たる諸省は直接国政に参与する制度的手段を有さず、ゆえに、国政と行政の間に懸隔が生じ、迅速な行政の対応を阻害していることに関する指摘であった。それゆえ、国政の運営に責任を有する「宰臣会議」を設置し、「諸宰臣入テハ大政ニ参シ出テハ各部ノ職ニ就」く、すなわち、内閣制度において今日に至るまで継続している国務大臣・行政長官兼任制を採用すべきことを述べているのである。これにより、「万機ノ政専ラ簡捷敏活ヲ主トシ」、国政と行政の懸隔を防ぎ得るとしている(1)。

また、かくして行政長官たる省卿が国政参与の手段を制度的に有していないことは、必然的に省卿の国政に対する責任はきわめて軽いものとならざるを得なかった。ところが、第1章において述べられているとおり、省卿は主管の省内において、人事及び政策の遂行に関して強力な権限を有しており、国政に対して及ぼし得る影響は決して少なくはなかった。ゆえに、省卿の権限と責任の大きさの不一致を是正する必要もまた指摘しているといえる。

かかる三条の奏議は、恐らく、三条個人の見解というよりはむしろ、参議など政府首脳において共有されたものであったと考えられる。そして、前述の問題点を解決すべく導入されたのが内閣制度である。太政官制と内閣制の相違点を比較すると、主として以下の三点を挙げることができる。

第一に、国政に対する責任の所在の問題である。太政官制は太政大臣を長とする独任制の組織であり、また、天皇に対する国政の輔弼責任については太政大臣・左右大臣に限定され、実質的に政権の中核となっていた参議には認められていなかった。これに対して内閣制度は、総理大臣以下国務大臣全員による合議制の組織であり、国政に対する輔弼責任も総理大臣以下全大臣が負うこととされた。

第二に、国政と行政の関係である。太政官制においては、前述のとおり、行政長官たる省卿は国政への参与が認められていなかった。かかる状況を改善するため、参議‐省卿兼任制が採られた期間が長かったが、いずれにせよ、参議にも国政の輔弼責任は認められていなかった。一方、内閣制度においては、国務大臣が各省の長官を兼任する「主任の大臣」となる。全大臣は、今日と同様に閣議の構成員であり、国政に関する輔弼責任を負うものであるため、各省が直接国政に参与し、また、同時に責任を負うことになったのである。

第三には、宮中と府中の関係である。太政官制下では、宮中に関する諸事項を主管する宮内卿も、他の省卿と同列の行政長官として扱われていたが、内閣制度においては、宮内省を内閣から分離した。また、内閣制度創設時に、宮中における文書、国璽・御璽の管理と天皇の常時輔弼を任とする内大臣を閣外の宮中職として設置して(2)、内閣と皇室の相互干渉を避ける、「宮中・府中の別」を明らかにした。

なお、太政官制の廃止と内閣制度の創設により、太政大臣・左右大臣、参議の各職及び省卿、大輔が廃止され、省卿は各省大臣に、大輔は次官にそれぞれ改組された。また、宮内・外務・内務・大蔵・陸軍・海軍・司法・文部・農商務の各省が太政官制より継承されたほか、新たに逓信省が設置され、前述のとおり、宮内大臣を除く各省大臣によって内閣が構成された。

ところで、前述の相違点のうち、特に第一点と第二点について見ると、太政官制と内閣制度の連続面と不連続面について考察を加え得ると考えられる。まず、第一点については、国政の輔弼責任が太政大臣・左右大臣に限定されていた点が、内閣総理大臣以下国務大臣全員に拡大され、組織の意思決定も独任制から合議制へ変更されたが、これは、当時の政権運営が薩長両藩閥を中軸として行われていたため、内閣の構成員が等しく国政の輔弼責任を負うことにより、藩閥間の勢力均衡の達成と国政運営の安定化の意図を反映したものであろう。かかる藩閥均衡的な配慮は、明治政府発足以降の政権運営の在り方を継承したといえよう。しかし、国政の輔弼責任の拡大には、太政官制と内閣制度における不連続面をもまた指摘し得る。それは、太政大臣・左右大臣の人事が、事実上、華族に限定されていたのに対して、内閣総理大臣及び国務大臣の人事にはかかる制限が課せられていない点である。太政大臣・左右大臣を華族に限定する規定は存在しないが、太政大臣には公卿の三条が、左大臣には薩摩藩主の実父で諸侯と同列に扱われた島津久光が、右大臣には公卿の岩倉具視がそれぞれ任ぜられたのみであることからも華族限定の実態は明らかであった。ゆえに、内閣制度の導入は、国政の輔弼責任者の任命における身分的制限を排除したと見ることができる。また、第二点については、参議－省卿兼任制と、国務大臣・行政長官兼任制の類似から、太政官制下における政治家と行政官の関係を継承したものと考えることができる。ただし、参議－省卿兼任制の下では、各省間のセクショナリズムなどの対立が内閣ともいうべき参議会議に持ち込まれ、参議による総合的な調整を困難にすることもあり、かかる問題点もまた同時に内閣制度に継承されたと考えるべきであろう。以上のように、太政官制と内閣制度の間には、連続面と不連続面があり、特に連続面については政権の運営に密接に関係する要素が含まれているといえよう。

内閣制度の創設に伴い、初代内閣総理大臣に就任した伊藤博文は、同日、「内閣職権」により内閣及び内閣総理大臣の権限を定めた[3]。「内閣職権」は七条から成るが、第一条「内閣総理大臣ハ各大臣ノ首班トシテ機務ヲ奏宣シ旨ヲ承テ大政ノ方向ヲ指示シ行政各部ヲ統督ス」や、第二条「内閣総理大臣ハ行政各部ノ成績ヲ考ヘ其説明ヲ求メ及ヒ之ヲ検明スルコトヲ得」とあるように、内閣総理大臣の権限を大きく認め、各省・大臣に対して強い統制力を与えている。ゆえに「内閣職権」に基づく内閣制度を、「大宰相主義」と呼ぶ。なお、「明治一四年の政変」以降、明治政府はドイツを規範とする君主権の強い国家の建設を国是としており、内閣制度及びその内容を明確化した「内閣職権」もまた、ドイツを規範とするものであるとされている。ただし、内閣制度施行当時のドイツ帝国を規範としたのではなく、一八一〇年のプロシア王国における「ハルデンベルク官制」を参考として、内閣制度・「内閣職権」は整備されたと考えられている。当時のドイツ帝国では皇帝の権限が強く、ドイツの体制をそのまま日本に輸入した場合、天皇の権限が強化され、天皇親政運動を展開していた宮中勢力にとってきわめて有利な状況となることが想定された。かかる状況は、天皇の権威の強化は望む一方で権力の強化を避け、宮中・府中の別を明らかにすることで国政に対する宮中勢力の介入を排除しようとしていた伊藤にとっては不都合であった。かような問題については、通常、同一視されやすい君主権と行政権は必ずしも同義にはなり得ない。ゆえに、君主たる天皇の権限を強化するのではなく、国政に関する輔弼責任を有する内閣総理大臣の権限を強化した「大宰相主義」が「内閣職権」において採用されたのである。

続いて伊藤は、「官守ヲ明ニスル事」、「選叙ノ事」、「繁文ヲ省ク事」、「冗費ヲ節スル事」、「規律ヲ厳ニスル事」の五項目より成る「政綱五章」を通達し、「各省事務ヲ整理スルノ綱領」とした(4)。各項の概要は、それぞれ以下のとおりである。まず、「官守ヲ明ニスル事」については、各省の組織編成に関して概略を示し、またその権限・人事等を明確化すべきことを、また、「選叙ノ事」については、官吏の資格任用の規定と、試験制度の整備を指示している。「繁文ヲ省ク事」については、繁文縟礼の弊害を除去することや、すでに確立されていた稟議制に関して、担当部局間の「会議法」や担当者相互の「面議」の整備により効率化を図るべきことを示している。「冗費ヲ節スル事」については、定員制度や俸給制度の整備・改善による経費節減を、「規律ヲ厳ニスル事」については、官吏の服務規律等に関する原則を示している。

かかる行政組織の整備は、翌一九年(一八八六年)二月二七日の各省官制の制定により(5)、一応の完成を見る。なお、各省官制の特徴は、次官の機能にあるといえる。次官には、公文書における代理署名を認めるなど、省内における大臣の代理人としての政務官的機能が付された。その一方で、省内の事務を総括する総務局長を兼任するなど、政務・事務の両面にわたって省内を統括した。ゆえに次官は、政治家たる大臣と官僚を結ぶ存在となるとともに、総務局を掌握したことによって省内における絶大な権限を有するに至った(6)。

内閣制度創設を機に精力的に行政組織の整備・確立が進められた背景には、明治二三年の国会開設があり、国会開設以前に行政組織の整備を完了し、行政権を拡充して政党勢力に対抗しようとする意図が政府にはあったと考えられる。なお、伊藤の示した官吏の資格任用制の導入に関しては、明治二〇年(一八八七年)に「文官試験試補及見習規則」が公布され、試験任用が開始される。[7] ただし、この段階では、帝国大学の法学部・文学部卒業者に対しては無試験採用の特権を認める事項が含まれており、試験制度の整備と特権排除などの資格任用の徹底は、明治二六年（一八九三年）の「文官任用令」・「文官試験規則」の制定を待たねばならない。

ところで、内閣制度の創設・整備など、中央行政機構の確立は着々と進められたが、転じて、地方行政機構はどのような状況にあったのか。以下に、「三新法体制」以降における地方制度の確立・整備の状況について述べる。

明治一一年（一八七八年）の「三新法体制」により、府県の下に郡区町村の地方区画が設定された。これらのうち、区は後の市に相当する行政区画であり、「三新法体制」は市町村制度の原型であると見ることもできる。なお、郡・区には官選の郡長・区長が置かれたが、町村長に相当する戸長は公選制であった。第1章に述べたように、「三新法体制」下では府県会などの地方議会が開かれ、自由民権運動の活動拠点となったが、かかる問題への対応から、明治一五年（一八八二年）には数度にわたる府県会規則の改正が行われ、府県会の権限縮小と府知事・県令の権限拡大が為され、当初における一定の地方自治の容認はしだいに統制に転じていくことになった。[8] これは区町村にも及び、明治一七年（一八八四年）には、明治一七年の改正と呼ばれる制度改革が実施された。この改正により、戸長が官選となったほか、戸長を行政事務の執行機関としてより効率化するために、戸長役場の管轄を拡大して行政規模の適正化を図るなど、行政的統制が強められていき、後の市制・町村制、府県制・郡制の布石となった。

明治二三年の国会開設は、地方制度の整備にも影響を与えていた。政府は、国会開設以前に地方制度を確立することを企図しており、内務卿／大臣の山県有朋を中心に、地方制度に関する検討を進めていた。その結果、明治二一年（一八八八年）に市制・町村制が、[9] 明治二三年に府県制・郡制がそれぞれ施行された。[10]

市制・町村制では、市町村を自治体として位置づけ、地方議会である市会・町村会について、納税額に応じた等級選挙であったとはいえ、公選制を導入した。また、首長である市長・町村長の選出については、市会・町村会の選出に従い、府県知事・内務大臣が認可・任命する方法が採られ、公選制的な要素が採り入れられた。その他には、自治体である市町村には条例の制定権も認められるなど、地方自治が一定の範囲で容認されることになった。しかし、東京・京都・大阪については、三大市特例制度が適用され、市長は府知事が、助役は府書記官が兼任するなど自治権に対する制限が課せられた。

一方、国の地方行政区画とされる府県・郡については、長である府県知事・郡長は官選であった。また、府県・郡にも議会は設置されたが、議員は住民の直接選挙ではなく、郡会は町村議員による複選制、府県会は、市会・郡会議員による複選制となり、それぞれ国の地方行政区画であることから条例制定権などは認められないなど、大幅に権限等を制限されたものとなった。

かように市町村に対して一定の自治を認める一方で、府県・郡を国の地方行政区画として自治を制限し、また、府県・郡による市町村の監視・統制を図るなどしたため、市制・町村制、府県制・郡制によって確立された地方制度は、「官治的自治」と評される。なお、市町村が自治体として適切な規模となるように、約八万の町村を一万五〇〇〇程度にまで整理し、「明治の大合併」と呼ばれる市町村合併を展開したほか、現在の四七都道府県の区分を確定したため、市制・町村制、府県制・郡制は、今日における地方自治制度の起点として考えられている。

2　大日本帝国憲法と内閣

国会開設を控えた政府にとって喫緊の課題は、内閣制度をはじめとする行政機構の整備による行政権の確立・拡充のみではなく、憲法の制定もまた、より重要な課題として未だ残されていた。国会開設後は、自由民権運動を展開している政党が政治的影響力を有することはほぼ間違いなく、その影響下に憲法の制定を進めることは、ドイツ型の君主権の強い立憲君主国家建設を目指す政府としてはぜひとも避けたい事態であった。

そもそも憲法の制定については、明治九年（一八七六年）九月に、元老院議長有栖川宮熾仁親王に対して「国憲起草を命ずる勅語」が下され、元老院が憲法調査を開始したことにより、制定作業が本格化する。なお、元老院は明治一三年（一八八〇年）、「日本国国憲按」として草案をまとめたが、議会に強い権限を認める内容であったため、伊藤や岩倉らの反対により、採択は見送られた。その一方で、民権各派が私擬憲法として、様々な憲法私案を次々と発表した。代表的なものとしては、交詢社による「私擬憲法案」、立志社による「日本憲法見込案」、千葉卓三郎による「日本帝国憲法（五日市憲法）」、植木枝盛による「東洋大日本国国憲按」などを挙げることができる。かような民権派の活動と影響を警戒した政府は、明治二〇年、保安条例にて私擬憲法の作成を禁ずるに至る。

元老院による「日本国国憲按」の採択を見送った政府は、明治一五年に伊藤を中心とした憲法調査団を渡欧させる。伊藤らは、ベルリン大学のグナイスト、ウィーン大学のシュタインらに教えを受け、翌一六年（一八八三年）に帰国した。欧州での憲法調査の結果、ドイツの憲法体制を参考とすることを決定した伊藤は、帰国後、井上毅に憲法草案の作成を命じて、憲法取調局を設置した。井上は、政府の法律顧問であったロエスレルやモッセの助言を得て、明治二〇年五月に憲法草案を作成し、伊藤、井上、伊東巳代治、金子堅太郎らが井上の草案に対して検討を重ねて、憲法草案をまとめた。検討作業が伊藤の夏島にあった別荘で行われたことから、この草案を「夏島草案」と呼ぶ。明治二一年四月、「夏島草案」に修正を加えて憲法草案の成案が成ったが、その直後に伊藤を議長とする枢密院が設置され、憲法草案の審議が進められた。枢密院における審議は明治二二年一月に終了し、二月一一日に大日本帝国憲法が発布されたのである。なお、大日本帝国憲法は欽定憲法の形式を採ったため、後年、「不磨の大典」とされ、事実上、修正や改正は不可能となった。

ではここで、大日本帝国憲法と内閣、あるいは行政権に関する規定について見てみたい。明治政府がドイツ型の国家建設を目指していることは前述のとおりであるが、それは、君主権、すなわち行政権の優位に基づく体制の構築が目指されているということである。しかし、大日本帝国憲法においては、内閣あるいは行政権に関する積極的な規定が存在していない。憲法の条文中、行政権に関する規定は、第一〇条の官制大権に関する規定と、第五五条の国務大臣単独輔弼責任制に関する規定に留まり、内閣については、そもそも憲法上の規定が存在していない。これは、国会開設後に伸張すると予測される政党・議会勢力に対抗すべく、行政基盤の確立を企図した政府が、憲法の制定に先行して「内閣職権」をはじめ、各省官制などの行政機構に関する法的整備を進め、政党・議会による行政機構への介入を極力阻止する意図を有していたためである。また、かかる措置に対しては、憲法第七六条において「憲法ニ矛盾セサル現行ノ法令ハ総テ遵由ノ効力ヲ有ス」と定め、憲法に先行して整備した各省官制等を一括して維持し得る根拠を付している。ところで、憲法上、行政権に関する規定はきわめて少ないが、国家の主権者たる天皇には、行政・立法・外交・軍事など、広範に及ぶ天皇大権が規定されていた。かかる大権については、天皇が直接これを行使することはほとんどなく、実際には、内閣により大権事項の運用が為されたことを考慮すると、やはり、憲法により行政優位の体制が確立されたと見るべきであろう。

また、憲法草案の審議に際して設置された枢密院は、憲法第五六条により、天皇の最高諮問機関として憲法上の地位を得た。以後、枢密院は、政党・議会勢力に対抗する主要機関として機能し、政党の影響力が内閣に及ぶ明治後半以降は、しばしば内閣とも対立することになる。

さて、行政権に関する法制については憲法制定以前に主要部分の整備を終えたかと思われたが、憲法発布後、「内閣職権」をめぐって問題が発生した。すなわち、内閣総理大臣の各省に対する強力なリーダーシップを認めることは、天皇が統治権を総攬し、国務大臣は各々の所管事項に関して天皇を個別に輔弼するとした憲法の規定に抵触するとされたのである。このため、明治二二年一二月二二日、第一次山県有朋内閣において「内閣官制」が新たに制定されることになった。[11]「内閣官制」は一〇条から成り、概ね「内閣職権」の内容を継承しているが、内閣総理大臣の地位に関しては、「内閣総理大臣ハ各大臣ノ首班トシテ機務ヲ奏宣シ旨ヲ承ケテ行政各部ノ統一ヲ保持ス」(第二条)とされ、「大政ノ方向ヲ指示シ行政各部ヲ統督ス」るとされていた「内閣職権」における規定と比較すると、閣僚に対する指揮監督権なども削除され、その地位と権限は大幅に縮小されたものとなった。このため、「内閣官制」における内閣総理大臣は、「同輩者中の首席」であると解され、「内閣職権」における「大宰相主義」に対して「内閣官制」は「小宰相主義」を採ったとされている。かかる変更により、内閣総理大臣の総合調整機能が低下し、各省間のセクショナリズムの解決に支障を来す可能性が生じたのである。

ただし、「内閣職権」から「内閣官制」への変更に関しては、「大宰相主義」から「小宰相主義」への単純な変更を意味しないとする見解がある。[12]かかる見解によれば、「内閣職権」改正の直接の契機となったのは、黒田清隆の政権運営の失敗であるとする。黒田内閣では、大隈重信外相の下で条約改正交渉が進められていたが、その内容については在野の強い批判があり、政府内においてさえも見解が二分していた。その上、大隈がテロによって負傷して交渉が頓挫するが、かような状況において、黒田は「内閣職権」に規定される首相の「統督」権に基づいて改正交渉を強行しようとして失敗し、結果的には内閣を総辞職することになる。いわば黒田による「統督」権の濫用に対して「大宰相主義」の見直しが求められたのであるが、同時に、行政機構の整備により、権限を拡充しつつあった各省大臣がその独立性の拡大を求める「各省大臣分任主義」の要請や、憲法の規定する国務大臣単独輔弼制との整合性など、複数の要素によって「内閣職権」から「内閣官制」への改正が行われた。「内閣官制」において首相の権限は縮小されているが、天皇の大命を受けて組閣を行い得るのは首相のみであることを考慮すると、実質的な組閣権は首相にあり、この点は「内閣職権」と「内閣官制」のいずれも変わりはなく、首相の閣内統制力は決して小さいとはいえない。ゆえに、「内閣職権」から「内閣官制」への移行は、「大宰相主義」から「小宰相主義」への変更ではなく、むしろ、

「大宰相主義」と「各省大臣分任主義」の折衷として解するべきであるとするのがその見解である。

なお、「内閣官制」制定後における各省大臣の権限拡充の要請は、明治一九年の各省官制において規定された次官の政務・事務両面に及ぶ広範な権限の縮小要求となって表れた。次官の機能の見直しは、明治二四年（一八九一年）の行政整理に際して総務局が廃止され、その機能が大臣官房に吸収されるとともに、次官に対する大臣権限の代理・委任が廃止されたことによって実現された[13]。かかる改正により、制度上、大臣の権限が政務・事務両面にわたって拡大されたが、実際には、複雑化する行政事務を大臣及び大臣官房のみで処理することは不可能に近く、次官の事務統括官としての機能は維持されていた。ただし、大臣の権限が拡大されたことにより、次官は大臣の指示に従って事務を執行することが求められるようになり、かような連携を通じて大臣と次官の関係はより緊密なものに変化することになる。

3　「富国強兵」と「民力休養」

明治二三年一一月二九日、第一回帝国議会の開院式が挙行され、日本において国会が開設されるに至った。国会の開設は、民権各派の政治活動にも多大な影響を与えることになるが、ここで、国会開設以前における民権各派の活動について概観する。

明治一七年に板垣退助率いる自由党が解党し、同年、立憲改進党も大隈の離脱によって活動を縮小するなど、自由民権運動は停滞期に入っていた。ところが、明治二〇年、自由党の幹部であった片岡健吉が、言論の自由の確立、地租軽減、条約改正の三点についての建白書を元老院に提出したことから、民権各派の活動が再び活発化した。これを三大事件建白運動と呼び、三大事件建白運動に同調して、来る国会開設に備えて、議会政治確立や減税・条約改正などの重要問題解決のために旧自由党を中心とする民権各派に対して協同を求める大同団結運動が展開され、自由民権活動が再燃することになった。ところが政府は、同年、保安条例を発して星亨や犬養毅などの主要な民権活動家を東京から追放するなどして、運動の弾圧に乗り出した。また、大同団結運動の中心にあった後藤象二郎を黒田内閣の逓信大臣として登用するなど、運動の切り崩しを図り、さらに自由党の復興をめぐる運動内の対立などもあって、明治二二年三月には大同団結運動は消滅してしまい、旧自由党勢力は分裂した状態のまま、明治二三年七月の第一回総選挙を迎えたのである。

さて、明治一四年（一八八一年）の「国会開設の勅諭」に基づいて開かれた国会であるが、その概要は以下のとおりであった。まず、議会は二院制を採り、選挙によって選出された議員で構成される衆議院と、非選挙の皇族・華族議員、勅任議員によって構成される貴族院から成り、両院は衆議院に予算先議権が認められた以外はほぼ同権であった。国会審議は、元老院における審議方式を継承し、読会制と呼ばれる、いわば本会議を中心とする形式で進められ、現在の国会における委員会を中心とする審議形式とは異なっていた。当時の国会の場合、法案の朗読と趣旨説明、質疑応答を経て委員会に付託する第一読会、委員会の審査報告を受けて法案の逐条審議を行う第二読会、委員会の報告に基づき、修正案に関する決議を行った上で、法案全体の可否について審議と議決を行う第三読会といった、三回の読会を経て議決を行う三読会制を採っていた(14)。また、国会は一一月に招集され、会期は三カ月とされた。続いて、憲法が定める国会の地位と権能についてであるが、国会の権能としては、法律審査権、法律提案権、予算審議権、上奏権、国民からの請願受理権の五点が定められていた。また、国会の地位については、立法に関する「協賛」機関とされたが、これは、立法権が天皇大権に属するためである。なお、議会の開会・停会・解散等に関しても大権事項とされたが、大権事項の運用は、実際には内閣がこれに当たったため、政党及び衆議院に対して内閣が優位にあった。

大日本帝国憲法では、立法機関としての帝国議会、行政機関としての内閣、司法機関としての大審院など、三権分立体制を規定しているが、主権者である天皇の大権がこれらに優先するため、実際には、天皇大権を運用し得る行政部たる内閣の権限が立法・司法部に比して強く、行政優位の体制となっている。そして、大日本帝国憲法の下では、立法権を天皇大権としたことにより、実際の立法活動において内閣・各省が主要な機能を占めており、立法部と行政部における権限の区分が不明確であるという特徴を有する。かかる傾向は、行政部が実質的に立法機能を兼ねていた太政官制における特徴を継承したものと考えることができる。

第一回帝国議会では、衆議院三〇〇議席中、自由党一三〇議席、立憲改進党四一議席と、民権派が過半数を占める結果となった。民権派は政府に批判的で、対立色を強めており、自らを民党と称した。一方、政府に対して宥和的な党派も大政会を中心に八四議席を有しており、民党勢力は彼らを批判して吏党と呼んだ。議院内閣制を採用していない当時において、本来、与党及び野党という表現は相応しくないが、政府に対する態度という点からは、吏党が与党に類する存在であり、民党は野党的な存在であったといえ、しかも、野党的勢力である民党が過半数を占めたというのが第一回帝国議会であった。明治政府はすでにかかる事態を想定しており、憲法発布の翌日に鹿鳴館で行われた黒田首相の地方官に対する訓示、いわゆる「超然主義演説」において、「政府ハ常ニ一定ノ方向ヲ取リ、超然トシテ政党ノ外ニ立チ、至公至正ノ道ニ居ラサル可ラス」という方針を示し(15)、国会における政党の影響力を排除あるいは無視する超然主義を明らかにしていた。ただし、かかる超然主義については、いかなる政党に対しても政府が不偏不党であるべきとする、いわゆる政治に対する行政の中立性の維持を意図したと解することもできる。

実際に国会が開会すると、政府と民党は、近代化政策の推進に関して鋭く対立した。すなわち、政府は、「富国強兵」論を掲げ、積極的な近代化政策の推進を主張したのに対して、民党は、漸進的な近代化政策推進を求め、むしろ、国民に課せられる負担の軽減を重視して「民力休養」論を掲げたのである。政府の掲げる「富国強兵」政策は、明治初期に内務・工部両省によって主導された近代産業の育成政策である殖産興業政策を継承し、日本における資本主義の導入を目指す経済的政策と、徴兵制に基づく近代的な軍隊の整備と軍制改革を実施して軍備の拡充を図るという、経済・軍事両面にわたる政策の積極的展開を中核としていた。かかる政策の展開には多額の予算を必要とするため、政府は地租増徴による税収の拡大を図った。ところが、地租改正事業に際して、国民に対する負担が過重であることを理由に地租改正反対一揆が頻発し、税率を引き下げねばならなかったことからも明らかなように、地租を中心とした増税は国民及びその代表を任じている民党にとって許容し得ないものであった。ゆえに、民党は、むしろ、近代化政策の推進に伴う財政の拡大を抑制し、政策の見直し等により歳出の削減を行う政費節減の実施と、歳出の削減に応じて減税を実施し、国民の負担を軽減する民力休養を政府に対して求めたのである。両者の対立は国会開設以降日清戦争勃発まで続くことになるが、かかる政府と民党の対立時期を「初期議会期」と呼ぶ。

政府と民党の対立は、衆議院の予算審議権を軸として展開された。富国強兵政策のために予算の拡大・増税を求める政府に対し、衆議院の多数派である民党は、政府予算案を否決することで対抗したのである。かかる事態を予測して、憲法第七一条には、予算が国会で議決されなかった場合に政府に前年度予算の執行権を認めている。しかし前述のように、財政規模の拡大を目指す政府にとって前年度予算の執行は、政策実施の停滞を意味するため、衆議院における予算通過などのために様々な議会対策を行う必要に迫られた。

明治二四年（一八九一年）、第一次松方正義内閣の下で開かれた第二回帝国議会においても政府と民党は激しく対立したため、松方は衆議院を解散し、総選挙に踏み切った。この第二回総選挙に際して、内務大臣品川弥二郎の指揮下で民党候補者に対する選挙干渉が行われ、警察と民党関係者との間で衝突が発生し、全国で二〇名以上の死者を出した。この結果、自由党を中心に民党は議席数を減らし、自由・改進両党で一三二議席と過半数を割り込んだ一方、吏党が議席数を増やして一二四議席を獲得した。しかし、依然として民党は国会において強い影響力を有しており、かかる状況を懸念した伊藤は、吏党が議席数を増やしたことなどを考慮して、吏党勢力を結集した新党を結成し、議会運営を容易にすることを企図した。ところが、伊藤の新党結成の動向に対して、政党に対して強い不信感を持つ山県や松方をはじめ、元勲と呼ばれた明治維新以来の政府指導者層の多くが反対したため、伊藤の新党結成計画は潰えた。このときの伊藤による政党結成は成らなかったものの、以降、政党勢力への対応をめぐって、政党との提携と、超然主義の維持という路線の分裂が生じ、後の伊藤による立憲政友会結成に至るのである。

4　立憲政友会の成立

初期議会期における政府と民党との対立は、日清戦争という非常事態が発生したことにより、一時的に解消された。日清戦争前後において、明治二五年（一八九二年）より明治二九年（一八九六年）の四年間にわたって政権を維持した第二次伊藤内閣は、組閣時に黒田や山県、井上馨などの元勲を閣僚としたことから「元勲内閣」とも呼ばれた。第二次伊藤内閣は日清戦争を勝利に導いたが、戦後、民党との協調関係がしだいに崩れはじめると政権運営の安定化を企図して、明治二九年四月、自由党総裁の板垣を内務大臣として入閣させて自由党との提携を図った。さらに伊藤は、進歩党党首であった大隈の入閣も画策し、政党との提携を拡大しようとしたが、山県らの反発にあってこれを断念し、かかる状況から、政権維持を困難と見て九月に退陣した。日清戦争後における内閣と政党の提携は、次の第二次松方内閣でも継承された。松方は、進歩党党首の大隈を外務大臣に迎え、さらに大隈の推薦で外務省参事官に進歩党員であった尾崎行雄を任命するなど、進歩党との提携を行った。進歩党はこの提携により、外務省・農商務省などにおいて局長・参事官など、政策形成に関与し得るポストに党幹部を配することに成功したのである。このため、第二次松方内閣は松隈内閣とも呼ばれる。松方は、進歩党との提携により、金本位制の確立などに成功したが、さらに戦後経営における財政難を解決するために地租増徴に踏み切ろうとした。ところが、進歩党内に地租増徴に強く反発する声が上がり、また、政府内においても政党との提携に不満を持つ藩閥勢力が進歩党との対立を深めたため、提携は解消された。

伊藤や松方の対応にも表れているように、日清戦争後には、内閣は政党との提携を模索するようになり、政官関係において新たな展開が生じ始めた。

地租増徴をめぐる対立から松方は衆議院を解散したが、総選挙を前にして退陣してしまったため、事態を収拾するため、伊藤が内閣を組閣した。伊藤は、再び政党との提携を模索したが、総選挙中の組閣であったため、特定の政党との提携を進めることができず、結果として伊藤閥・山県閥の官僚を中心とする超然内閣を組閣した。その一方で、政党との提携による議会運営の安定化を考えた伊藤は、新党結成を画策したが、伊藤のかかる動向に対して懸念を抱いた自由・進歩両党は、地租増徴反対などで一致し、合同して憲政党を結成した。このため伊藤は、憲政党に対抗するための新党を結成するか、あるいは、板垣・大隈率いる憲政党に政権を委ねるか、いずれかの対応をすべきことを提議したが、元勲を中心とする元老会議はいずれにも否定的であった。しかし伊藤は、山県の反対を押し切って板垣・大隈への政権移譲を主張して総辞職を行った。その結果、明治三一年（一八九八年）六月、大隈に組閣の大命が降下し、大隈を首相、板垣を内相として、憲政党を実質的な与党とする第一次大隈内閣、通称隈板内閣が成立したのである。

第一次大隈内閣の成立は、主要人物である大隈・板垣が元勲と親しく、また、ほぼ元勲と同格の存在であるとはいえ、憲政党という政党を主体とした初の政党内閣の成立であった。第二次松方内閣と進歩党の提携からも明らかなように、政党は内閣との提携により様々なポストを獲得し、行政機構に政党員を送り込むことを試みていた。第一次大隈内閣では、かかる行動がさらに活発化し、いわゆる猟官活動として批判を受けることになるのである。

ところで、当時の官吏の任用については、明治二〇年の「文官試験試補及見習規則」により試験任用が開始され、さらに、明治二六年の「文官任用令」及び「文官試験規則」によって資格任用制が確立されていた。[16] 官吏の任用にあたっては、文官高等試験と文官普通試験が実施され、高等試験の合格者を奏任官に、普通試験の合格者を判任官にそれぞれ採用した。かかる制度は、奏任官以上を高等官と呼び、各省の幹部として登用したことを考慮すれば、今日のキャリア制の原型であるといえる。さて、「文官試験試補及見習規則」に無試験任用制度が存在したことは、既述のとおりである。一方、「文官任用令」では、奏任官には高等試験合格者のみを、判任官には普通試験合格者のみをそれぞれ採用することを定め、奏・判任官の任用は試験任用に限定された。かかる任用制度の整備については、推進者であった伊藤や、伊藤に資格任用制の実現を建言した井上毅などが、政権を獲得した政党の政治任用の濫用に対する行政組織の防衛を企図したものであったと考えられる。[17] しかし、試験任用の徹底が勅任官に及ばなかったことから、政党による政治任用の拡大は阻止できなかった。

内閣発足当時、大隈は、「政務官」と「事務官」の別を立て、「事務官」に関しては、内閣の方針に反しない限りには留任とする旨を述べ、政治任用の範囲を限定することと、官吏の身分保障を行うことを明らかにした。[18] かかる大隈の意図は、明治一四年に大隈が呈した建議にすでに現われており、[19] 官職を「政党官」と「永久官」に大別し、「政党官」は政権と進退を共にする一方、「永久官」は身分保護をするべきことを述べている。なお、大隈の考える「政党官」とは、参議・省卿などの大臣級人事、大・少輔などの次官級人事、そして各省局長であった。ゆえに、第一次大隈内閣の下での憲政党員による政治任用は、大臣・次官・局長を中心に、勅任参事官など、限定された範囲において、しかも、辞職者の後任に充てる形で進められた。

しかし、憲政党員の多くは、かかる大隈の意図とは関係なく官職を要求し、激しい猟官活動を展開するに至った。このため、大隈や板垣は党内を十分に統制できず、結果として、勅任官任用の知事や、さらに奏任官級の北海道支庁長、県警部長などの地方官も政治任用の対象とせざるを得なかった[20]。ところが、地方官は「政務官」としては看做されておらず、かかる任用は大隈が首相就任時に「政務官」と「事務官」の区分を明確にしなかったこととも相俟って、官僚・藩閥勢力の警戒を招いた。

第一次大隈内閣は、共和演説により尾崎が文相を辞任し、その後継人事をめぐって旧自由党系と旧進歩党系が激しく対立し、両派が分裂したことなどから、わずか四カ月余で退陣した。「政務官」と「事務官」の区分など、政党内閣を前提とした政治任用のルールの確立について大隈の意図は十分に貫徹されたとは言い難いが、政官関係の構築において、第一次大隈内閣は多大な影響を及ぼしたといえる[21]。

大隈退陣後、第二次山県内閣が組閣された。山県は政党に対して強い不信感を抱き、超然主義を主張していたため、閣僚は、山県閥と呼ばれる自らに近い藩閥官僚を中心に選定した。しかし、山県は懸案であった地租増徴を実現するため、憲政党、すなわち旧自由党と提携して議会運営を進めた。しかし、地租増徴案の可決直後、突如として山県は「文官任用令」の改正を行った。この改正の意図は政党員の行政組織への進出を阻むことにあった。すなわち、第一次大隈内閣において政治任用の中核となった勅任官の任命について、奏任官からの昇任に限定する規定を付したのである。これにより、文官高等試験合格者に有資格者が限定されることになり、政党員の勅任官ポストへの進出は困難になった。さらに、官吏の分限規定を明らかにした「文官分限令」・「文官懲戒令」を定めて政党による官僚の無軌道な更迭を阻止することも試みた。その上で、官吏の任用に関する事項については枢密院の諮詢事項として政党が容易に変更できないように措置したのである。また、政党内閣自体を成立困難とさせるため、「軍部大臣現役武官制」を導入し、陸・海相は現役の中・大将に限定した。山県は自らが陸軍大将として陸軍に対して絶大な影響力を有していたため、かかる措置で政党内閣を牽制し得ると考えたのである。

憲政党からの入閣要請を拒否した山県ではあったが、政権運営を円滑ならしめるため、明治三三年（一九〇〇年）

五月、官制通則の改正により、次官を廃止して、総務長官と官房長を新設し、次官の有する事務官機能を総務長官に、また、政務官機能を官房長にそれぞれ分与した[22]。そして、官房長を政治任用ポストとすることで憲政党に対する慰撫を図ったのである。ただし、かかる改正により、総務局が再度設置されたことなどから大臣官房の権限は大幅に縮小し、官房長は何ら実権の伴わない閑職とされた。

一方、政党との提携を模索していた伊藤は、山県との提携が破綻した憲政党との関係を深め、明治三三年九月、憲政党を解散して新党、立憲政友会を結成した。伊藤は自ら初代総裁の任に就き、伊藤系官僚と憲政党を中核とする立憲政友会の取りまとめにあたった。一方、伊藤の政党結成に反対する山県は、結成後間もない立憲政友会を混乱させることを画策して、伊藤を後任に推して総辞職した。かかる経緯から、立憲政友会を与党とする第四次伊藤内閣が誕生した。

第四次伊藤内閣では、伊藤系官僚から末松謙澄、渡辺国武、金子堅太郎が、そして旧憲政党幹部から星亨、林有三、松田正久がそれぞれ入閣し、官僚・政党同数の大臣ポストの配分となった。また、都築馨六や原敬などの高級官僚出身者が立憲政友会に参加するなど、後年における官僚の政党員化を示唆する傾向が見られた。伊藤は、政党勢力と自派を中心とする官僚を融和させることにより、政党の政治力を向上させていくことを試みた。かかる伊藤の方針は、「政務官」と「事務官」を明確に区分することにより政官関係を構築しようとした大隈とは異なる方向性を有し、以降の立憲政友会による政官関係構築の基底となっていくのである。また伊藤は、有名無実な存在であった官房長を有効に機能させるために、官房長の職掌を見直した。これにより、政務・事務双方に及ぶ広範な事項を官房長との合議事項として、官房長に大臣の補佐機能を持たせ、その政務的な機能を拡充したのである[23]。ただし、総務長官・官房長制は伊藤の努力にもかかわらず、次の第一次桂内閣の下で廃止され、次官制が復活する。

第四次伊藤内閣は、逓信大臣として入閣した星の汚職問題や、伊藤系官僚と政党員の融和が不十分であったことから生ずる閣内対立、山県の意を受けて政党主導の政権運営に反発した貴族院の抵抗などにより、ほぼ半年で退陣した。その後任には井上馨が挙げられたが、組閣人事の難航から井上を首相とすることは見送られ、代わって山県閥から陸軍大将であった桂太郎が首相に推された。こうして、明治三四年（一九〇一年）、山県系官僚を中心とする第一次桂内閣が組閣されたのである。政権成立当初は、伊藤率いる立憲政友会や大隈率いる憲政本党は野党となり、桂は議会運営に苦慮した。特に、伊藤が支持していた奥田義人法制局長官による行財政改革案を廃棄し、奥田を辞任させたことにより、伊藤と政友会の強い批判を受け、一時は政権運営が危殆に瀕した。しかし、山県の画策により伊藤が枢密院議長に転じ、西園寺公望が後継の総裁となったことや、明治三七年（一九〇四年）に日露戦争が勃発したことなどから、戦時下における政局の安定化のため、桂と原の間で提携に関する合意が形成され、政友会は桂に対する協力姿勢を取った。また、桂と原の間では、政権譲渡に関する合意も形成されており、日露戦後の国民の不満の高まりに応じて桂が退陣した際、後継には西園寺が指名され、政友会を与党とする第一次西園寺内閣が組閣された。かような桂を中核とする藩閥勢力と、西園寺・原の率いる立憲政友会の提携関係は、以後、大正二年（一九一三年）の「大正政変」により第三次桂内閣が倒れるまで継続し、両者が政権を交互に担当したことから、この時期を「桂園時代」と呼ぶ。

「桂園時代」においては、桂が貴族院をはじめとする藩閥勢力の調整を行い、西園寺・原が衆議院の調整を行うことによって提携を維持していたが、原が貴族院との交渉ルートを確保するなど、しだいに政友会の影響力が拡大していった。それに伴って第二次西園寺内閣では桂の影響力が後退し、軍部大臣を除いて政友会系の人材で組閣を行うなど、政党内閣としての色彩を強めた。しかし、内閣が推進していた行財政整理に対し、上原勇作陸相が二個師団増設を訴えて、天皇に対して帷幄上奏を行った上で辞職する問題が発生した。これを「二個師団増設問題」と呼ぶ。かかる突発的な事態に対して、結局、陸軍から後任人事を得られなかった西園寺内閣は総辞職した。第二次西園寺内閣の退陣は、軍部大臣現役武官制などと相俟って、「内閣官制」における首相の各省大臣に対する統制力の低さが倒閣につながった代表的な事例であるといえる。

かくて「桂園時代」を通じて、政権政党たることに向けて経験を蓄積した立憲政友会は、続く大正期における「大正デモクラシー」とも相俟って官界との関係を深めて党勢を拡大し、立憲民政党との二大政党制を構築して政党内閣期を現出していくことになるのである。

おわりに

本章においては、近代国家建設過程において重要な諸制度の整備が大きく進展した明治中葉以降を、内閣制度の創設、大日本帝国憲法の発布、帝国議会の開始をそれぞれの軸として概観した。

内閣制度に関しては、それ以前の太政官制と比較した場合、大臣に関する身分的拘束の解除という不連続面があるものの、合議制の導入や、国務大臣と行政長官の関係、さらには各省間におけるセクショナリズムに対する脆弱性など、多くの点について連続面を認めることができ、太政官制との連続性を指摘し得るものであることを確認した。

また、大日本帝国憲法と内閣の関係については、憲法の予定した体制が行政優位の体制であり、また、天皇大権の運用により、かかる企図を達成したことを明らかにしたが、特に、内閣・各省が立法活動において主要な機能を果たしていたことから、太政官制における立法部と行政部の融合という特徴を、内閣制度、さらには大日本帝国憲法下における権力機構も継承していることを指摘した。

すなわち、内閣制度や大日本帝国憲法の発布などにより整備された明治国家は、明治一八年以前における太政官制期と断絶するものではなく、行政的には連続性を有するものであったといえよう。

ただし、帝国議会の開設は、国政運営の場に、新たに政党や議会というアクターを登場させた。そして、藩閥勢力と政党勢力の関係は、しだいに政党の勢力が拡大したことにより、「超然主義」の維持が困難となり、政党との提携により、新たに政官関係を構築し、展開する必要が生ずるに至る。かかる動向は、伊藤による立憲政友会の結成と、「桂園時代」の展開によって確立・進展した。「桂園時代」における立憲政友会の行動と経験の蓄積が、政官関係のさらなる発展をもたらし、後の政党政治及び政党内閣結成に結実していくことになるのである。

注

(1)『法規分類大全』第一編、官職門一、七五頁。
(2)『法令全書』明治一八年一二月二二日、太政官達第六八号。
(3)国立公文書館所蔵『公文類聚』第九編(明治一八年第一巻、官職)、「内閣職権ヲ定ム」。
(4)『法令全書』明治一八年一二月二六日、内閣達。
(5)『法令全書』明治一九年二月二六日、勅令第二号。
(6)清水唯一朗『政党と官僚の近代――日本における立憲統治構造の相克』(藤原書店、二〇〇七年)、二三―二四頁。
(7)『法令全書』明治二〇年七月二三日、勅令第三七号。
(8)『法令全書』明治一五年二月一四日、太政官布告第一〇号及び一二月二八日、太政官布告第六八号。
(9)『法令全書』明治二一年四月一七日、法律第一号。
(10)『法令全書』明治二三年五月一六日、法律第三五号・三六号。
(11)『法令全書』明治二二年一二月二四日、勅令第一三五号。
(12)かかる見解については、永井和『近代日本の軍部と政治』(思文閣出版、一九九三年)、坂本一登「明治二十二年の内閣官制についての一考察」犬塚孝明編『明治国家の政策と思想』(吉川弘文館、二〇〇五年)などを参照されたい。
(13)『法令全書』明治二四年七月二四日、勅令第八一号。
(14)三読会制については、議院法(『法令全書』明治二二年二月一一日、法律第二号)第二七条に規定されている。
(15)国立国会図書館憲政資料室所蔵『牧野伸顕関係文書』書類の部八四「憲法発布ニ際シテノ黒田首相演説」。

(16)『法令全書』明治二六年一〇月三〇日、勅令第一八三号・勅令第一九七号。
(17) 井上毅の見解については、明治二四年七月一九日付松方正義宛書翰（大久保達正監修『松方正義関係文書』六（大東文化大学東洋研究所、一九八五年）、三一九—三二〇頁）を参照されたい。
(18) 大津淳一郎『大日本憲政史』第四巻（宝文館、一九二七年）、八一五頁。
(19)『伊藤博文関係文書』書翰五〇二「大隈公上奏文写　秘五九」。
(20) 清水『政党と官僚の近代』、八〇頁。
(21) 清水『政党と官僚の近代』、第三章第一節の第一次大隈内閣における進歩派と自由派の政官関係についての分析などを参照されたい。
(22)『法令全書』明治三三年四月二六日、勅令第一六一号。
(23) 清水『政党と官僚の近代』、一一八—一二〇頁。なお、官房長の機能については、清水『政党と官僚の近代』においても指摘のあるように、『内務省警保局文書』（内務大臣決裁書類・明治三三年）、「官房長に合評事項の件に付訓令（官房）」（国立公文書館所蔵）における記載内容を事例として挙げることができる。

第2章　参考文献一覧

赤木須留喜『〈官制〉の形成』日本評論社、一九九一年
稲田正次『明治憲法成立史』上・下、有斐閣、一九六〇・一九六二年
内田健三編『日本議会史録』一、第一法規出版、一九九一年
笠原英彦・桑原英明編『日本行政の歴史と理論』芦書房、二〇〇四年
北岡伸一『日本の近代5　政党から軍部へ　一九二四—一九四一』中央公論新社、一九九九年
坂本一登「明治二十二年の内閣官制についての一考察」犬塚孝明編『明治国家の政策と思想』吉川弘文館、二〇〇五年
坂本一登『伊藤博文と明治国家形成』吉川弘文館、一九九一年
清水唯一朗『政党と官僚の近代——日本における立憲統治構造の相克』藤原書店、二〇〇七年

内閣制度百年史編纂委員会『内閣制度百年史』上・下、大蔵省印刷局、一九八五年
永井和『近代日本の軍部と政治』思文閣出版、一九九三年
坂野潤治『明治憲法体制の確立』東京大学出版会、一九七一年
坂野潤治『大正政変』ミネルヴァ書房、一九九四年
升味準之輔『日本政治史』2、東京大学出版会、一九八八年
御厨貴『明治国家形成と地方経営　一八八一―一八九〇年』東京大学出版会、一九八〇年
御厨貴『日本の近代3　明治国家の官制　一八九〇―一九〇五』中央公論新社、二〇〇一年
三谷太一郎『日本政党政治の形成　原敬の政治指導の展開』（増補版）東京大学出版会、一九九五年
山中永之佑「内閣制度の形成と展開」日本行政学会編『年報行政研究二一　内閣制度の研究』ぎょうせい、一九八七年

門松　秀樹

第3章 政党内閣期の政治と行政

はじめに

明治二二年（一八八九年）に制定された大日本帝国憲法（以下、明治憲法）のもと帝国議会が開設されると、わが国の政治と行政の関係は大きく変化を遂げることとなった。天皇大権を前提とした権力分立構造の中で、政府と議会が相互に牽制し協力する過程において、政治主体は藩閥優位から藩閥と政党の協調、政党内閣へと展開していくこととなった。

本章では大正二年（一九一三年）の憲政擁護運動（大正政変）から、昭和七年（一九三二年）の五・一五事件、犬養内閣総辞職までの二〇年間を政党内閣移行期、政党内閣定着期、政党内閣動揺期に分けて、当該期における政治と行政のありようを、統治構造の形成と展開、施策の実際に焦点を当てて論じていく(1)。

1　政党内閣移行期における政治と行政——立法と行政の相克

（1）憲政擁護運動のインパクト——対立から協調、近接化へ

明治後期は、藩閥対政党という明治初期からの対立状況が日清・日露戦争への挙国一致を経て変容し、藩閥の系譜に位置づけられる桂太郎（長州・陸軍・官僚）と立憲政友会（以下、政友会）を率いる西園寺公望が相互に協力し交互に政権を担当する桂園体制のもとで安定期を迎えていた。両者の協力関係は年を追って深化し、この頃には政党に対して予算の事前説明が行われるまで緊密になっていた。(2) しかし、この協力関係も永続的なものではない。行政に軸足を持つ桂らは議会に勢力範囲を拡大することを目論み、衆議院の過半数を制するまでの勢いを得た西園寺ら政友会は、政権担当の経験を通じて行政機構のなかに勢力を浸透させていった。安定のなかで、次なる変化の要素は着実に醸成されていたのである。

そうした勢力変動は、遂にこの体制を崩壊へと導いた。明治四四年（一九一一年）、二度目の政権担当となった西園寺・政友会内閣は、政党を基盤とした実力政権の構築を目指し、懸案とされていた行政整理（行政改革）に本格的に着手した。整理案策定のために設置された臨時制度整理委員会では例外のない整理を行うことで日露戦後経営の抜本的な立て直しが図られ、西園寺委員長のもと、委員会は熱気を帯びながら改革案を策定していった。同内閣の治世のなかで明治天皇が崩御し、近代日本の幕開けの荘重さを持った明治という時代も終わった。大正という新時代への希望と相俟って、西園寺内閣には大きな期待が寄せられることとなった。

しかし、この改革貫徹の姿勢が軍備拡張を主張する陸軍との対立を先鋭化させた。上原勇作陸軍大臣が辞職し、陸軍大臣の後任が得られないために西園寺内閣は総辞職することとなった。後継内閣には、大正天皇を補佐すべく内大臣として宮中入りしていた桂太郎が立った。実に三度目の組閣である。衆議院第一党を基礎とした事実上の政党内閣

を陸軍が倒したこと、さらにその後継に陸軍出身で、ひとたび宮中に入った桂が立ったことは世論の強い反発を招いた。ここに桂内閣打倒を主張する憲政擁護運動が起こる。内閣不信任案をめぐる混乱のなか、桂はわずか二カ月で、予算を通すこともなくその座を去ることとなった。大正二年（一九一三年）二月のことである。

事態は、政友会が藩閥のもう一方の旗手である山本権兵衛（薩摩・海軍）と協力して組閣し、西園寺内閣がやり残した行政整理を実現していくことで収拾された。第一次山本・政友会内閣は、憲政擁護運動の勢いを背景に整理を進め、局課統廃合のほか、法令一七八件の制定改廃（法令整理）、官吏六八七八人の減員、年約七〇〇〇万円の節減を実現した。

さらに山本内閣は、明治憲法体制下に存在する他の機構に対して内閣が比較優位をもつことを顕在化させ、その政治指導を強化するための施策が取られた。軍部に対しては、大臣現役武官制を撤廃することで内閣に対する揺さぶりをかけにくくし、各省に対しては次官、議会・政党に対しては警視総監、警保局長、貴衆両院書記官長を自由任用とすることで人事を通じての統制を確保した。日糖疑獄事件を契機に政治への牽制を強めていた司法部には裁判所の統廃合と老朽判検事の休職によって圧力をかけ、掣肘機関としての性格を強めていた枢密院に対しては顧問官数の削減を実行した。これらの施策は、憲政擁護運動という世論を背景に主として与党・政友会が要望したものであったが、交渉に際してはむしろ山本首相が積極的に指導力を発揮して実現に導いている。政友会に止まらず、非官僚勢力が政権を掌握するためには、明治憲法上、総合調整に関する明文規定を持たない内閣が実質的な指導力を発揮するため制度整備が必要であるとの認識が広く共有されており、それが実現を勝ち得たと評価できる。

このシフトは、官僚の側の行動形態の変化からも見て取ることができる。それは、従来、政党と対立する存在であった官僚の中に政党に接近する傾向が出たこと、さらには高級官僚の政党参加という行動が顕著になったことに現われている。憲政擁護運動によって政党政治が現実味を帯びてきたことに加え、政友会のみならず、もう一方の勢力である桂らも新党を組織（立憲同志会。以下、同志会）したことで、政党が議会において法律予算を審議する議員の集団から、政権を担当する組織としての機能を本格的かつほぼ独占的に有するようになったことが、この変化の大きな要因であった。政党と官僚、立法と行政の関係は、対立から協調、近接化へと大きくシフトしていったのである。

（2）第一次大戦下における政治と行政――責任内閣の模索

大正三年（一九一四年）、オーストリア・セルビア間の戦争が長期化の様相を見せ、第一次世界大戦へと拡大していくと、日本もこれへの対応に迫られた。政治課題も変化し、とりわけ戦時好況と物価高、大正政変以来の世論の伸張と労働問題の顕在化が、政権の運命を左右する重要課題となっていく。

まずこの衝にあたったのは、同志会などを与党とした第二次大隈重信内閣である。桂を病気で失った同志会を中心に、大隈を担ぐことで結成された非政友会連合政権であった。大隈内閣は閣僚のうち両軍部大臣と文部大臣以外はすべて政党から迎え、大隈は、長年の持論であった責任内閣の樹立を目指して統治構造の整備を進めた。特に政務・事務の区別を明確にすべきとの同志会系官僚の主張は、大隈が従来から抱いていたイギリスモデルの政府・与党関係とも付合するものであった。このため、同内閣は、山本内閣に続いて官制を改正し、各省庁に政治任用の政務担当職として参政官、副参政官を設置する一方で、前内閣が行った次官などの自由任用を廃止し、資格任用に戻した。加えて大隈らはこれまで取られてきた重要政務に関する元老への相談を行わず、責任内閣の志向に基づく自主的な政権運営を目指していった。この姿勢は、のちに対中国政策での失敗を招き、その結果、同志会系は元老の信頼を失い以後長く政権から遠ざけられることとなる。

大隈内閣の施策を見てみよう。同内閣は組閣直後の大正三年五月一五日に外交の刷新、官制の改革、国防の充実、産業の奨励、財政・税制整理などを軸とする一〇項目の政策綱領を発表した。翌四年、解散総選挙によって与党系が衆議院の過半数を制すると、第一次世界大戦の拡大を背景に陸海軍の増強を進め、国防の充実を綱領どおり実行した。他方、財政・税制整理による減税策は、大戦を前に等閑視された。

第一次世界大戦の勃発は戦争景気を誘発し、ヨーロッパからの輸入が途絶したことと相俟って国内産業を活性化させた。政府もこれを機に重要産業を国産化する意欲を高め、国庫補助を軸とした奨励策がとられた。染料医薬品製造奨励法などはその好例である。大正五年（一九一六年）に、長く見送られてきた工場法の施行が実現したのも、こうした戦時好況を背景としたものであった。もっともこうした中央の施策に地方における担当人員の整備拡充が追いつかず、監督官の不足を警察官によって補うなどの応急的な対処がなされている。また、大隈内閣では小口の生命保険を政府管掌とする簡易生命保険法も成立した。

続く寺内正毅内閣においても戦時対応を軸とした政策立案は継承されたが、同内閣はそれに加えて欧州から波及してきた社会状況の変化への対応策に迫られた。戦争景気に伴う物価の高騰に対して暴利取締令、特に農産品価格安定のために農業倉庫の創立を図る農業倉庫法が、傷病兵対策として軍人救護法が制定、施行された。社会行政の管轄部局として内務省地方局に救護課が設置され、救済事業調査会が置かれることとなったのも、間接的に大戦の影響ということができるだろう。社会政策実施の資金には前述した簡易生命保険金が一部充てられている。

もちろん、産業振興策も重工業へと広がりを見せながら打ち出されていった。戦時補償と平時奨励を基軸とした軍需工場動員法、不足する銑鉄の需要に応じるべく民業での保護奨励を企図した製鉄業奨励法、自動車製造の奨励を視野に入れた軍用自動車補助法などが施行される一方、重工業発展のためのインフラとなる発水電が行政の関心を集め、電気事業を管轄してきた逓信省と土木水利を管轄する内務省との省間対立が顕在化しつつあった。

統治構造では、重要問題に関して、決定への参加を広げることで求心力を持たせようとする制度設計がなされた。寺内内閣が確固とした与党をもたない藩閥系内閣であったため、政党をはじめとする政府外勢力の伸張という状況を前に、その了解を得ることが政権安定、政策遂行のために必要になっていたのである。外交調査会、臨時教育会議がこの代表例であり、前者には政党代表が、後者には財界代表が委員として列席し、方針策定に関与するとともに国民への説明責任を担った。

また、寺内内閣は内地と植民地の法制が別個の法域を形成している問題を改善すべく、相互関係と通則を規定した共通法を制定している。(3) 植民地総督としての経験の長い寺内とその帷幄が組織した内閣として面目躍如といえよう。

第一次世界大戦による好況を謳歌しつつも言論空間の拡大によって社会問題が顕在化する状況に対し、労働・生活状況の改善や物価対策が対症療法的ではあるものの実現されていった。一方で、政府には大戦の終結を意識しながら行動することが求められていく。

(3) 原敬内閣における政治と行政——擬似政党内閣の展開

大正七年(一九一八年)九月、物価対策の甲斐なく米騒動が勃発、寺内内閣が総辞職すると、後継組閣の大命は衆議院第一党の政友会総裁・原敬に降下した。原は外務、陸軍、海軍以外の大臣をすべて政友会から登用し、名実共に政党内閣と呼びうる実力内閣を組閣した。このうち、逓信大臣以外はすべて官僚出身者であった。外相にも原が同省勤務時代からの旧知である内田康哉が配され、政党を中心とした、実行力と統一感のある組閣が行われた。

ここに、桂園時代以来、政友会が進めてきた「政党改良」の効果を見ることができる。原内閣の誕生とその人事の充実ぶりは、原が政党内閣の実現に向けて、政策立案能力を有し、省庁機構を掌握することができる人材を確保すべく、高級官僚出身者や財界人を積極的に党の要職に迎え入れ、さらには代議士として活動をさせてきた結果であった。政友会は、政党改良による人材の獲得、育成を通じて、実力内閣を組織しうるだけの人材を党内に擁するに至ったのである。

もうひとつ注目したいのは次官人事である。次官には文官高等試験合格を条件とする試験任用が適用されていたが、原はここにやはり官僚出身の政友会員を充当して省庁に対する統御を確保した。政友会という大政党を器として、行政と立法を横断する統治構造が形成されたのである。原は、議院内閣制をとらない明治憲法下において政務・事務の区別は困難であると考えていた。この横断的統治構造は、明治憲法体制下において政治指導を有効なものとしていくための原の解答であったといえるだろう。加えて原は、大隈とは反対に元老への報告主義を徹底し、彼らの信頼を獲得することに努めた。これも官僚組織と政友会の円滑な関係を構築する上で有効であった。

原内閣では鉄道院が鉄道省に格上げとなったほか、統計と軍需工業動員の統括機関として国勢院が創設され、植民地関係では、朝鮮での独立運動勃発を契機に総督武官制の規定が見直され、台湾総督に文官が就任し文治政治を行う制度的基盤が整備されるなど[4]、積極的な統治機構改革が進められた。中でも特筆されるのは、郡制廃止である。中間自治体としての郡不要論は、原が一度目の内務大臣就任時から主張しながら、山県系官僚や貴族院によってその実現を阻まれてきた宿年の課題であった[5]。これには原周辺の内務官僚からも郡の存在意義を認めるべきとの異論があったが、原は同省地方局出身の床次竹二郎を内務大臣に据えて異論を押さえ、廃止を断行した[6]。

原内閣の施政方針の基本は、在野時代から主張してきた教育の改善、産業・通商・貿易の振興、交通通信機関整備拡大、国防充実の四大政策であった。第一に挙げられた教育分野では、寺内内閣時代の臨時教育会議の答申を受けて大学令、高等学校令、高等諸学校創設及拡充ニ関スル法律を公布して、高等教育機関の整備拡充が図られた。

二点目の産業・通商・貿易の振興は、実現に困難の兆しが見え始めていた。原内閣発足直後の一一月に第一次世界大戦が終結し、戦後不況が視野に入ってきたためである。このため、政府は国債と事業公債の発行枠を拡大し、公共事業による景気の下支えを図った。同時に、道路法、地方鉄道法、鉄道敷設法、航空法が相次いで制定され、交通機関を整備し、流通コストを抑えることで国内経済を活性化させる方策が取られている。こうした交通インフラの整備は、同時期に制定された都市計画法などと合わせて、国土行政の基盤となっていく。産業振興の文脈から論じると、知的財産、とりわけ工業所有権に関して、特許法、実用新案法、意匠法、商標法が改正されたことにも触れておく必要があるだろう。これは弁理士法の制定と合わせて、知的財産の保護、活用に先鞭をつけることとなった。

大正九年（一九二〇年）三月、株式が暴落し、本格的な戦後不況に突入すると、政府は臨時財政経済調査会を発足させ、この対応にあたった。また、より現実的な要請から、職業紹介法や、借地法、借家法、住宅組合法、健康保険法（成立は続く高橋是清・政友会内閣）といった社会、労働政策が、同年に新設された内務省社会局を中核として企画立案されている。前年に制定された結核予防法も、衛生行政の分野に属するものではあるが、窮民罹患者の保護を主たる目的としており、戦後不況下の社会政策の一環と捉えることができよう。

原内閣期の施策として最後に挙げておきたいのが、大正八年（一九一九年）に公布された史蹟名勝天然記念物保存法である。文字どおり、全国に存在する歴史史蹟や名勝、天然記念物の指定、保護を規定するものであるが、内務省と文部省のはざまの領域に属し、かつ管轄権限や利権の対象となりにくいものであったためか、政府側からは法律策定の動きが見られなかった。これに対し、貴族院がおよそ一〇年にわたって建議を続け、最終的にこの段階で議員立法として結実した。政策への主体的関与を避ける傾向にあった貴族院において議員立法の例はきわめて珍しく、それゆえに、同法の制定は、識者を集めた貴族院の存在意義を考える好材料となるだろう。

以上、政党内閣移行期における政治と行政の展開を概観してきた。桂園時代において対立から協調、近接化へと展開した政府と議会、行政と立法の関係は、大正政変を経て政友会、同志会（のち、非政友合同により憲政会）の二党を軸にして展開することとなった。とりわけ、この時期は政友会が政府、官僚との関係をより密接にし、政友会を器として政府と議会が調和的に運営されるようになり、第一次世界大戦後の複雑化する行政需要に対応する統治構造が形成された。

2　政党内閣定着期における政治と行政――立法と行政の協働

（1）護憲三派内閣の意欲と挑戦――第二次護憲運動のインパクト

大正一一年（一九二二年）六月、原のあとを継いだ高橋内閣が閣内不一致によって総辞職すると、加藤友三郎内閣、第二次山本権兵衛内閣といわゆる中間内閣が続いた。いずれも行政整理、関東大震災直後の復興などに治績を上げたが、国内には政党内閣路線への移行を求める声が強くあった。(7)

翌一二年（一九二三年）末に摂政宮を狙った虎ノ門事件の勃発により山本内閣が引責辞職すると、こうした声はいよいよ高まる。しかし、元老が選んだのは三度、中間内閣となる清浦奎吾内閣であった。元老側には、一三年（一九二四年）五月に迫っていた衆議院議員の任期満了を視野に、民意の支持によって高い正統性を有した政党内閣を成立させたいという意識があり、そのため、選挙の公正を期す観点から中間内閣が選ばれたという。

政党側では憲政会と革新倶楽部が憲政擁護を掲げて倒閣運動を開始し、政友会はこれへの対応の是非をめぐって分裂し、脱党組が組織した政友本党が清浦内閣の事実上の与党となった。第二次護憲運動の始まりである。この運動は、来る総選挙を前提とした選挙運動としての要素を色濃く持つものであった。そのため具体的な政策論争は低調であり、関東大震災に伴う火災保険の特別措置の難航、排日移民法をめぐる対米外交の不調といった清浦内閣の失点が、そのまま政友本党の失点として攻撃された程度であった。選挙結果は、旧政友会二派が同士討ちを繰り広げたこともあって憲政会が第一党の座を獲得し、同党の加藤高明総裁を首相に、護憲派の三党による連立内閣が発足した。ここに戦前日本の政党内閣期が始まる。

護憲三派内閣は、政党内閣時代に適応した統治構造の制度整備に努めていく。その第一として、政務次官、参与官と二つの政務担当職が各省に設置された。原内閣以来の行政と立法の混淆状態を改め、政務・事務の区別を明確にするイギリス流議院内閣制を志向する憲政会の意図を体現した改正であった。政務担当職は長く盲腸、英国製ビスケットなどと揶揄されることが多かったが、近年、議会担当機能の面から、その意義が再評価されている(8)。また同内閣が制定した普通選挙法（衆議院議員選挙法）は、初めて衆議院議員と政務官以外の官職の兼職を禁止した。

第二に挙げられるのは、大規模な行政整理の実現、具体的には内閣官房の整備と農林省・商工省の発足である。前者はこれまで連絡、事務機関に過ぎなかった内閣書記官室を整備拡充し、政務調整機能を付与する大幅な改革であった。後者は第一次世界大戦後の産業構造変化に応じて懸案となっていた分割・重点化の施策であり、商工業のさらなる振興とともに、農林水産業の保護育成を強く印象づけ、内閣に対する国民の支持を広く調達することを意識したものである。

第三に、一連の行政整理を進める場として行政調査会が設置された。これは内閣、官僚、与党が一堂に会して議論するアリーナとしての機能を果たし、従来からの行政主導の整理案作成から転じて、政党内閣の時代に相応しい、三者による調整を重視した政策決定の形態が生み出された。以後、政党内閣期においては常にこうした場が設定されることとなる。桂園時代における予算の与党審査、原内閣期における人的横断と政党による包括化という段階を経て、より洗練された政策決定の場が形成されたということができるだろう。

施策の中心は、震災復興の第二段階としての産業復興策である。地方銀行の合同奨励や復興貯蓄債権の設立によって金融状況の改善強化に努めたほか、入超の貿易収支改善に向けて、輸出業・輸出品製造業の資金、信用確保のための合理化策として輸出組合法、重要輸出品工組合法が制定された。政府財政においては憲政会が主張する非募債主義の緊縮財政のもと、公債の縮小、特別会計の整理、預金部預金法の制定がなされた。

原内閣に引き続き、社会政策も重点的に施されている。失業救済のための土木事業が展開されたほか、労働争議調停法、小作調停法といった紛争調停の仕組みも整備されていった。これらは来る普通選挙に備えて、支持を拡大するためにも必要な施策であった。

主要閣僚を押さえた憲政会が宿年の政策であった中央集権と緊縮政策を進める一方、与党第二党の政友会、第三党の革新倶楽部はつねにその後塵を拝することとなった。同内閣が普通選挙法を成立させたことからも、次の選挙では熾烈な選挙戦が繰り広げられることが予想され、すでにして連立の長期継続は困難であった。大正一四年（一九二五年）七月、税制整理の立案過程で地租の地方委譲を主張する政友会閣僚とこれに反対する憲政会閣僚の対立が深刻化したことを契機に連立は一年あまりで崩壊することとなったが、それは連立政権としての宿命であった。

(2) 憲政会内閣の施策と行政——中央集権型政策の展開

連立の崩壊により加藤高明内閣は一旦総辞職したものの、後継組閣の大命は再び加藤に降下し、憲政会単独による内閣が改めて組織された。少数与党となった憲政会は、革新倶楽部を事実上吸収合併して勢力を拡大した政友会と、従来からの野党である政友本党を相手に困難な国政運営に臨むこととなる。そうした状況も影響してか、翌一五年（一九二六年）一月に加藤首相が急死する。時に本会議の最中であったこともあり、憲政会の若槻礼次郎内務大臣が臨時兼任を経て首相に任命された。

同内閣においては、憲政会、政友会、政友本党による三党鼎立の形が生まれ、衆議院における政争が激化したこと、与党憲政会が少数であったため、常にその正統性が問われたことから政権運営が一層困難なものとなり、結果、貴族院、枢密院といった非選出機関が野党と連動しながら政権の不安定要因となった。[9] 翌昭和二年（一九二七年）一月の議会が内閣の処決に関する決議案を出して休会となった際、前年十二月の大正天皇崩御、新天皇の初年という状況をもって事態が収拾されたことは、政権が復元力を喪失していたことを物語っている。

同内閣の施策は、原則として加藤内閣を踏襲したものであったが、ここに至って経済不況は一層深刻になっていた。特に金解禁の準備のために急ぎ進めた震災手形処理の審議過程において、台湾銀行を始めとする金融機関の経営不振が晒されたことは、金融恐慌を引き起こす結果となり、内閣にとって大きな痛手となった。若槻内閣は、日本銀行によって救済を行う台湾銀行救済を緊急勅令案として打ち出す。

しかし、前述した政治状況のなか、救済案は枢密院で否決され、若槻内閣は枢密院弾劾の衆議院決議とともに退陣する。連立崩壊の契機となった税制改正については、逆に政友本党と妥協する形で修正成立にこぎ着けたものの、そのために地方制度改正では政友本党の修正案を全面的に受け入れたほか、加藤内閣からの懸案であった労働組合法も廃案となるなど、少数与党の限界が如実に露呈した形となった。こうした政党間の政権争奪を主眼とした対立状況の深刻化は、政党政治そのものに対する不信感を醸成していくこととなる。

(3) 田中政友会内閣の施策と行政――地方分権型政策の展開

一九二七年(昭和二年)四月、台湾銀行救済緊急勅令案が枢密院で否決されたことを受けて第一次若槻内閣が総辞職すると、組閣の大命は田中義一政友会総裁に降下した。政党間における政権交代が行われたことにより、政界は事実上の政党内閣期に入ったとの認識が広く持たれたことに加え、[10] 二カ月後、野党となった憲政会、政友本党が合同して立憲民政党(以下、民政党)を組織したことから、二大政党制の条件も整えられた。多党制から二大政党制に移行し、政党政治が定着したと見られたことで、両党は来る普通選挙での勝利をめざして独自色の強い政策立案に主体的に取り組むようになっていく。加えて、組織間の調整も交渉から多数主義へと転換していった。

田中内閣は、直後の第五三臨時議会で台湾銀行問題を収めると、同年六月、加藤内閣が設置していた行政調査会を解散し、新たに行政制度審議会を内閣に設置した。[11] セクショナリズムと権限争議が横行した行政調査会に対し、田中内閣の行政制度審議会は、首相自らが会長となり、委員を完全に政府・与党の人材で満たすことで、改革の貫徹を目指した。

この結果、同審議会は地方への税源移譲、勅任官・奏任官の完全特別任用化、法科偏重の高等官僚試験制度の改革、拓殖務省の新設といった積極的な答申をまとめ、閣議に提出した。加藤内閣時代の行政調査会における官僚主導から政党主導にシフトしたことで、きわめて積極的な回答が出されることとなったのである。このうち、地租の地方委譲は貴族院で審議未了となったものの、高等試験制度の改革が実現し、植民地行政の監督と海外拓殖を所管する拓務省が発足した。また若槻内閣時代の閣議決定に基づいて設置準備が進められていた国家総動員準備機関として、資源局が内閣に設置されている。

同内閣がまず取り組んだのは金融危機の終息策、支払猶予の緊急勅令、それにつづく日本銀行による救済法案である。特徴的な政策は、経済復興の軸としての産業立国論であろう。田中内閣は昭和三年度予算において各種試験所の設置による開発支援、鉄道新線を始めとする交通通信設備の整備、産業道路の敷設、港湾修築の推進など積極的な公債政策をもって臨んだ。(12)

もうひとつが地租の地方委譲である。地方財政が窮乏するなか、財源の地方委譲によって農村の疲弊を救済することを原内閣以来の方針としていた政友会は、(13)これを田中内閣において実現しようとしたのである。議論の場となったのは大蔵省に設置された税制調査会であり、大蔵省、内務省から委員が任命された。同委員会は五年度から委譲を行う方針を定め、さらに実業同志会との交渉過程において営業収益税もこれに含めることとした。そして三年一二月に「国税地方税整理要綱」として閣議決定、法案化して帝国議会の審議に付された。同案は衆議院は通過したものの、貴族院で賛否半ばし、審議未了となっている。

対中国関係が緊迫し、経済状況が停滞するなかで諸政策に取り組んだ田中内閣であったが、同内閣は、政党内閣であるがゆえに行政制度審議会の際のように強さを見せる一方で、閣内や対与党指導力には弱さを持っていた。田中内閣は大臣に加えて、従来は官僚出身者が担当してきた内閣書記官長、法制局長官にも政友会の幹部を配置して原内閣以来の擬似性を脱しつつあった。これ自体は、内閣の性格が従来の官僚主体の文脈に拘束されたものから変容していることを窺わせるものであるが、同時にそれは大臣の事務能力が低下することを意味した。こうした状況を受けて、行政制度審議会では政策統一のための機関として内閣政務局（総裁を国務大臣とする機関）を設置する案が審議されている。

同時に、普通選挙を背景に選挙民を意識した政策を希望する与党との調整も難航した。それは、首相自身の党内基盤が脆弱であることの逆照射でもあった。田中は、首班候補を失った政友会に嘱望されて総裁となったものの、党内には常に反田中、ポスト田中の動きが存在していた。これまで総裁専制によって党運営の安定を獲得してきた政友会が、田中の総裁就任に際して総裁公選を導入し、任期を限ったこと、従来は総裁の指名であった総務委員を常議員からの選任とし、院内役員は代議士会の互選としたことは、政友会自体の民主化である一方、総裁の指導力を低下させるものであった。

爾後、首相は政府と与党の狭間に立たされることとなる。行政制度審議会においても党派人事を抑制することを自ら主張し、大臣の恣意的な人事をとどめるために陸軍省の取っている三長官会議をモデルとして提示するなど努めたが、その発言自体、首相の指導力低下を物語るものであった。また、政友会が普通選挙実施に際して地方官の更迭を幅広く行っていわゆる政党人事の端緒を開いたことは、以後、政党内閣に対する批判の標的となっていく。

以上、政党内閣定着期として、政党内閣期の劈頭を飾った加藤高明・護憲三派内閣から、普通選挙を実施した田中義一政友会内閣までにおける政治と行政について検討した。政党政治が定着することにより、元老の支持にかわって彼らに国民代表としての正統性が付与されることとなり、政党、とりわけ与党の政治力は他の非選出勢力諸機関に比して、一頭抜けて有力なものとなった。統治構造もそれに伴って政務・事務を区別した形に再編され、施策においても政党由来のものが多く見られるようになった。

しかし他方で第一次若槻内閣が党外に対して、田中内閣が党内に対して見せたように、元老という調整機能が休眠状態に入ったことで政権運営の責任も内閣に集中した。その困難は以前とは較べるべくもない大きなものとなった。その結果、明治期に比して内閣は短命となり、かつ、全く傾向の異なる二大政党が交互に短期の政権を担ったことで、財政政策と産業政策の矛盾による悪循環が生じていくこととなる。

3　政党内閣動揺期における政治と行政——立法と行政の相互不信

(1) 浜口内閣における施策と行政——緊縮財政と産業政策の本格化

昭和四年(一九二九年)七月、満州某重大事件の事後処理をめぐる問題から田中内閣が総辞職すると、組閣の大命は衆議院第二党であった民政党総裁・浜口雄幸に降下した。二度にわたり、いわゆる「憲政の常道」が実現され、政党政治の定着が強く印象づけられた。

浜口内閣は、発足まもなく「軍備縮小、財政ノ整理緊縮、金輸出禁止解除ノ断行等ノ重大政策」を発表した。その内容は題目の三点のほか、政治の公明、国民精神の作興、綱紀粛正、対中外交の刷新、国債総額の逓減、社会政策の確立ほかの一〇項目であり、一般に十大政綱と称された[14]。これは政策能力の高さを自認する民政党が従来から掲げてきた政策綱領を軸に緊急度の高いものからまとめたものであり、政権政党としての民政党の意欲を示したものであった。とりわけ、財政再建は、田中政友会内閣はもちろんのこと、民政党の前身である加藤・若槻憲政会内閣が残した課題でもあり、浜口内閣にとっては喫緊であるばかりでなく、正統性を確保するために避けて通ることのできない政策課題であった。

中でも金解禁は、政友会が時期尚早を主張したのに対して、民政党が物価低下による輸出増大を創出する経済回復策として位置づけていた基本施策であった。一一月、閣議決定によって金解禁が実施されたが、それはこののち、前月のニューヨーク株式市場の株価暴落を序曲とする世界恐慌の波に飲み込まれていくこととなる。

財政の健全化は、政府支出の緊縮によっても目指されていった。昭和五（一九三〇）年二月の解散総選挙で一〇〇議席を増加させる大勝を得た浜口内閣は、前年の実行予算切り詰めに続いて、同年予算において一億七〇〇〇万円あまりの予算削減、公債発行の停止を行った。この実行予算編成は行政部内のみで行われたため、議会から憲法違反ではないかとの疑義が示され予算審議権論争が生じたが[15]、ともあれ、この徹底した緊縮政策により、物価は低く誘導されていった。

しかし、ここに世界恐慌の波が拍車をかけて物価は急落した。とりわけ輸出の基幹産業である生糸が大きな打撃を受けたことから不況が全国化し、雇用状況の悪化から労働争議が頻発した。この経済混乱は、金解禁に反対してきた野党政友会の格好の攻撃材料となった。

この金解禁、緊縮財政という消極的政策と対をなす積極策として立案されたのが産業の合理化である。浜口内閣は内閣に臨時産業審議会を設置して議論の場とし、商工省に臨時産業合理局を設置してその実施の拠点とすることで、これまでも課題とされてきた過当競争の回避、能率増進、金融改善、国産品の愛用を進めた[16]。その主軸となったのは、重要産業の統制に関する法律が規定したカルテル、トラスト結成の促進である。これにより昭和五、六年度には重工業を中心に、前年に倍する四一のカルテルが結成された。もうひとつは能率主義による機械化と高度技術の開発であった。しかし、能率化の施策は同時に失業者を増加させることともなり、折からの不況とあいまって国民生活に暗い影を落とした。

もう一つの施策である軍縮は、国防に支障を来さない範囲で進めることが明言されていた。折から進められていたロンドン海軍軍縮会議に浜口内閣は軍縮断行の姿勢をもって臨み、国内諸勢力の反対を退けて軍縮条約調印に漕ぎ着けた。

この問題は、統治構造上の大きな変化をもたらした。第一に、兵力量の決定に際して軍令部の同意を得る必要があるかどうかという統帥権をめぐる議論が噴出した。これは憲法一一条が規定する統帥大権は、同一二条の規定し内閣の輔弼を要する編成大権には及ばないとする憲法解釈を押し通すことで内閣側が意向を通した。続く枢密院での審議に際しても、かつての金融恐慌緊急勅令のような事態は回避された。

その背景には、解散総選挙により浜口内閣が多数与党を背景とする高い正統性を有していたことはもちろんであるが、何より浜口首相が与党内に威令を行き渡らせており、諸問題に対して毅然たる態度を取り続けたことが重要な要素であった。

一方で浜口内閣、とりわけ緊縮財政をめぐる政策は井上蔵相を中心とした政府部内のみで決定されることが多く、与党側はこれに強く不満を抱いていた。また、与党内では安達謙蔵と江木翼を筆頭に、党人派と官僚派の対立が顕在化しつつあった。貴族院から五閣僚と法制局長官を得ていたこと、官僚出身者を中心とした組閣が行われていたことも不満の要因であった。それを浜口という要が抑えていたのである。そのため、同年一一月に浜口が東京駅で狙撃され、幣原喜重郎外相が首相臨時代理となり、浜口の歿後、この属人的要素による統治構造の安定は音を立てて崩れていくこととなる。

翌六年（一九三一年）四月、浜口の病状悪化による辞職を受けて、民政党の後継総裁となった若槻礼次郎が二度目の大命を受けた。そのため、この内閣は前内閣の政策を踏襲し、懸案であった行政、財政、税制の三大整理に着手した。そのはじめの一手となったのは、かつて浜口内閣が断念した官吏減俸であった。予想どおり、この案は司法官や鉄道官吏などを中心に行政部からの強い批判に晒された。

減俸問題に端を発した行政側の反発は、翌六月に設置された臨時行政財政審議会での議論にも影響を与える。すでに与党・民政党は軍部大臣文官制、文部省・司法省・拓務省の廃止、軍部組織の合理化（軍令部の廃止）など未曾有の大規模改革を検討していた。これに対し、審議会に提示された改革案は、わずか数局の統廃合に留まるものであり、委員からは改革の不徹底への不満が強く示された。これは改革原案を各省庁に内示した段階で反発が大きかったことから、成立を危ぶんだ井上蔵相が各省の主張を全面的に容れたものであり、顕著な整理としては発足まもない拓務省の廃止が残った程度であった（これも犬養内閣の決定により存続となる）。加えて、同年九月に勃発した満州事変という時局が、大規模な改革を難しくさせていた。内閣と行政機構の関係は、減俸問題、政党人事への批判と相俟って冷却化の一途を辿り、若槻ら桂系の政治家にとって枢要な政治資源であった官僚組織との分業協力関係は、財政問題を発端とする感情的な対立によって崩壊することとなった。

行政整理に事実上失敗し、満州事変に対しては統御能力不全を露呈したことで、政権は急速に内部から崩壊していく。浜口前内閣は民政党官僚系・党人系各派を大臣・次官に至るまでバランスよく配置した政権であったが、その統一は、時宜に敏感であり、審議会に参加することで内閣の機能不全を実見した安達謙蔵内相と富田幸次郎から綻び、彼らの動きは政友会との協力内閣運動へと展開した。結局、この運動は頓挫すると同時に内閣の生命を奪うこととなった。一二月、第二次若槻内閣は閣内不一致により、議会を開くことなく総辞職する。

（2）犬養内閣における施策と行政——経済国難の克服へ

後継内閣組織の大命は、政友会総裁・犬養毅に降下した。憲政常道論に基づく交代であり、政党単位で数えれば四度目の政権交代である。拡大する満州事変への対応、広がる政党政治不信の払拭、そして何より経済不況からの脱出が最重要の政治課題であった。このため、従来からの政友会の主張に則って、組閣当日の一二月一三日、犬養内閣は金輸出再禁止を閣議決定し、わずか四日後に金貨兌換禁止という迅速な対応を取った。翌七年（一九三二年）二月の解散総選挙では政友会が三〇三名（総議席数は四六六）と民政党に倍する多数で圧勝し、内閣は順調に出発したように思われた。

しかし、犬養内閣は大きな不安定さを内包した統治主体であった。組閣前後にあっては、前内閣から動きのあった政友・民政の協力内閣構想の火がいまだくすぶっており、時局安定の観点からもこれが一定の支持を得ていた。これに対して犬養は、政党が政権争奪の団体であるからには政局が不安定だからこそ単独内閣で行くべきとの考えを示して、これらの動きを早期に封じていた。

むしろ深刻であったのは政友会内の対立である。[17] そもそも犬養を政友会総裁としたこと自体が、鈴木喜三郎派、協力内閣構想を牽引していた久原房之助派、政友本党から出戻った床次竹二郎派を中心とする対立を包括すべく行われたものであった。組閣に際しても鈴木が法相、床次が鉄相に就任、久原は幹事長に留任し、他の人事においても各派の均衡が考慮された。三月に中橋徳五郎内相が辞職するとこの均衡は動揺を見せ、犬養が決定した後任人事に久原が反対し、政府与党関係の対立が惹起された。この対立は天皇の裁可が降りたことでうやむやにされ、犬養内閣は不安定な基盤の上で困難な時局に対応することを迫られることとなった。

犬養内閣の基本政策は、積極財政と産業立国であった。高橋蔵相、黒田英雄次官という布陣のもと、公債依存によって軍備拡張、民間経済刺激、農村不況の救済をめざす積極政策が掲げられ、産業の育成による自給率の向上、具体的には鉄・アルミ・アンモニウム・爆薬などの完全内地生産のほか、自動車を始めとする機械から豆やトウモロコシといった農産物までの大々的な増産策が企画されていた。[18] 五月一五日、五・一五事件で首相が凶弾に斃れたことから、実現した施策は多くはないが、若槻内閣が決定していた拓務省・貿易局の廃止を取りやめたこと、土木費を増額し港湾修築を政府直営に戻したことなどは、こうした積極政策の一端と見ることができる。

（3）政党内閣期の終焉と行政の独立

これまでの運用に鑑みれば、首相に不慮の事態が生じた場合、同じ政党から後継首相が選ばれるのが当然の帰結であった。しかし、高まる政党不信と政治的混乱、時局の趨勢を勘案すれば、各勢力が協力する挙国一致内閣が妥当という考えもまた理解されうる。結果、組閣の大命は犬養のあとを継いだ鈴木喜三郎政友会総裁ではなく、各方面から異論が出にくく、相応の政治的経歴を有する海軍大将・斎藤実に降下した。ここに、これまで当然のルールのように行われるまでになった政党間の政権交代はひとたび途絶する。そして、事実として昭和戦前の政党内閣期は八年で終わりを告げた。犬養の暗殺から一週間という長い政治的空白は、この間における首相選定の困難さと慎重さ、そしてその重大さを伝えている。

挙国一致の担い手となることを期待された斎藤実内閣は、政友会、民政党、貴族院から幅広く閣僚を得て、その形式を整えた。加えて、三者いずれにも偏重することを避けるため、もしくは避けた結果として、内閣書記官長、法制局長官には純粋の官僚が登用された。内閣の調整機能が重視されるなか、これまで田中、犬養両政友会内閣はこれらのポストを従来からの政党人で固めていた。官僚出身者の影響力が高い民政党内閣においても、浜口内閣が内閣書記官長を、第二次若槻内閣が内閣書記官長と法制局長官に従来からの政党人を充てており、政党内閣の定着とともに官房機能を政党人が掌握する方向へと変化していた。これに対して斎藤内閣は、この部分を官僚で押さえることにより挙国一致内閣の実働性を確保しようとしたのである。

とはいえ、挙国一致とは裏を返せば寄合所帯と見えるものである。斎藤内閣の是非は、いかにしてその治績をあげて、五・一五事件後の混乱を収拾して民心の安定を得るかにかかっていた。高橋蔵相を軸とした公債依存型の積極政策が打ち出され、軍事予算の増加、軍需品の需要増加、重工業部門の成長をもたらした。特に重工業部門に対しては、日本製鉄株式会社の設立、石油業法の制定など、重点的に施策が打たれていった。もう一つの施策の軸は五・一五事件の発生に鑑みた農村救済の強化であった。不作に伴う農家の財政窮乏を救うべく、農村負債整理組合が設立され、米穀の流通量と価格調整を行うための米穀法改正が進められた[19]。

また、行政機構の中立性を確保すべく、かつて加藤高明内閣が見送った文官分限の確立によって政務・事務の区別が徹底される。これまでは、選挙に関与する地方官はもちろん、中央においても各省内に政友会系、民政党系の派閥が形成され、内閣の更迭とともに政党人事が行われていた。浜口内閣で更迭された次官が犬養内閣で返り咲いた大蔵省、文部省はその好例である。こうした党派化を避けるには、分限を確立する必要があったのである。さらに巡査分限令によって警察官の選挙関与回避の仕組みが構築されていった。のちの選挙粛正運動にも繋がる、政党と選挙の正当化の流れと見ることができるだろう。

こうして安定化に向けて治績を上げ始めた斎藤内閣であったが、閣内では早くも寄合ゆえの不協和音が生じていた。その発信源は、衆議院の圧倒的多数を有しながら政権を逸した政友会であり、特に高橋蔵相が政友会の意向を聞かずに予算編成を進めたことがその不興を買った。この動揺に対し斎藤は、若槻、鈴木の両名を入閣させることで挙国一致内閣の実質を高め、切り抜けを図った[20]。こうした動きは陸軍も含めた勢力均衡のなかで、五相会議、内政会議へと展開し、政治指導の機会的運用が続けられ、満州国承認、国連脱退という国際政治での動きへの対応が模索されていく。

おわりに

以上、政党内閣期を明治末から昭和前期まで広く取りながら、政治と行政の関係について論じてきた。この時期における政治と行政の関係は、大きく以下の三点に議論を集約することができるだろう。

第一に明治憲法が規定した権力分立構造下における政官関係は、その時々の政治状況の変化に対応しうる柔軟性をもつ一方で、制度化が運用に依拠したこともあって、状況に流され、属人的な政治指導となりがちであった。それは時に安定をもたらし、時に不安定性の要因となるものであった。桂、西園寺、原の間での高等政治が、安定から不安定に振れたことは、その象徴的な事例と言えるだろう。そして何より、政党内閣期という時代に鑑みれば、衆議院における圧倒的多数の確保が政権安定の条件とはならなかった。明治憲法と議会政治の間にディレンマがあるにもかかわらず多数を有するための政権争奪戦が繰り広げられ、それが政党不信を招いたことは指摘しておかねばならない。

第二に政党と政府の関係から見ると、統治構造における政党勢力の伸張、政党勢力に対する官僚の進出という相互性が顕著であった。立法と行政の関係を人材によって縦断する原の構想は、議会政治を尊重しながらも議院内閣制や大統領制を取らない近代日本にあって、立法と行政の関係を円滑にするためのひとつの解答であった。これに対して、加藤らは、より理想的な議会政治を目指し、政務と事務の区別を明確化させることに腐心した。いずれも彼らの経験と信条に基づくものであり、ここから生まれた官僚の政党化への抵抗と中立化の尊重、連立内閣への嫌悪と単独内閣の志向といった官僚と政治家の行動様式は、政党内閣の時代を終わらせ、官僚主導の挙国一致内閣を形成する端緒ともなった。

第三に指摘すべきは、政権が正統性を調達するために自らの手で衆議院の解散、総選挙を行って多数を形成したこと、それゆえに構造的に選挙による政権獲得をなしえない野党が、政策基軸ではなく政権打倒を眼目として行動し、つねに政局を作り続けたことは、昭和戦前の政党内閣期における大きな制度的、実態的欠陥であった。これにより政権は極端に短期のうちに交代し、積極政策を標榜する政友会が積み上げる公債と、緊縮財政を標榜する民政党の消極政策が齟齬をきたしあい、大きな政策パッケージが長期的に展開されることが妨げられた。明治以来の近代日本政治は、議会政治の伸張と尊重という時代に到達して、そのありようを改めて模索すべき時期に到達していたのである。

注

（1）以下、第二節第一項までの議論は、特に記さない限り清水唯一朗『政党と官僚の近代——日本における立憲統治構造の相克』（藤原書店、二〇〇七年）、第四〜六章による。
（2）伏見岳人「国家財政統合者としての内閣総理大臣——第一次内閣期の桂太郎（明治三四〜三九年）」『国家学会雑誌』一二〇巻十一・一二号（二〇〇七年）。
（3）浅野豊美『帝国日本の植民地法制——法域統合と帝国秩序』（名古屋大学出版会、二〇〇八年）、第三編。
（4）岡本真希子『植民地官僚の政治史』（三元社、二〇〇八年）、第二章。
（5）三谷太一郎『増補　日本政党政治の形成』（東京大学出版会、一九九五年）、第一部第一章。
（6）なお、郡役所はこの段階では存置され、大正一五年（一九二六年）に第一次若槻礼次郎内閣の手によって廃止されている。
（7）村井良太『政党内閣制の成立』（有斐閣、二〇〇五年）、第四章。
（8）奈良岡聰智『加藤高明と政党政治』（山川出版社、二〇〇六年）、第六章。
（9）今津敏晃「第一次若槻内閣下の研究会——政党内閣と貴族院」『史学雑誌』一一二編一〇号（二〇〇三年）。
（10）村井『政党内閣制の成立』、第五章。
（11）以下、行政制度審議会、臨時行政財政審議会については、特筆しない限り、清水唯一朗「政治指導の制度化——その歴史的形成と展開」慶應義塾大学法学部編『慶應の政治学　日本政治』（慶應義塾大学法学部、二〇〇八年）。
（12）菊池悟郎編『立憲政友会史　田中義一総裁時代』（日本図書センター、一九九〇年）、第十章。
（13）大蔵省財政金融研究所財政史室編『大蔵省史』一（大蔵財務協会、一九九七年）、第四期第四章。
（14）加藤政之助監修『立憲民政党史』下（原書房、一九七三年）、第六章。
（15）大蔵省財政金融研究所財政史室編『大蔵省史』二（大蔵財務協会、一九九七年）、第五期第一章。
（16）通商産業省編『商工政策史』一（商工政策史刊行会、一九八五年）、第六章第三節。
（17）奥健太郎『昭和戦前期立憲政友会の研究』（慶應義塾大学出版会、二〇〇四年）、第二章。
（18）菊池悟郎編『立憲政友会史　犬養毅総裁時代』（日本図書センター、一九九〇年）、第十章。
（19）農林水産省百年史編纂委員会編『農林水産省百年史』中（農林統計協会、一九八一年）、第二章第三節。
（20）佐々木隆「挙国一致内閣期の政党——立憲政友会と斎藤内閣」『史学雑誌』八六編九号（一九七七年）。

第3章　参考文献一覧

大蔵省財政金融研究所財政史室編『大蔵省史』一、二、大蔵財務協会、一九九七年
岡本真希子『植民地官僚の政治史』三元社、二〇〇八年
奥健太郎『昭和戦前期立憲政友会の研究』慶應義塾大学出版会、二〇〇四年
加藤政之助監修『立憲民政党史』下、原書房、一九七三年
菊池悟郎編『立憲政友会史』三〜七、日本図書センター、一九九〇年
櫻田会編刊『総史立憲民政党』理論編、一九八九年
清水唯一朗『政党と官僚の近代――日本における立憲統治構造の相克』藤原書店、二〇〇七年
清水唯一朗「政治指導の制度化――その歴史的形成と展開」慶應義塾大学法学部編『慶應の政治学　日本政治』慶應義塾大学法学部、二〇〇八年
衆議院・参議院編刊『議会制度百年史　帝国議会史』上下、一九九〇年
通商産業省編『商工政策史』一、商工政策史刊行会、一九八五年
内閣制度百年史編纂委員会編『内閣制度百年史』上下、内閣官房、一九八五年
奈良岡聰智『加藤高明と政党政治』山川出版社、二〇〇六年
日本公務員制度史研究会編『官吏・公務員制度の変遷』第一法規出版、一九八九年
農林水産省百年史編纂委員会編『農林水産省百年史』中、農林統計協会、一九八二年
林茂、辻清明編『日本内閣史録』二・三、第一法規出版、一九八一年
升味準之輔『日本政党史論』五、東京大学出版会、一九七九年
三谷太一郎『増補　日本政党政治の形成』東京大学出版会、一九九五年
村井良太『政党内閣制の成立』有斐閣、二〇〇三年
山崎丹照『内閣制度の研究』高山書院、一九四二年
蝋山政道『日本政治動向論』高陽書院、一九三三年

清水唯一朗

第4章

戦時体制と行政の中央集権化

はじめに

わが国において総力戦体制が整備されるきっかけとなったのは、第一次世界大戦であった。この大戦の研究を踏まえて、軍需工業動員体制の整備や国勢院、資源局といった機関の設置、資源の統制運用が進められていくこととなる。なお、軍事用語での「動員」とは、軍の平時編成を戦時編成に切り替えることを指しており、「国家総動員」とは、国の平時体制を戦時体制に移行させることを意味している(1)。

第一次世界大戦がもたらした教訓は、戦争が「国家総力戦化」したという事実であった。機関銃、戦車、飛行機、潜水艦などの兵器が登場して戦闘は科学戦の様相を呈し、戦場は陸上・海上から空中・海中へと拡大した。日露戦争での日本軍の動員兵力が約一一〇万名だったのに対して、第一次大戦では独が一三二五万名、仏が八二〇万名、英国が六二〇万名を動員し、戦費総額は二〇八三億ドルに達した（日露戦争での日本の戦費は約二一億ドル）。動員する兵力や物資が増大し、飛行機が発達して「前線」が拡大するなか、軍需物資を供給する「銃後」の重要性が向上し、国家の総力を挙げた戦争に対応するための総動員体制の整備が求められることとなる。こうした要請に対し、わが国はいかに対応していったのか、本章で考察していきたい。

1　第一次大戦後の総力戦研究と国家総動員の法制化

まず、欧州での大戦について積極的に調査研究に取り組んだ陸軍の動向についてみてみよう。陸軍では欧州の対戦の模様を視察するため観戦武官を派遣し、さらに欧州の駐在武官を動員して情報を収集したほか、大正四年（一九一五年）に陸軍省に臨時軍事調査委員を設置して国家総動員に関する研究を行い、兵器、器材、国民動員・教育などについて調査を実施した。こうした研究・調査の結果、陸軍では第一次大戦を国家総力戦と規定し、総力戦に勝つためには国軍の充実や工業動員、編成装備の近代化、国民皆兵主義思想の徹底、さらに国家総動員準備施設が必要であるという認識が生まれていく。陸軍省兵器局も大正七年に欧米視察を行い、兵器や工業、経済動員の実態、自給体制などについて調査を実施しているが、その結果として不足資源の補塡が課題となり、中国や南洋、シベリアの資源などに着目していくことになる。参謀本部でも第二部兵要地誌班による気候、地勢調査が大正六年に行われ、ここでも、満蒙の資源が着目されている。以後、陸軍は国家総動員政策について調査研究、政策立案、人員要請などに継続して取り組み、同政策における卓越性と主導権を発揮していく。

当時参謀次長だった田中義一は大正四年一二月、在郷軍人会の大会において、「今後の戦争は、軍隊や軍艦のみが戦争するのではなく、国民全体があらゆる力を傾け尽して、最後の勝敗を決するのであって、即ち国家総力戦であると云ふことを忘れてはならぬのである(2)」と述べており、実際、参謀本部総務部第一課（編成・動員課）に総力戦体制樹立計画の立案を命じた。その報告が『全国動員計画必要ノ議』と題するもので、平時からの交戦勢力の充実化や軍需品の備蓄などの必要性を説き、平時に備蓄された国力の総量・組織が戦時に適するか否かが戦敗を決するとしていた。報告書は、日本の現状はこれに対して甚だ不十分であるとして、全国動員計画を実施する統一機関を設置し、平戦両時における学校・社会での国民教育や資源調査などを担うべきだと提言している。(3) 田中自身、陸相時代には積極的に在郷軍人会や青年団組織で講演会を開催し、出版を通じてひろく国民に総力戦意識の向上を求めていった。陸軍部内には宣伝と世論誘導を目的とする機関が設置されるが、それは大戦の衝撃とともに、大正デモクラシーの時代的反映でもあった。田中は国民と国家とが一致団結して戦争目的に邁進することの重要性を説いていくが、その目標は現役軍人と青年団、在郷軍人会を日常的に動員した「国民の軍隊化」に置かれており、それは、国防は軍のみでなく政治や国民全体が担うべきだという考え方に立脚していた。かかる思考に基づいて、田中は、軍事は政治から独立するという日本陸軍の伝統的思想の修正を説き、自ら立憲政友会総裁となって政界に進出していく。参謀次長時代においても、部下を動員して総動員研究に従事させ、大正六年には国家全体を平時から戦争に向けて動員する必要を説く「全国動員必要ノ計画」が立案されている。そこでは、総動員計画を確実に実施するために、統帥・軍事と国務・政治との調和が必要であるとされていた。(4)

陸軍出身の元老・山県有朋も、第一次大戦を経て戦争は国民・国力を総動員した総力戦段階に入ったとの認識を抱くようになり、政党人でも、立憲国民党(のちの革新倶楽部)総裁の犬養毅は国民皆兵主義や工業動員の必要性を感じるようになった。政友会からも、軍の近代化や軍需品生産拡大、陸軍予算の増強といった声が聞かれるようになる。寺内内閣の経済ブレーンだった西原亀三も、第一次大戦の勝敗が経済的施設の優劣によって決定されたと捉え、日本でも経済動員計画の策定が喫緊の課題であると説いた。総力戦段階での軍需産業の発展は民間工場・企業との軍産協同体制の構築を不可避としていたが、実際、財界にも、軍需工業動員を一種の利益と認識し、軍需工業への接近によって重工業化の促進を果たしたいという志向性が存在していた[5]。

陸軍の総動員体制に対する認識を集約した性格を持つのが、大正九年、陸軍軍事調査委員の一人だった永田鉄山少佐を中心にまとめられた『国家総動員に関する意見』である。この意見は、国家総動員とは一時もしくは永久に国家の権内に把握する一切の資源、機能を戦争遂行上最有効に利用するよう統制按配することと定義した上で、国家総動員を、国民動員、産業動員、交通動員、財政動員、その他の動員（教育、技術、精神動員など）に分類し、総動員対象となる資源の調査や不足資源の保護増強、総動員要員の養成、度量衡・規格の統一、産業の組織化促進などを課題として掲げた。中でも、「精神動員」は国家総動員の根源であり、「各種有形的動因」の全般にかかわることを要し、動員全体を支配すべきものとされ、こうした総動員を実現するための機関として、首相直属の「国防院」の設立がうたわれている[6]。なお、明治憲法には緊急勅令の規定が存在していたが、この意見は、立憲の常道と挙国一致という観点から事情の許す限り議会の立法手続きによって政府権限を規定すべきであると述べていた。こうした見解は、大戦の衝撃をうけてひときわ顕著となった「大正デモクラシーのうねり」を反映したものだといわれている[7]。実際、大正デモクラシーによって民主主義的な感化を受けた国民は、軍部の構想する総動員政策に必ずしも呼応する存在ではなく、その意味でも、「精神動員」の必要性は高まっていた。

かくして、総力戦体制の構築は、軍部のみの問題ではなく、軍と政府、国民とが連携して進めるべき事項となり、経済や産業の動員、そして資源の確保が重視されることとなった。こうした国家総動員の法制化の嚆矢となったのが、大正七年に成立した軍需工業動員法である。参謀本部から提出された案を原案とする同法は、「第一次世界大戦のような総力戦に対応すべく、日本の産業構造を軍事的に再編すること[8]」に最大の特色をもっており、具体的には、戦時において政府が飛行機、兵器、艦艇といった軍需品の生産のために工場や事業所、従業員などを収容することや、平時において政府が工場や輸送能力、原料管理について調査命令できること、軍需工場に対する利益補償などを規定し、同法施行と軍需工業動員計画事務統括のために内閣軍需局が設置されることとなった（総裁は首相、次官は陸海軍次官が兼任）。大正九年、内閣軍需局は内閣統計局と統合されて国勢院となり、軍備拡大に伴う軍需品の供給確保を目指していくこととなる。軍需局には陸海軍などから事務官が出向した。国勢院総裁には立憲政友会総務委員の小川平吉が就任しており、そこには、それまで陸軍主導で進められてきた軍需動員計画を政党・官僚の手に回収する意向があったと指摘されている[9]。翌年には勅令として軍需調査令が発せられ、工場や船舶、鉄道などの輸送設備の人員や設備、燃料などについて調査することが規定された。

こうした総動員体制の整備は、大正一〇年代に入って一時停滞する。加藤友三郎内閣における行政整理において、大正一一年に国勢院が廃止されたのである。国家総動員に関する認識がそれほど深くなかったこと、陸軍もシベリア撤退によって軍需動員の必要性をそれほど感じなくなっていたこと、また同法施行をめぐる各省間の対立などが、その要因として指摘されている[10]。これにより、軍需動員計画は中止を余儀なくされた。

国勢院廃止の背景には、陸軍部内に強力に国家総動員を推進する主体が形成されていなかったこともあり、その主体形成の萌芽は「バーデンバーデンの密約」にみられるとされている[11]。大正一〇年、ドイツのバーデンバーデンで陸軍士官学校第一六期の永田、小畑敏四郎、岡村寧次が交わした密約において、「派閥解消、人事刷新、軍制改革、総動員体勢」が目標とされたのである。彼等は陸軍内における総動員体制構築の推進母体へと成長していく。

大正一三年、田中義一が推薦し、総動員体制の整備に前向きだった宇垣一成が陸相に就任し、軍縮を実施していくが、それは田中の持論だった航空戦力などの軍の近代化を伴うものであった。戦車隊や飛行連隊、高射砲連隊などが新設される一方で、軍縮に批判的だった尾野実信大将などが予備役に編入され、本格的な総動員政策が始動していく。翌年には衆議院において、国民の意思調整・統合機関として「国防会議」を設置するよう求める建議案が在郷軍人議員によって提出され、貴族院でも政府が国家総動員について調整・統制をはかり、国防の基礎を固めるよう軍人議員が建議した。こうした動きを受けて、政府は大正一五年に「国家総動員機関設置準備委員会ニ関スル件」を閣議決定し、総動員機関設置の検討をはじめた。同年、陸軍省には整備局（統制課・動員課）が新設されて動員課長に永田が登用され、準備委員会の幹事にも就く。かくして、軍縮による国防力の低下を総動員によって補うという構図が展開することとなり、昭和二年（一九二七年）、総合国策機関として内閣資源局が設立された。それは、「第一次世界大戦の参戦諸国の戦時体制の研究調査から導入された国家総動員思想が制度的に定着したことを示すものであった」[12]。資源局は、調査課が担当する資源調査を踏まえた上で、施設課が資源の助長を目指し、企画課がその資源を国防目的に統制運用するという仕組みになっていた。資源局では、多数の現役武官が事務官を兼任することになるが、それは、軍・政治・経済の境界の消滅を意味するものであり、軍部の行政への進出と行政・戦略の一致による総動員の実現という発想が反映されていたといわれている[13]。国防資源の確保と軍需生産能力の向上を目指して総動員体制の法制化が進められ、昭和四年には資源調査令が勅令として発せられて各省ごとの調査項目や時期などが規定され、同年には総動員計画設定処務要綱が閣議決定されて総動員の基本計画を規定、昭和五年には総動員計画綱領が閣議決定されて資源の配当・補塡・編成・利用・管理、総動員のための情報統制、警備などを定め、昭和八年には陸軍軍需動員計画令が発令、同年から一一年にかけては、日本製鉄株式会社法、石油業法、自動車製造事業法などが成立して、鉄、石油、自動車について政府の監督命令権が強化された。

2　戦時体制と総動員政策

昭和九年、永田が陸軍省軍務局長に就任する。永田は陸軍部内における総動員体制構築の中心人物であった。永田は、第一次世界大戦後の戦争の性格の変化を次のように捉えていた。すなわち、科学技術と工業生産力の発達によって新兵器の開発とその大量使用が実現し、さらに通信・交通機関の革新によって大軍を広域に展開できるようになったため、巨額の軍需品供給が必要とされ、国家総動員が避けられなくなった、というものである。そのために、平時から戦争に用いる人的物的資源を統合運用する動員計画が必要であり、それは国民動員、産業動員、交通動員、財政動員、科学動員、教育動員、精神動員などを含み、とりわけ総動員機関の設置による資源自給体制の確保が重視された。資源の確保・供給先としては、中国大陸が念頭に置かれている。(14)

こうした思想を反映する形で、同年、陸軍パンフレットとして「国防の本義と其強調の提唱」が発行される。これは、すべての物質的・精神的潜在力を国防目的のために組織統制して国防国家を樹立することをうたい、そのための航空を中心とした軍備拡充、経済統制、国民生活の安定、国民強化、そして思想戦の整備を主張したものである。(15)永田は、国民の意思が国家行為に反映される現在のような政治組織においては、戦争も国民の意思と無関係に起こることはありえないと論じているが、(16)このパンフレットにおいても、大正デモクラシーの影響から、国防構想について国民の理解を得ることの必要性が語られている。(17)

翌年、石原莞爾が参謀本部作戦課長に就任すると、日満財政経済研究会を設置、本格的に総力戦計画を練っていく。石原は陸海軍が連携した強力な中央集権的行政機構による軍需産業の拡大を目指し、そのために植民地での軍需産業と食糧増産、さらに農民の兵士化を企画した。石原の構想は満州における軍需工業の拡大計画として具現化されることとなり、鉄鋼、石炭、人造石油などの軍需産業の発展を軸とした満州産業開発五カ年計画が昭和一二年から実施される。(18)

日本国内でも、総力戦体制構築の上で重要な事件が起きていた。昭和一一年の二・二六事件である。当時、陸軍内ではいわゆる皇道派と統制派の対立が続いていたが、事件によって、それまで総力戦体制構築に反対していた高橋是清蔵相が暗殺された上、陸軍内から皇道派が「粛軍」されて統制派が実権を握ることとなり、石原等の総力戦計画に賛同していた林銑十郎が首相となって、総動員政策が強化されていく。同年には「国策の基準」として南北併進、軍備拡充、内政改革が決定され、陸軍軍備充実六カ年計画と海軍第三次補充計画が策定された。こうした中で、総動員体制の整備のため政治・経済・社会の統一的統制運用の必要性が高まり、結局、内閣調査局(後述)を拡充強化する形で昭和一二年、企画庁が設置された。企画庁は、重要施策に関する立案、審査、予算統制、内閣への上申などにあたることとなる。予算発言権を持っていたため、総裁には結城豊太郎蔵相が就いた。

企画庁が発足した昭和一二年に第一次近衛文麿内閣が発足すると、生産力拡充、国際収支適合、物資需要調整の「財経三原則」を声明し、生産力拡充計画を決定、国民教化運動も企画される。この三原則は企画庁が策定したもので、軍部からの予算拡大要求に一定の制限を設け、同時に経済統制を合理化・強化することを企図したものであったとされる[19]。日中戦争が拡大するなか、総動員計画が実施に移され、工場事業管理令などが公布されたほか、軍需工業動員法が戦時適用され、国民教化運動として国民精神総動員運動を推進、「堅忍持久」「銃後後援」「非常時経済政策への協力」が求められていく。

こうしたなか、陸軍は企画庁と資源局を統合した「総務院」の設置を提案し、結果として両者が合併して昭和一二年に企画院が発足した。総裁は法制局長官の瀧正雄である。平時における総合国力の拡充運用に関する重要国策の審査や予算統制、総動員計画の設定・調整にあたるもので、さっそく翌年度の物資動員計画の策定と国家総動員法案の立案にあたり、昭和一三年、同法案は成立した。この議会では、電力国家管理法案も成立している。企画院は国家総動員法の必要性として、軍需工業動員法では十分な経済統制ができないこと、国家総動員準備のために必要であること、対日経済断交や第三国の参戦のような最悪の事態に備える必要があること、などを挙げている[20]。成立した国家総動員法は、戦時における人的・物的資源の統制・運用、国民の徴用、総動員業務への個人・団体の協力、労働力の動員・労働条件の設定、価格統制、物資の生産、修理、配給、譲渡、消費などに関する命令、輸出入の規制、総動員業務に属する工場、事業所、船舶などの施設の転用・管理、新聞・出版物の掲載制限などを規定している。

昭和一四年、第二次近衛内閣下で星野直樹（満州国国務院総務長官）が企画院総裁兼無任所相となり、総裁の大臣化が実現するが、それは、企画院の担う総動員計画の範囲と規模が拡大、細密化したためであり、近衛が企画院を重視したこともあって、以後、企画院総裁は首相ブレーンとしての機能と大臣としての発言権を保持することになる。こうした体制を整えた上で、昭和一五年、総動員法が大幅に改正された上で全面的に実施に移され、企画院の業務や人員も増大、さらに総力戦研究所が設立された。総力戦研究所は首相直属の機関で、国家総力戦に関する調査・研究・教育・訓練を担当し、英国国防大学を参考として陸軍主導で設けられたものである。

日米関係が悪化し、両国間の交渉が難航するなか、企画院は昭和一六年八月段階で事実上の開戦論を表明することとなり、近衛内閣の総辞職を受けた東条英機内閣下で戦時物資需給計画を立案、民需用船舶の確保や鋼材生産、南方占領地の経営などを柱とした物動計画の企画・調整などを進めていく。一二月一日の御前会議で対米開戦が決定された翌日、山本五十六連合艦隊司令長官が鈴木貞一企画院総裁のもとを訪ね、「自分は開戦について賛成できないが、一体国力はあるのか」と聞いたところ、鈴木は「物的国力の点からは非常に難しい。しかし開戦と決まった以上は、国を挙げて努力するより仕方ないだろう」と答え、山本は「一年は大丈夫、あとは知らん」と応じたという(21)。

対米開戦後の昭和一七年六月、行政簡素化実施要領が閣議決定されて中央官庁の減員案が作成され、一一月に大東亜省の設置と同時に実施された。大東亜省は興亜院、拓務省、対満事務局などを廃止統合したもので、この行政簡素化と大東亜省設置は、企画院が総合国策機関としての機能を発揮した事例だと指摘されている(22)。太平洋戦争開戦後、企画院が考えていた南方占領地経営を軸とした物動計画は実施困難となり、その物動計画は国内の増産、輸送対策へシフトしていった。また、東条のブレーンとして陸軍省軍務局が機能し、さらに後述の内閣調査官が設置されたこともあり、企画院の地位は相対的に低下していく。実際、鈴木総裁がミッドウェー海戦の敗戦を知らされたのは、半年後のことだったといわれている。[23]

戦局が悪化すると、鈴木総裁は航空機を大増産して特攻攻撃などで打撃を与えてから講和に持ち込むべきだと考えるようになり、航空機増産のための軍需省設置を提案する。鈴木は自ら特攻隊の司令官になることを構想していたという。[24]かくして昭和一八年、企画院と商工省、内閣調査官が廃止されて軍需省と内閣参事官が新設された。企画院の地位が低下していたのは既述のとおりであり、航空機増産のための生産一元化は陸海軍も共有していた考え方であった。軍需省は国家総動員計画の立案や鉱工業に関する事項、航空機生産関連事項などを担い、また内閣参事官は、後述する戦時行政職権特例関連事項や、学徒動員の徹底や国民勤労体制の強化などをうたった「決戦非常措置要綱」（昭和一九年一月閣議決定）の立案、南方輸送船団の積荷配分の調整などにあたった。軍需大臣は東条首相が兼任し、次官は国務大臣の岸信介が兼任したが、軍需省は米軍の本土爆撃によって、軍需生産に大きな障害を負うこととなる。内閣参事官も運用状況が問題視されるようになり、内閣内や陸海軍から総合国策機関の復活の要請が寄せられて、翌年には総合計画局が新設、内閣参事官は廃止された。総合計画局は植場鉄三（元拓務次官）を長官とし、重要施策総合推進会議の設置・運営や戦時行政職権特例、行政考査、戦災復興などを担当することとなった。以後、総合計画局は敗戦まで存続し、昭和二〇年八月一七日に成立した東久邇宮内閣において内閣調査局に改組され、同局が戦後経営に関する重要事項の調査、企画、調整にあたることになった。総合国策機関の役割は、戦争の遂行から戦後処理へと移行したのである。

3　革新官僚と軍の行政関与の拡大

企画院などの総合国策機関の役割の一つとして、国防国家体制樹立を目指した陸軍の内政関与の主要手段としての役割もあり、これを可能にした原因として、総合国策機関の幹部や主要職員の多くを軍人や官僚の「革新派」が占めたことが指摘されている。彼等は国防力と生産力の強化のためには全体主義的な「革新」しか道はないと考えており、総合国策機関に必要な知識、経験を備え、陸軍の国防国家構想と合致する指向性を持っていた[25]。

こうした「革新」官僚の代表的人物の一人である奥村喜和男を例にとって、その思想と行動をみてみよう。奥村は大正一四年に東京帝国大学を卒業後逓信省に入省し、満州に派遣されて、満州電電や国策機関の創設に携わった。その後、先述の内閣調査局調査官に就任すると電力国家管理問題に取り組み、「鈴貞門下の四天王」の筆頭と目されるようになる。奥村は、大正デモクラシーとマルクス主義の影響を強く受けた世代であり、国防の充実という国家目的のためには所有権を犠牲にすべきであるとして、電力国家管理法案を統制経済の先駆と位置づけていた。この法案の成立は、官僚によって推進され、議会が諮問機関的扱いしか受けなかったという意味で、「日本政治の重大な変質を意味するもの」であり、「実質的にはすでにこの時、日本の政党政治はその正常な機能を行いえなくなり、戦争体制の企画・立案は、官僚の中でも、とくに戦時体制のための必要な技術を身につけ、社会科学的分析と総合の能力をもった若手官僚の手によって行われるようになった」と橋川文三氏は指摘している[26]。

では次に、軍人が実際にどの程度総合国策機関をはじめとする行政機関に浸透していたのかについて、みておきたい。永井和氏は、行政機関に進出した「軍人官僚」を次のAからDの四種類に分類し、それぞれの進出先および進出数をあきらかにしている。

A…専任専補タイプ　文官職に専任または専補される現役将校で、武官職を兼務せず、文官職の専務となる。内閣、外務省、逓信省、商工省、大東亜省、文部省、朝鮮総督府、台湾総督府、関東庁・関東局などに進出し、合計六八一名（大正一二年から昭和一八年まで）。

B…兼任兼補タイプ　現役将校が文官を兼任または兼補するもので、武官を兼務し、かつ武官を本務とする。内閣、外務省、逓信省、商工省、大東亜省、文部省、台湾総督府、捕獲審検所、関東庁・関東局などに進出し、合計八一六名（大正一二年から昭和一八年まで）。

C…参与・被仰付事務官タイプ　現役将校が参与や事務官といった文官職を兼任または兼補するもので、武官を兼務し、かつ武官を本務とする。内閣、逓信省、商工省、文部省、厚生省、内務省、農林省、大蔵省、鉄道省、拓殖省、司法朝鮮総督府、台湾総督府、関東庁・関東局、捕獲審検所などに進出し、合計一一五七名（大正一二年から昭和一八年まで）。

D…委員・幹事タイプ　審議会、調査会、委員会などの諮問機関・臨時機関の委員・幹事に任命されるもので、武官を兼務し、かつ武官を本務とする。内閣、外務省、逓信省、商工省、文部省、厚生省、内務省、農林省、大蔵省、大東亜省、鉄道省、拓殖省、司法省、朝鮮総督府、台湾総督府などに進出し、合計三五六九名（大正一二年から昭和一八年まで）。

年次変化をみると、いずれのタイプも昭和一二年頃から一七年までの間に急激に増加している。省庁別にみると、軍人の内部浸透度が高かったのは、内閣、外務省、逓信省、商工省、大東亜省、文部省、朝鮮総督府、台湾総督府、関東庁・関東局で、浸透が中程度だったのが内務省と厚生省、大蔵省、浸透度が低かったのは会計検査院と司法省、鉄道省、拓務省だった(27)。

総動員関係機関に進出した軍人官僚の数と、その就任タイプ（右のAからD）をみてみると、資源局は一九一名（A・C）、内閣調査局は八名（B・C）、企画院は一七六名（A・B・C）、総力戦研究所は四九名（A・B・C）となっている。その他の総動員関係機関をみると、商工省燃料局が七六名（A・B・C）、燃料研究所が四六名（B）、総務局（A・C）が五五名、農林省馬政局が八七名（A・B・C）、逓信省航空局が三四八名（A・B・C）、海務院が二一名（A・C）、厚生省軍事保護院が五二名（C）であり、これらが軍人官僚の主要出先機関となっていたことがわかる。一方、植民地行政機関についてみると、対満事務局が八八名（A・B・C）、興亜院が八六名（A・B・C）、興亜院連絡部が一二八名（A・B・C）となっている。総動員関係機関や植民地支配機関が軍人官僚の中心的な進出先となっており、昭和一二年以降急激に増加する官界進出は、こうした諸機関の肥大化に伴う現象であった[28]。いうまでもなく、昭和一二年は日中戦争勃発の年である。

兼任職による軍人官僚と専任職の文官官僚との関係についてだが、最大の軍人出先機関となっていた資源局では、経理、庶務、資料、調査などを担当する総務部は主に文官が、総動員計画を立てる企画部は大半が軍人で、内務官僚の松井春生が実権を握っていたらしく、資源局発足時から勤務していた内田源兵衛は「松井さんは総務、企画の両部長を兼任されましてね、まあ一人で局を動かすような状態でした」と証言している[29]。次に軍人官僚の多かった企画院については、政策全体の統合主体というより総動員関係の実務機関であり、大蔵省、商工省、陸軍省の緩衝材としてという評価があるが[30]、企画院は内政全般にわたる政策過程に幅広く関与することが可能であり、実際に様々な政策について関与していたとして、期待された政治経済「参謀本部」としての役割をある程度実現したともいわれている[31]。

機能しはじめ、国家総動員法制定、興亜院設置などの戦時総動員体制の形成の上で無視しえぬ大きな役割を果たした

永井氏は現役将校の官界進出という観点から、戦時体制下の〈軍官複合体〉の中核を担っていたのは軍人と革新官僚であり、軍人官僚はその結合環を支える重要な媒介機能を果たしたと指摘している[32]。

4 内閣行政権の拡大

総動員体制の推進は、企画院や資源局といった総合国策機関を中心に進められ、それらは、各省横断的な重要国策の審査や総動員計画の立案・調整などにあたった。こうした行政の中央集権化は戦時体制の強化とともに進行して

いったが、次に、行政の最高機関である内閣の行政権の強化に焦点をあてて、その取り組みを整理しておきたい。

明治憲法体制下では、各国務大臣が同等の立場から天皇を輔弼し、首相は他の国務大臣への指揮命令権をもたない、同輩中の主席に過ぎなかった。統帥と国務はそれぞれ天皇の大権とされ、統帥権独立の立場から軍は自立性を保った。このため、挙国一致体制の樹立や総力戦体制の整備は、内閣や首相権限の強化を要請することになり、そのための制度改革が進められていく。

先述のとおり、大正七年にわが国初の軍需動員機関として内閣軍需局が設置され、二年後に国勢院が設置されて軍需工業動員法施行に関する業務などを担当することになったが、各省の調整に難渋し、首相権限の強化が求められることとなった。その結果、首相は軍需動員法施行に関する事項の統括について必要な命令を発し、関係各庁に指揮命令することができるとする勅令が発せられた。昭和二年に首相直属の組織として資源局が設置されて総動員計画の立案に乗り出すが、軍が知識、人材、実績、政策構想など、あらゆる面でこれをリードした。岡田啓介内閣においては内閣審議会と内閣調査局が設置され、審議会は重要政策に関する審議・諮問機関となり、調査局は、その調査部門となる。審議会の会長は岡田首相、副会長は高橋是清蔵相で、斎藤実、山本達雄、水野錬太郎、伊沢多喜男、安達謙三、池田成彬といった重臣、政治家、財界人が委員となった。調査局は長官の吉田茂（前内閣書記官長）のもと、陸海軍など各省庁から中堅・少壮官僚が派遣され、民間からも専門家が任用されて、内閣の実権を握る事態が進行していく。岡田はその回顧録において、この間の経緯について次のように語っている。「内閣審議会というのは……内閣成立後すぐに考えていたものだ。政府の企画機関として挙国一致の人材を集め、内閣が代々更迭してもここで一貫した国策をたてようというつもりだった。しかしただの諮問機関になってもしようがないから、それに事務局をつけて調査機関として発案材料をここで集める。この事務局が内閣調査局だ。こうすれば、とかく弱体だといって批評される内閣の補強にもなると思って、わたしも乗り気になって、つくってみた。……調査局のほうには陸海軍からも調査官をとることになって、はじめに陸軍からきたのは後の企画院総裁鈴木貞一だ。ところがこの機関はへたをすると逆に内閣を指導するようなものになりやしないかと心配していたが、果たせるかなだった」[33]。事実、主席調査官の松井春生は、「調査局としては、一面には審議会の事務総局だというふうにでき上がっているけれども、でき上がった局の気分としては、むしろ実質上の内閣をつくりあげてどんどん断行しようじゃないかという要望が満ちておったと思う」と回想している[34]。調査局が扱う政策は内政事案のみで、外交・軍事については権限がなかったが、先述の日満財政経済研究会が設置されて、対ソ戦の兵備充実に着手すると、同研究会は内閣調査局と有形無形のつながりを強化していったといわれている[35]。

内閣行政権強化の試みは、その後も進められていく。昭和一二年に盧溝橋事件が勃発すると、近衛内閣は臨時内閣参議制を設置して内閣の強化を目指した。日中戦争に関する重要国務について内閣の企画に参加させるために内閣参議を勅命で任命するもので、参議は大臣の礼遇を受け、宇垣一成、荒木貞夫、安保清種、末次信正、町田忠次、池田成彬、松岡洋右など、陸海軍や政財界の巨頭が任命された。内閣審議会と同様の発想に立つものだったが、事務局を持たないという意味で有名無実の宙に浮いた存在となりかねず、実際に池田や荒木が翌年に入閣すると、その影は薄くなったといわれている[36]。しかし、加藤陽子氏は、大本営での国務と統帥の一元化を目指した近衛や陸軍省軍務局が、太政官時代に行われていた参議と長官の分離に着目し、閣僚を長官とすることで首相の人事権のもとに置き、その権限を強化しようとしたと指摘している。このプランでは、大本営に列する閣僚のみを大臣とし、それ以外の閣僚を長官に格下げするもので、臨時内閣参議制は、これが実現した際に閣僚とする人材をプールしておく制度として位置づけられていたという。この参議を閣僚にするというプランは実現したものの、参議制と大本営とをリンクさせることは、海軍や参謀本部の反対によって封じられた。実際の国務と統帥との連携についてみておくと、昭和一二年に最高統帥機関として大本営が設けられ、首相、陸相、海相、外相、企画院総裁、参謀総長、軍令部総長などによる大本営政府連絡会議が設置、政府と統帥の連携による戦争指導を目標とした。これは官制によって規定されたものではなかったが、この時期の実質的な外交・戦争指導の執行機関としての機能を担うこととなる。まとめ役となる幹事は内閣書記官長と軍政機関たる陸海軍省の軍務局長であったことから、統帥機関に比してその勢力は小さいものではなかった。加藤氏はこうした大本営の特質を、「大本営の政治化」と表現している。しかし、昭和一五年には軍部主導のもと、首相官邸に連絡懇談会が設置され、政府・軍の協議によって決定する重要国策は懇談会と御前会議で最終的に決定することとなり、ここで日中戦争や対米交渉など統帥事項に関連する事項を扱うことになったため、主導権は軍部に握られることとなった。政府はこれに取り込まれ、戦争指導上の相対的自立性を喪失していく[37]。

この間の昭和一三年、近衛文麿は内閣参議の宇垣一成を外相に、池田成彬を蔵相に、荒木貞夫を文相に迎え、首相、外相、蔵相、陸相、海相による「五相会議」を最高意思決定機関（統帥を除く）として位置づけた。これは第一次大戦中に英国やフランスなどで設けられた戦時委員会にならったもので、戦時内閣化による内閣の強化と国策遂行の迅速化を図ったものだが、実際には、興亜院の設置をめぐって宇垣外相が辞任するなど紛糾し、統帥事項を審議に含まないこともあって、十分な機能を果たせなかった[38]。

企画院の設置も、予算統制などを通して内閣の統合機能を強化しようとした試みのひとつであり、その機能を補うべく、企画院総裁・内閣書記官長・内閣法制局長官による内閣長官会議が催され、昭和十五年に第二次近衛内閣が成立すると、企画院で立案した政策案はこの会議で諮ってから閣議に提出されることが定式化された（のちに内閣情報部長を加えて四長官会議となる）。同年、内閣情報部を拡充して情報局が開設され、宣伝・検閲業務に当たることとなり、国策の遂行を阻害する事項について出版物への掲載禁止・制限を行うこととなった。さらに日米開戦後の昭和一八年、内閣顧問が設置され、物資の生産拡充など戦時経済運営に関する総理の顧問にあたった（これに伴って内閣参議は廃止）。

同年には勅令として戦時行政職権特例が発令され、首相の権限を拡大し、鉄鋼、石炭、軽金属、船舶、航空機の生産拡充について関係大臣に指示すること、これらの物資についての労務、資材、資金などについて各大臣の職権を首相が行使すること、あるいは首相が本来所管する官庁以外の官庁にその職務を行わせることが可能になった（のちに食料確保、防空、その他総合国力の拡充運用が追加）。この事務遂行のために内閣調査官が設置されている。首相権限についてはすでに、昭和一四年の勅令「国家総動員法等ノ施行ノ統轄ニ関スル件」において、内閣総理大臣は国家総動員法の施行に関する事項について関係各庁に対し統括上必要な指示をなすことができると規定され、その強化が図られていたが、はっきりと適用された例は知られていない[39]。これに対し戦時行政職権特例は内閣調査官、内閣参事官、総合計画局と所管が移っているものの、これに基づく内閣告示が合計二四出されており、国家総動員法における「指示」が被命令者が義務を負わない統制力の弱いものであったのに対して、この告示による「指示」は指揮命令として義務を負わせる強い意味をもつものであった。内訳をみると、本来所管する官庁の大臣・長官等の権限を他の大臣・長官等に執行させたものがもっとも多く一七例で、これに伴う事務の兼務命令が四例、地方間の総合連絡調整のため当該地方長官に文書での意見提出を許可したものが一例で、首相が直接関係大臣に指示をした性質をもっているのは、木造船の確保や製造に関して関係大臣に指示した二例のみとなっている。戦時行政職権特例は、たしかに首相権限を強化するもので、それは当時も独裁を招くのではないかといった議論を引き起こすものほどであり、実際に東条首相はこれによる自身の権限強化を図ったといわれているが、それは首相による行政権の直接行使というより、省庁間の権限委譲による行政円滑化・効率化の装置として機能したわけである。なお、この特例は昭和二一年三月に廃止された[40]。

戦局が悪化すると、資源をめぐる陸海軍の対立が深刻化し、船舶の確保をめぐっては陸軍省と参謀本部が対立する、といった複雑な様相があらわれた。こうしたなか、南方の拠点だったトラック島が壊滅すると、東条首相はすでに兼任していた陸相、軍需相に加えて参謀総長も兼任し、同時に、嶋田繁太郎海相にも軍令部総長を兼任させて、内閣の統合力強化を図る。しかしこうした首相への権限集中は反東条の機運を招き、結局、東条内閣は総辞職、次の小磯国昭内閣では兼任を断念し、陸海軍の一致はさらに遠いものとなった。[41]

結局のところ、内閣審議会と調査局の設置は、政党勢力の後退と軍部の肥大化という事態に対して、国家指導権の補強と統一を目指したものだったが、その指導権の一元的統合は敗戦に至るまで実現せず、肥大化したのは軍部の統帥権のみであり、それを援助したのが統制官僚だった。[42] 昭和一九年には最高戦争指導会議が設置されるが、それとて、それまでの戦争指導機関と変わるところはなかったし、結局、発言力を高める軍部の前に内閣行政権の不十分性は克服できず、現れたのは軍部の肥大化と革新官僚の台頭であった。[43] 終戦が結局、「大権」の源である天皇の裁断によってもたらされたことは、明治憲法体制の矛盾、内閣機能の強化が最後まで克服し得なかったことを象徴している。[44]

5　戦時体制下の中央集権化の推進と地方行政の変容

総動員体制が整備されるなか、戦時体制下では行政の中央集権化が進行し、地方行政権が縮小していった。昭和一八年には府県制・市制・町村制が改正され、市町村行政の効率化を図るため、府県参事会や市町村会の権限を大幅に縮小、市町村長に各種団体への指示権を付与し、市町村長の任命や解職権を内務省や府県が持つこととなる。府県会や市町村会は議決事項が概括例示方式から制限列挙方式へと変更され、市町村会予算の増額修正権、出納等の実地検査権は削除、軽易な事項については市町村会の議決を要しないこととなった。

各県庁機構も戦時体制化していき、統制経済、国民動員、食糧、兵事社会教育といった課が新設される。たとえば福井県では、警防課、経済保安課、兵事社会教育課、統制課、国民動員課といった課が新設されている。また、戦争遂行のため国政委任事務が増大したため、町村合併によって事務拡大に対応しうる大規模市町村の組織化が進められた。たとえば埼玉県では、合併は指導力強化、施設合理化、経済発展、人員確保、経費節約などの観点から利益があるとする『町村合併手引き』を発行し、その最大の計画として、昭和一九年には浦和市、大宮市、与野市を合併した「埼玉市」建設構想が持ち上がっている。

行政の末端組織として重視されたのが、町内会や部落会、隣組であった。昭和一四年、内務省地方局長から各地方長官に対し、部落会・町内会実践網の整備に関する通牒が発せられ、部落会・町内会を国民精神総動員の実践網、経済戦への国民の協力を引き出す装置として位置づけて、その整備を求めた。しかし、整備状況が地方によってバラツキがあり、組織や構成にも不備がみられたため、昭和一五年、内務省は訓令「部落会町内会等整備要領」を発し、これを受けて各地で部落会や町村会の整備が進められることとなった。この訓令は、部落会・町内会等を万民翼賛の本旨に則った地方共同の任務、国民の道徳的練成と精神的団結の基底単位、国策透徹の機関、そして国民経済生活の地域的統制単位と位置づけ、その統一的な基準を示し、市町村の補助的下部組織であることを明示したものである。これによって部落会・町内会の整備は順調に展開し、昭和一六年一二月現在で組織率九六パーセントにまで達した。

福井県の場合、右の要領の内容を伝達する訓令を出して、部落会・町村会の整備を進め、昭和一五年末段階で二四三四だった部落会・町内会は、翌年九月には三〇七二まで増加している。これらは、大政翼賛会（昭和一五年に近衛文磨を中心とする新体制運動の結果結成された国民統合団体）の下部組織に編入されて法人化され、常会によって上部団体の指示が徹底されていった。内務省は昭和一六年に「常会定例日ノ設定ニ関スル件」を通牒し、さらに次官会議で「常会徹底事項ノ調整方策」が決定されて、市町村常会、部落会常会、町内会常会、隣保班常会を毎月開催し、「必勝の誓」「百七十億貯蓄の達成」「鉄銅回収の強化」「国民皆働の結成生活確立」「国土防衛の強化徹底」を徹底することが示された。昭和一七年に自治振興中央会から全国優良町会として表彰された埼玉県川口市四丁目町会の例をみると、この町会は五一〇世帯、人口三〇〇〇名で構成され、区域を二〇の隣保班（隣組）に分けて、総務、振興、軍事援護、物資配給、警防、婦人、青年、少年の八部の事業部門を設けていた。運営機関となっていたのが町会常会であり、毎月各隣保班長が出席して開催され、隣保班常会も隣組会員全員が出席して毎月開催された。このほか、事業部門ごとの常会もあり、出席率はいずれも一〇〇パーセントだった。こうした部落会、町村会によって、食糧の増産や配給、国債割当、勤労奉仕、内職奨励、納税徹底、貯蓄増強、金属回収、衛生・体力の向上、軍事援護、防空訓練などが実施されていくこととなる。

昭和一七年には地方事務所が設置され、総務課、兵事学務課、兵事厚生課、経済課、検査課などを置いて、食糧増産や配給、経済統制、部落会・町内会指導、軍事扶助などを担当した。郡を単位にしていたため、大正一四年に廃止されていた郡役所の復活という性質を持っている。

6　戦時体制下の東京市政・府政・都政

最後に、首都・東京の戦時行政についてみておこう。東京でも町内会・隣組が積極的に運用され、右の内務省訓令「部落会町内会等整備要領」に先立って昭和一三年に東京市が東京市町会基準と町会規約準則を定めて町会整備を定め、翌年には「興亜奉公東京市町会大会」を開催、宣誓と申し合わせがなされている。そこでは町会が家庭の延長と位置づけられ、親交を深めること、戦時生活の陣容を整えて国家に奉公すること、防空防護対策、慰問品の送付などが盛り込まれていた。内務省訓令を受けてさらに町内会・部落会の整備が進められたが、東京市はその目的として、国民の道徳的練成と精神的団結、国策の透徹、国民経済の統制運用と安定化などを設定した。東京では昭和一六年の日米開戦直前の段階で二三〇〇の町会と一万三〇〇〇の隣組が設けられており、東京府の町会課と国民精神総動員部の指導下に置かれ、防空・消火、増産奨励、消費節約、献金、廃品回収、保健栄養、児童愛護、配給、国債購入、貯金励行、金属拠出、労務提供などを担った。なお、東京で町内会の組織化が進行した背景として、公権力による強制以外の社会的・経済的要因も指摘されている。隣人との交渉が絶えがちな都会生活において、町内会・隣組の組織化によってはじめて隣人との交友関係が生まれ、井戸の共有から留守の際の子供の面倒、ハイキング、書道教授など住民の互助的なメリットが生まれ、また、野菜や台所用品の共同購入といった経済的メリットも感じられるようになった。都会の自由主義的・個人主義的生活の克服は、総力戦体制の構築にも対応した効果であった(45)。

東京市政自体も軍との関係なくしては運営できない状態となり、昭和一七年には岸本綾夫陸軍大将が東京市長に就任し、市民の戦時生活指導のため、貯蓄課、商工課、農漁課、庶務課、町会課、動員課、配給部、中央卸売市場からなる「戦時生活局」を新設している。

東京都制の発足も戦時の要請から生まれたものだった。昭和一八年、東京府と東京市が並存していることによる無駄をはぶくことや、間接選挙によって市長が選出されていることへの不満などから東京府は都制へと移行することとなり、府市並存施設を統合し、「皇都行政の統一及び簡素強力化と処務の敏活適実とを図り戦時行政の運営に些かの間隙無からしめ、以て大東亜戦争の目的完遂に寄与せん」(都長官告諭第一号)ことを目標とした。都と軍との連携を強化するため、関東行政協議会が設置され、都長官と東部軍参謀長、横須賀鎮守府参謀長が毎月都政運営について協議を行っている(46)。

太平洋戦争が激化すると、都の防空体制をいかに実現するかが課題となった。都政の運営も空襲からの防衛を中心とするようになり、東部軍管区司令官の命令を都民へと下達することと、災害に対する応急措置の示達が重視されるようになる。右の告諭にみられるように、この頃、東京の抽象名称も「国都」から「帝都」、そして「皇都」へと変化し、その性格や意義も戦時色が濃くなっていった。東京の防空体制を強化するという文脈のなかから、あまりに軍需産業や労働力が東京に集中していることが防空対策上の障害となっているといった過大都市論や、工場の地方分散や人口疎開、自給自足的な国土開発を主張する東京機能分散論などが登場した。

都制の発足は戦時行政推進のためという性格を強く持っていたが、その抱えた東京一局集中という防衛戦略上の課題は、戦後、首都移転構想といった別の形からあらためて提起されることとなる。

おわりに

第一次世界大戦という総力戦を経て、陸軍を中心として総力戦体制の整備が進められる中、企画院に代表される総動員機関・総合国策機関が次々と生まれ、軍人が各行政官庁に進出、各官庁や企業、地域社会や学校、そして国民は、文字どおりこうした体制に「動員」されていった。

しかし、明治憲法が規定した分権体制は、「総動員」を一元的に実現することを困難とし、これを実現すべくはかられた首相権限の強化も実効性をみず、結局は特定の人物が複数の職を兼任するという形で乗り切らざるを得なかった。それは、必然的に権力の集中への批判、すなわち反東条の機運を生んでいく。

東条英機は首相の座を降り、日本は敗戦を経て戦後を歩みはじめた。それは、「総動員」を要請した戦争からの解放であったが、「総動員」が要請した体制からの完全な解放を意味したわけではない。我々はいまなお、戦時体制が求めた東京「都制」のもとに住み、町内会や隣組は、やはり地域社会の絆を維持する要となってきた。行政の効率化のために構想された「埼玉市」は、やはり同様の論理から「さいたま市」として実現し、地域社会の崩壊は、その結節点となる存在を求め続けている。戦時体制が求めた行政の中央集権化、総力戦体制が産み落としたものとは何であったのか。我々はいまなお、その問いから完全に逃れているわけではない。

注

(1) 山口利昭「国家総動員研究序説——第一次世界大戦から資源局の設立まで」『国家学会雑誌』九二巻三・四号（一九七九年）、一〇四頁。
(2) 田中義一伝記刊行会編『田中義一伝記』上巻（原書房、一九八一年）、四一八—四二二頁。
(3) 纐纈厚『総力戦体制研究』（三一書房、一九八一年）、二七—二九頁。
(4) 纐纈厚『近代日本政軍関係の研究』（岩波書店、二〇〇五年）、一四四—一四九頁。
(5) 纐纈厚『日本陸軍の総力戦政策』（大学教育出版、一九八九年）、一三八—一五四頁。
(6) 山口「国家総動員研究序説」、一一一—一一二頁、纐纈『総力戦体制研究』、二一三—二二四頁。
(7) 黒澤文貴『大戦間期の日本陸軍』（みすず書房、二〇〇〇年）、八五—八六頁。
(8) 小林英夫『帝国日本と総力戦——戦前・戦後の連続とアジア』（有志舎、二〇〇四年）、一〇九頁。
(9) 山口「国家総動員研究序説」、一一二頁。
(10) 山口「国家総動員研究序説」、一一四頁。
(11) 御厨貴『政策の総合と権力——日本政治の戦前と戦後』（東京大学出版会、一九九六年）、一八—一九頁。
(12) 纐纈『総力戦体制研究』、六三頁。
(13) 山口「国家総動員研究序説」、一二〇頁。
(14) 川田稔「総力戦・国際連盟・中国——永田鉄山と浜口雄幸」『思想』九八一号（二〇〇六年一月）、四八—六七頁。
(15) 今井清一「総動員体制と軍部」東京大学社会科学研究所「ファシズムと民主主義」研究会編著『ファシズム期の国家と社会 第六巻 運動と抵抗・上』（東京大学出版会、一九七九年）、一五五頁。
(16) 川田「総力戦・国際連盟・中国」、四九頁。
(17) 古川隆久『昭和戦中期の総合国策機関』（吉川弘文館、一九九二年）、三四頁。
(18) 小林『帝国日本と総力戦体制』、一一九—一二四頁。
(19) 升味準之輔『日本政党史論』第七巻（東京大学出版会、一九八〇年）、七三—七四頁。

(20) 池田順『日本ファシズム体制史論』(校倉書房、一九九七年)、九六―九七頁。
(21) 石川準吉『国家総動員史』下巻(国家総動員史刊行会、一九八六年)、一二一五―一二一七頁。
(22) 古川『昭和戦中期の総合国策機関』、二七八―二八三頁。
(23) 石川『国家総動員史』下巻、一七五三―一七五四頁。
(24) 古川『昭和戦中期の総合国策機関』、三〇〇―三〇一頁。
(25) 古川『昭和戦中期の総合国策機関』、三七二―三七三頁。
(26) 橋川文三『近代日本政治思想の諸相』(未来社、一九六八年)、二七九―三〇四頁。
(27) 永井和『近代日本の軍部と政治』(思文閣出版、一九九三年)、一七四―一八七頁。
(28) 永井『近代日本の軍部と政治』、一八七―一九一頁。
(29) 石川準吉『国家総動員史』上巻(国家総動員史刊行会、一九八三年)、七三頁。
(30) 御厨『政策の総合と権力』、九一頁。
(31) 古川『昭和戦中期の総合国策機関』、五三―六〇頁。
(32) 永井『近代日本の軍部と政治』、二二七頁。
(33) 岡田貞寛編『岡田啓介回顧録』(毎日新聞社、一九七七年)、九三頁。
(34) 吉田茂伝記刊行編輯委員会『吉田茂』(吉田茂伝記刊行編輯委員会、一九六九年)、二〇二頁。
(35) 御厨『政策の総合と権力』、二五―二六頁。
(36) 井出嘉憲「非常時体制と日本〈官〉制」前掲『ファシズム期の国家と社会　第六巻　運動と抵抗・上』、二九二―二九三頁。
(37) 纐纈『近代日本政軍関係の研究』、三七二―三八一頁、加藤陽子『模索する一九三〇年代――日米関係と陸軍中堅層』(山川出版社、一九九三年)、一八五―二〇一頁。
(38) 池田『日本ファシズム体制史論』、一一七―一二〇頁。
(39) 古川『昭和戦中期の総合国策機関』、二九四頁。
(40) 畑野勇『近代日本の軍産学複合体』(創文社、二〇〇五年)、一四八―一四九頁、「公文類聚」第六七編・昭和一八年、同第六八編・昭和一九年、同第六九編・昭和二〇年、「任免裁可書」昭和一八年・任免巻一八九、同昭和一八年・任免巻一九九、同昭和一九年・任免巻一五六、同昭和一九年・任免巻一六七、「工場就業時間制限令発止勅令案関係資料綴」(以上、独立行政法人国立公文書館蔵)。

(41) 村井哲也『戦後政治体制の起源――吉田茂の「官邸主導」』（藤原書店、二〇〇八年）、七六―七八頁。
(42) 橋川『近代日本政治思想の諸相』、三〇三―三〇四頁。
(43) 纐纈『近代日本政軍関係の研究』、三八一頁、纐纈厚「戦時官僚論」倉沢愛子他編『戦争の政治学』（岩波書店、二〇〇五年）、一一三頁。
(44) 村井『戦後政治体制の起源』、一九、七九―八一頁。
(45) 雨宮昭一『戦時戦後体制論』（岩波書店、一九九七年）、一八〇―一八五頁。
(46) 東京百年史編集委員会編『東京百年史』第五巻（ぎょうせい、一九七九年）、八六二―八六四頁。

第4章　参考文献一覧

雨宮昭一『近代日本の戦争指導』吉川弘文館、一九九七年
雨宮昭一『戦時戦後体制論』岩波書店、一九九七年
池田順『日本ファシズム体制史論』校倉書房、一九九七年
石川準吉『国家総動員史』上・下巻、国家総動員史刊行会、一九八三・一九八六年
加藤陽子『模索する一九三〇年代』山川出版社、一九九三年
倉沢愛子他編『戦争の政治学』岩波書店、二〇〇五年
黒澤文貴『大戦間期の日本陸軍』みすず書房、二〇〇〇年
纐纈厚『近代日本政軍関係の研究』岩波書店、二〇〇五年
纐纈厚『総力戦体制研究』三一書房、一九八一年
纐纈厚『日本陸軍の総力戦政策』大学教育出版、一九九九年
小林英夫『帝国日本と総力戦体制』有志舎、二〇〇四年
小林啓治『戦争の日本史21　総力戦とデモクラシー』吉川弘文館、二〇〇八年
東京大学社会科学研究所「ファシズムと民主主義」研究会編著『ファシズム期の国家と社会　第六巻　運動と抵抗・上』東

京大学出版会、一九七九年
戸部良一『日本の近代9　逆説の軍隊』中央公論社、一九九八年
永井和『近代日本の軍部と政治』思文閣出版、一九九三年
橋川文三『近代日本政治思想の諸相』未来社、一九六八年
畑野勇『近代日本の軍産学共同体』創文社、二〇〇五年
古川隆久『昭和戦中期の総合国策機関』吉川弘文館、一九九二年
古川隆久『昭和戦中期の議会と行政』吉川弘文館、二〇〇五年
升味準之輔『日本政党史論』第七巻、東京大学出版会、一九八〇年
御厨貴『政策の総合と権力』東京大学出版会、一九九六年
御厨貴「国策統合機関設置問題の史的展開」『年報・近代日本研究　1　昭和期の軍部』山川出版社、一九七九年
村井哲也『戦後政治体制の起源――吉田茂の「官邸主導」』藤原書店、二〇〇八年
東京百年史編集委員会編『東京百年史』第五巻、ぎょうせい、一九七九年
福井県編『福井県史』通史編六・近現代二、福井県、一九九六年
埼玉県編『新編埼玉県史』通史編六・近代二、埼玉県、一九八九年
佐々木久信「一九二〇年代の軍縮と初期の総動員計画について」『国際関係学部研究年報（日本大学）』第二八集、二〇〇七年
山口利昭「国家総動員研究序説」『国家学会雑誌』九二巻三・四号、一九七九年
和田朋幸「資源局の設置と総動員計画の策定」『陸戦研究』五五巻六四二号、二〇〇七年

小川原正道

第5章

戦後復興と第一次臨調の設置

はじめに

本章では、第二次世界大戦におけるわが国の敗戦後の、米を中心とする占領軍による戦後占領改革が、日本社会、とりわけ行政機構にもたらした変化と、昭和二二年（一九四七年）前後からの国際情勢変化に端を発する初期占領政策の見直し・修正について述べる。さらに、その後高度経済成長期における第一次臨時行政調査会による行政改革への試みについて言及する。

1　初期占領改革

昭和二〇年（一九四五年）八月、日本のポツダム宣言受諾・無条件降伏により太平洋戦争は終結し、米軍を中心とする連合国軍が日本に進駐した。九月二日のミズーリ号艦上における降伏文書調印により日本は連合国軍の占領下におかれ、天皇及び日本政府は連合国最高司令官に従属する立場とされるなど、その主権は著しく制限されることとなった。

同年一〇月、D・マッカーサー元帥を最高司令官とする連合国軍最高司令官総司令部（GHQ／SCAP、以下GHQと表記）[1]が東京に設置された。その後同年一二月の英米ソ三カ国外相会議の決定により、米・英・仏・中・ソ連などの諸国によって構成される極東委員会が、日本占領に関する最高決定機関として設置された。この極東委員会は、日本が再び世界の脅威とならぬよう非軍事化・民主化を行いポツダム宣言の規定した降伏条項を実施するための最高政策決定機関であり、米政府はこの極東委員会の決定事項をGHQに指令として下達する義務を負った。

連合国軍側は日本側の徹底抗戦・本土決戦を予想していたが、想定より早期の終戦ですみやかに日本占領を開始する必要性が生じたため、GHQは日本国民に直接命令を下して支配するのではなく、占領軍が日本政府・行政機構に命令しその施行を代行させるという「間接統治」方式を採用した。[2]これにより、連合国による占領期の対日管理機構は極東委員会→GHQ→日本政府という構図となっており、日本政府はGHQからのSCAP指令（GHQ覚書）や命令、セクション・メモ、書簡などの成文命令や口頭による示唆、勧告などを受け、日本の法形式（法律、命令・規則、条例）や超憲法的政令であるポツダム勅令に変換して地方庁及び一般国民に下達した。

しかし、米政府は拒否権や他国の拒否権行使に対抗できる緊急中間指令権を有しており、極東委員会はごくわずかな例外を除けば何ら重要な政策決定をなし得なかった。極東委員会のGHQ最高司令官に対する目付役的な出先機関として連合国対日理事会が東京に設置されていたが、これも充分に機能しなかった。したがって、実質的には米政府の意向が占領改革を左右しており、GHQは米政府からの指示に基づき終戦連絡中央事務局を通じて占領改革指令を日本政府に伝達した。またGHQには占領政策の実施にあたって大きな裁量権が付与されており、新憲法制定や地方制度改革、農地改革、医療福祉改革など占領初期における民主化改革の実施について強い独自性を発揮した。

GHQの内部部局としては、最高司令官のもとに参謀長とその補佐機関として参謀部（General Staff Section）が設置され、第一部〜第四部（G1…企画・人事・庶務など担当、G2…諜報、保安、検閲など担当、G3…命令実施など担当、G4…予算など担当）が設置された。一方、副参謀長のもとには幕僚部（Special Staff Section）が設置され、民政局（GS＝Government Section 以下GSと表記）、経済科学局（ESS＝Economic and Scientific Section）、公衆衛生福祉局（PHW＝Public Health and Welfare Section）など九局の専門部局が設置され、日本側諸官庁との連絡・指導にあたった。

以上のような構造をもつGHQは、連合国軍最高司令官と米太平洋軍のスタッフ機能、人事、施設を兼ねた二重の機能を有していたが、このような二重構造はしばしばGHQ内部での部局間対立の原因となった。とくに、政治・行政・経済・社会・文化など日本社会全般にわたる非軍事化・民主化を担当したGSは、後述するように新憲法制定、警察改革、地方制度改革、選挙制度改革などを、また経済民主化を担当した経済科学局は財閥解体などを推進したが、これらの部局と、参謀部において諜報、保安、検閲等を担当した参謀第二部（以下G2と表記）は、改革方針をめぐる意見の相違から次第に対立を深め、このGHQ内部対立はのちの昭和電工事件、市町村への自治体警察創設、第二次吉田茂内閣成立、公職追放などに大きく影響し、占領改革をめぐる政治過程を複雑化した。また、GHQ内において急進的、あるいは社会民主主義的改革を目指した、C・L・ケーディスGS次長などいわゆる「リベラル派」や「ニューディーラー」と目された「進歩派」は、これと対立するC・A・ウィロビーG2部長などによりその行動をマークされ、日本内の共産主義者などと同様に監視・調査されていた(3)。

GHQは極東委員会の活動開始に先立ち、様々な重要政策を実施した。まず、昭和二〇年（一九四五年）一〇月四日のいわゆる「人権指令」により、ポツダム宣言の民主化を求めた条項を具体化するための諸措置が東久邇宮稔彦内閣に命じられた。同年八月の終戦以来同内閣は終戦処理（降伏文書調印、陸海軍の解体など）、政治犯釈放の指示、東条英機元首相ら戦犯逮捕などを実施してきたが、「国体護持」を至上命令とする同内閣は人権指令による治安維持法撤廃、特高警察廃止などの指令に衝撃を受け、これらを実行不可能として総辞職した。

後継の幣原喜重郎内閣は、戦前期に憲政会・立憲民政党政権の外相として国際協調外交を推進した経歴を持つ幣原首相のもと、治安維持法などの言論弾圧法制廃止、政治犯釈放、特高警察解体・廃止（内務大臣、各府県警察部長などの警察首脳および特高警察職員の罷免）などを実施した。さらに同年一〇月一一日、マッカーサーは幣原首相との初会見の際にいわゆる「五大改革指令」を示した。その内容は、①婦人解放、②労働組合結成の助長や奨励、③教育自由化・民主化、④警察・司法制度改革による言論弾圧機構の廃止、⑤経済機構の民主化であったが、これらの自由主義的政策には大正期以降日本国内において実現が検討されながらも、財界や政党勢力の抵抗で法制化されなかったものが含まれていた。このような戦前からの経緯を背景に、幣原内閣期にはＧＨＱの指令を契機とした日本側による主体的改革の動きが占領政策にある程度反映された形で、衆議院議員選挙法改正（婦人参政権の付与など）、労働組合法制定（団結権・団体交渉権・争議権を認める）、農地調整法改正（自作農創設を目指す農地改革）などが実現した[4]。

また、選挙法改正に加えて、戦時中の軍部が主導した「翼賛選挙」で選出された議員などを議会から排除すべく、翌昭和二一年（一九四六年）一月の公職追放令により軍国主義者・超国家主義者の選挙立候補が制限された。この追放令は政界のみならず、官界や財界さらに言論・教育分野など広範な分野に適用された。

2　新憲法制定と日本行政の変化

これらの改革と並行して、幣原内閣はＧＨＱの憲法民主化指令に基づく新憲法制定という課題に直面した。日本側が作成した新憲法草案はＧＨＱに拒絶される一方、ＧＳが中心となって作成したマッカーサー草案（天皇制存置、戦争放棄・交戦権否認、封建制度廃止などの原則を柱としていた）が、昭和二一年（一九四六年）一〇月に旧憲法の改憲規定に基づく帝国議会での審議の末可決され、新たに日本国憲法として成立した。この新憲法の規定により天皇主権から国民主権への大転換が図られ、天皇は国家及び国民統合の象徴へと変化した。この大転換により国民の代表機関として新設された国会は旧憲法下で天皇に属していた立法権を獲得して立法機関となり、国権の最高機関とされた。なお貴族院の参議院への移行により、衆議院との二院制は維持された。

また旧憲法において明確な規定のなかった内閣について、新憲法では議院内閣制の採用により行政権を有するものと明確に規定された。具体的には、まず内閣総理大臣（首相）の権限が戦前に比べ大幅に強化された。戦前の首相は天皇・重臣らにより指名されていたが、新憲法では内閣への国会からの信任を担保すべく、首相は国会議員の中から国会の議決により指名されることになった。この議決については衆議院の参議院に対する優越が認められ、両院の意見が一致せず両院協議会でも決まらなかった場合や、一〇日以内に参議院が議決しなかった場合は、衆議院の議決が国会の議決とされた。このような首相の選任方法によって、内閣は衆議院の多数勢力の支持に依存することとなり、国民は国会・内閣を通じて行政機構を民主的に統制することが可能とされた。

旧憲法が規定した単独輔弼責任制により戦前の首相は内閣における「同輩者中の主席」とされ、内閣官制が規定していたように「行政各部の統一を保持」するのみの存在であり、大臣への指揮命令権を持たなかった（閣内不一致の課題）。これに対し、新憲法では内閣は行政権行使について国会に対し連帯・一致して責任を負うものとされ、内閣の一体性確保の観点から首相は「内閣の首長」と改められ、大臣任免権を与えられた。また、新たに制定された内閣法により、首相は行政各部の指揮監督権、大臣間の権限疑義の裁定、行政各部による処分・命令の中止権など広範な権限を有することとなった。これらの変革により、制度面においては、戦前に比して戦後の首相の権限は飛躍的に拡大したといえる。(5)

また、GHQは新憲法の規定に整合するような新たな官僚制度の枠組として「公務員制度」を創設し、戦前の特権的な「天皇の官吏」から「国民全体の奉仕者」への大転換を図った。GSに招聘されたB・フーバーを中心とする対日合衆国人事行政顧問団（フーバー顧問団）が提出した草案をもとに、昭和二二年（一九四七年）一〇月に国家公務員法が制定された。これにより戦後の国家公務員は一般労働者と異なり争議権を剥奪されるとともに、従来の高等官・判任官・雇などといった「身分制」が廃され、その職は特別職（「政治任用」によって任用される首相、大臣など。その範囲は限定される）と一般職（職員と表記される）とに分けられた。このうち後者は公務員試験による客観的能力に基づく採用を中心とする資格任用の対象と規定された。さらに、同法は公務員の政治的行為の制限、身分保障（政治的な免職、休職、降格などの措置の制限）、一般職職員の人事管理事務を統一的に所管する中央人事行政機関としての人事委員会設置などについて規定していたが、これらの措置は戦前の政党政治における官僚の過度の「政党化」（政党による自由任用の濫用、情実的人事など）を踏まえたうえで、政党・政党政治家と職業行政官の間に一定の相互不介入関係を確立することを目的としていた。

しかし、この成立した国家公務員法は社会党首班政権であった当時の片山哲内閣により顧問団草案が一部修正（人事委員会の独立性および権限弱体化、各省事務次官の特別職への変更、一般職職員の争議行為禁止規定削除など）されたものであった。この措置にフーバーらは反発したため、翌昭和二三年（一九四八年）一一月に吉田茂内閣によって国家公務員法は改正された。その主な変更点は、人事委員会が廃止されこれに代わり広範な準立法権、準司法権など独立性の強い人事院が設置された点、各省事務次官が一般職と改められ政治任用の対象から除外された点、また公務員について新憲法に基づく労働三権（団結権、団体交渉権、団体行動・争議権）を制限した点であった。(6)

一方、従来ヨーロッパ大陸の地方制度の影響下にあったわが国地方制度については、アメリカ流の地方自治制度が新たに移入された。従来官選であった都道府県知事の直接公選化、地方選挙における男女普通選挙制（満二〇歳以上）の実現、直接請求制度の導入（解職請求、条例制定改廃請求、監査請求制度など）に続き、昭和二二年（一九四七年）地方自治法が制定された。これは明治以来の市制町村制、府県制など地方団体ごとに存在した個別法制を一本化し、新憲法がその第八章において新たに規定した「地方自治」に関する基本法であった。これらの一連の地方制度改革により、戦前は国の地方行政区画であり「国の出先機関」であった都道府県は市町村同様に完全自治体として「普通地方公共団体」と位置づけられ、その公選知事は公吏（地方公務員）とされた。また、市町村についても市町村長公選化、二元代表制の確立、特別市制の実現などが行われた。このように、わが国の地方制度は戦前に比して大幅に地方分権化および中央行政との分離が図られた(7)。

敗戦直後の非軍事化・民主化改革によって、陸・海軍省や大本営、参謀本部、軍令部、戦時中の総力戦体制下で新設された軍事的行政官庁（軍需省、大東亜省など）、内大臣府、さらに内務省などの特高警察部局が解体・廃止され戦時中の総力戦体制で肥大化した行政機構が整理・縮小された。その一方、終戦処理・経済復興などの目的で終戦連絡事務局、復員省、引揚援護院、また戦災復興院、経済安定本部、物価庁など新たな行政機関が新設された。また戦前の官僚主義を打破し民主化改革を推進する主体として、先述の人事院など米における行政委員会の影響を受けた、内閣や各省庁から一定の独立性を有する多様な合議機関が中央・地方に設置される(8)など、わが国の政治・行政機構は大きく変化を遂げた。ただし、GHQは間接統治方式により日本政府・官僚機構を活用した占領改革実施の方針を採っていたため、内務省を中心とした戦前からの行政組織は基本的に温存されていた。

しかし、初期占領改革が一段落すると、日本側による自発的な地方分権化・内務行政機構改革の動きを「現状維持的」あるいは「保守的」としたGSを中心に、内務省の解体及び警察行政の地方分権化への動きがあらわれた。

まず、内務省に関しては新憲法・地方自治法施行直前の昭和二二年（一九四七年）四月のホイットニー民政局長名による「内務省の分権化に関する指令」により、明治初期の大久保利通による設置以来、地方行政・警察行政を柱に

「内政総括官庁」として内政面で広範な役割を果たしてきた内務省は同年一二月末をもって廃止された。この内務省解体に伴い、その機能及び業務は新設の総理庁内事局、建設院、及び地方財政委員会、国家公安委員会、全国選挙管理委員会などの行政委員会に引き継がれた(9)。

一方、内務省が担っていた警察行政に関しては、警察機構改革案の作成がG2及び内務省によって同時並行的に進められていた。治安維持の観点から警察機構の急激な地方分権化を避けようとするG2と警察民主化を重視し国家警察廃止・市町村警察の創設など徹底的地方分権化を主張するGSとの間での路線対立が存在したが、両者を裁定するべく片山内閣に対し発せられたマッカーサー書簡を基礎として、同年末に旧警察法が制定された。これにより内務省警保局が統轄していた警察行政は、地方分権化及び治安維持に関連の薄い権限の縮小・事務移管により再出発することとなった。この新たな警察機構は民主化・政治的中立化の観点から国家公安委員会、都道府県公安委員会、市町村公安委員会の民主的統制・監督下におかれ、機構面では各市町村が所管する自治体警察（市及び人口五〇〇〇人以上の町村に設置）と、国家地方警察（自治体警察が設置されない郡部での治安維持を担当）との「二本立て」に移行するなど、従来中央集権的であった警察行政の様相は一変した(10)。

3　占領政策の転換

昭和二二年（一九四七年）末までに、初期の非軍事化・民主化政策は財閥解体など経済分野での集中排除政策を除き、ほぼ完了していた。しかし、この前後から占領下の日本をとりまく国際情勢は米ソの対立激化、朝鮮戦争勃発、東西冷戦の本格化など急激に変化していた。米国内では反共産主義の動きが強まるとともに、日本占領費用の削減を求める声が挙がっていたことなどを反映して、米政府は対日占領政策の最優先課題を従来の非武装化・民主化から、早期の経済復興達成・反共産主義化へと転換した。マッカーサーはこのような政策転換には必ずしも賛成ではなかったが、米政府の圧力により、ＧＨＱは経済安定九原則などの経済安定化政策を実施した。超均衡財政の実施に伴う「安定恐慌」、また行政整理やいわゆるレッド・パージ実施による失業者増大は日本国内の社会不安を増大させた。また、初期占領政策において実施された民主化改革は、わが国の実情にそぐわないとされた点を中心にその見直しや修正が行われることとなった。具体的には戦犯釈放と公職追放解除、従来奨励していた左翼労働運動への弾圧、警察予備隊創設などが実施されたが、これらの反共産主義・再軍備政策などいわゆる「逆コース」の動きは、サンフランシスコ講和会議における平和条約調印によりわが国が独立回復を達成した昭和二六年（一九五一年）秋以降、当時の流行語となった[11]。同年にマッカーサーが朝鮮戦争の戦略、作戦をめぐりトルーマン米大統領と衝突して解任され後任のリッジウェイ最高司令官の時代になると、占領軍当局から日本政府への大幅な権限委譲が行われ、占領初期に整備された民主化諸法規の根本的改正が許可されるようになった[12]。

翌昭和二七年（一九五二年）の占領終結後には、占領初期における地方自治法制定を中心とする地方制度改革の見直しや解体された内務省に代わる地方行政統括官庁の再整備を中心とした、再集権化改革が行われた。初期占領改革において、市町村警察の発足など市町村は権限強化によりその行政事務を大幅に増加させていた。また、昭和二四年（一九四九年）に来日したシャウプ税制調査使節団は、市町村優先原則による中央・地方間での合理的な行政事務・税源の配分、財政調整制度創設などを提言していたが、その半面小規模町村が残存していたため財政難から市町村警察の運営が当初から困難になるなど、新たな地方制度の定着には課題が存在した。このことから、占領終結後は初期占領改革の「手直し」が優先されることとなり、「合理化・簡素化」などの観点による昭和二七年（一九五二年）の地方自治法改正により、東京都特別区長の公選制廃止や自治体行政委員会の執行機関化などの修正が行われた。また同年には全国選挙管理委員会・地方財政委員会・地方自治庁の統合による自治庁発足、戦後地方制度の再検討の場としての地方制度調査会設置なども実現した。

一方、市町村については町村合併促進とともに警察・教育分野を中心とした再改革が実施された。警察行政においては旧警察法改正により住民投票による町村警察廃止が可能とされ、さらに昭和二九年（一九五四年）の旧警察法全面改正による新警察法制定により、市町村警察は国家地方警察と統廃合のうえ都道府県警察に一元化され、その指揮監督のための警察庁が設置されるなど、再集権化が図られた(13)。また、教育行政においては、教育委員会委員の公選制が廃止され首長による任命制へと移行した。

さらに、昭和三一年（一九五六年）の地方自治法改正では都道府県と市町村の関係が大きく見直されるとともに、戦後新設された特別市制度は憲法九五条の規定により関係府県の住民による住民投票が必要とされたことなどから、指定される都市がないままに条項が削除され、現行の政令指定都市制度が発足した。

4　高度経済成長と「第一次臨調」

わが国が戦後復興期から高度経済成長期へと転換した昭和三〇年代において、社会の発展、経済成長に伴い新たな行政需要が発生したことは、必然的に新たな行政機構、特殊法人などの増加をもたらした。具体的には、科学技術庁、原子力委員会、社会保険庁、日本住宅公団、日本道路公団などがそれにあたる。これらの動きの一方で、既存の行政組織、事務などの見直しは大きな問題とされなかった。この結果、わが国行政組織の規模は飛躍的拡大を遂げた。昭和三一年（一九五六年）と一〇年後の昭和四一年（一九六六年）を比較すると、まず組織面では各省庁の局が九四から一三〇、特殊法人が三九から一〇八へと、また行政機関職員（非現業・現業）は約六五万人から九〇万人へと増大している。経済成長により民間部門では技術革新による生産性の飛躍的向上が実現したのに対し、行政セクターについては時代の変化に伴う行政需要の変動と旧態依然たる行政機構、運営のあり方とのギャップが問題にされるようになり、その効率性向上が大きな政策課題とされるようになった[14]。

昭和三五年（一九六〇年）、第五次行政審議会は政府に提出した答申において、行政の画期的な体質改善を図る方策として、米連邦政府の行政改革のため元大統領フーバーを委員長として設置された政府行政部組織委員会（フーバー委員会）を模範とする、独自の調査能力をもった権威ある臨時行政診断機関の設置を提言した。これを受けて、当時の池田勇人内閣により臨時行政調査会設置法案が国会に提出、成立したことにより、昭和三七年（一九六二年）に臨時行政調査会（第一次臨調）が総理府の附属機関として設置された。

この第一次臨調は各界を代表する七名の委員（佐藤喜一郎三井銀行会長、元内務官僚の高橋雄豺会長代理、太田薫総評議会会長、蝋山政道国際基督教大学教授など）、二一名の専門委員、委員を補佐する七〇名の調査委員（学識経験者および行政機関職員）や事務局を擁しており、調査・諮問機関としては画期的な規模であったとされる。その審議にあたっては三つの専門部会（第一専門部会・行政の総合調整及び予算会計に関する問題、第二専門部会・行政事務の合理的配分に関する問題、第三専門部会・行政運営及び公務員に関する問題）などが設置された。またその議事録等は公開された[15]。

第一次臨調の審議にあたっては、当初からいくつかの制約条件が存在した。国会での付帯決議により、その議決は委員全員の一致制によると定められ、また人員整理を行わないことなどが強く求められていたのである[16]。また、三つの専門部会では蝋山委員らの強硬な反対にもかかわらず具体的な調査方針が明確に示されなかったため、各部会における審議については全体としての整合性が必ずしも確保されなかったとされる[17]。

行政制度・行政運営の全般にわたる調査審議を経て、東京オリンピックが開催された昭和三九年（一九六四年）に第一次臨調は「行政改革に関する意見　―総論」ほか一六項目（内閣の機能、中央省庁、共管競合事務、行政事務の配分、許認可等、行政機構の統廃合、公社・公団等、首都行政、広域行政、青少年行政、消費者行政、科学技術行政、事務運営の改革、予算・会計、行政の公正確保のための手続、公務員）に及ぶ改革意見を政府に提出し、その任務を終了して解散した。これらの意見は閣議に報告され、また国会議員に配布された。

以上のような第一次臨調における行革議論とその提出意見については、既にみたように人員整理等の本格的な行政機構改革は不可能とされており、個別分野に関する改革方策に関する提言を中心とせざるを得なかった。これらは高度経済成長に伴って新たに発生した行政需要への的確な対応、隘路打開への提言であったが、従来の行政整理、行政機構改革のイメージからは乖離する内容でもあった。その一方、行政改革について「内閣が直々に設置した第三者的諮問機関が、各省庁の壁を越えた総合的な観点から行政全般のあり方を見なおし、その改革を推進する」などの点で「新しいもう一つのイメージを形成した」という評価も可能であり、[18]事実その後昭和五六年（一九八一年）に土光敏夫を会長として設置された第二次臨時行政調査会（第二次臨調）は、その名称どおり第一次臨調をモデルとして設置されている。

このような第一次臨調への積極的評価について、重要なのは「行政の一体性確保」つまりセクショナリズム（割拠主義）打破という問題である。この点に関する第一次臨調における論議はその後の第二次臨調などと比較しても本格的な内容であったとされ、この問題の正鵠を射たものとして一般に受けとめられることになった。[19]具体的には、第一次臨調答申は内閣機能強化や各省庁間の総合調整について、「内閣府」設置（統括管理機能の充実強化のため、内閣官房などの内閣補助部局と総理府の総合調整部門を統合整備した、新たな内閣の補佐機関）や、内閣、首相のスタッフとしての「内閣補佐官」（予算編成における内閣の主導性確立のため予算編成・審議の中心となる存在）新設、総務庁設置等の先見的な提言を行っている。これらは先立つ米大統領府改革を意識したものであり、そのほとんどが当時の政府により実施困難とされたため理想に走りすぎていた面も存在したとされるが、[20]長期的には一九八〇年代の第二次臨調による答串や、橋本龍太郎内閣期における「橋本行革」の成果としての平成一二年（二〇〇〇年）省庁再編などその後の数次の行政改革の試みに際して具体化された内容が含まれている。[21]

以上、高度経済成長期への転換期において実施された第一次臨調については、幾多の限界が存在したことは事実であり、またその提言も即座に行政改革に反映されたとは言いがたい。しかし、その後の行政改革の試みに際して、特にセクショナリズム（割拠主義）打破という「総合調整」の課題について先鞭をつけたと言えよう。

おわりに

占領期の「民主化」改革はわが国に軍国主義からの解放をもたらしたのか、あるいは占領軍による新たな抑圧だったのか、また戦前には実現できなかった自由主義的政策を志向する日本側の主体的改革だったのか、あるいは占領軍から強制された改革にすぎなかったのか、さらには戦前の日本社会からの変化・断絶的側面と連続的側面のどちらを重視すべきなのか、これらの問いへの解答を見出すことは容易ではない。とりわけ占領改革期におけるわが国の政治・行政改革の政策過程は複雑であり、多様な評価が可能であろう。

既に触れたように、間接統治方式により占領初期において内務省を中心とする従来の行政機構は温存・利用されたためわが国行政の変化は限定的なものにとどまっていたが、新憲法や内閣法、国家公務員法などの制定、さらに地方自治法制定、知事公選化など、中央・地方レベルでの一連の行政改革の実施とそれらが一段落した段階での内務省解体・旧警察法制定により、わが国行政機構・官僚制度は大幅な変化を遂げた。その反面、行政における「運営手法」の面については国家行政組織法、各省設置法などの制定により当初の改革意図が骨抜きにされた点[22]、また地方行政について従来市町村長などに行われていた機関委任事務が公選となった府県知事にも拡大され、国と地方との間での事務分担を明確にしない「包括授権型」中央・地方関係が継続・拡大された点など、戦前からの一定の継続性の存在、さらにはその拡大も指摘されている。(23)

この結果、戦前のわが国行政が有していた課題が引き続き残存するとともに、戦後改革によって新たな課題が生み出された。たとえば、「内政総括官庁」たる内務省の解体に伴う各省庁を頂点とする中央・地方を通じた縦割り行政体系の成立や、地方自治体への行政事務権限と税源の配分がそれぞれ整合性を欠いていた点などがそれにあたる。戦後復興期から高度成長期にかけて日本行政がその役割を拡大させるとともに、これらの課題解決が必須とされたが、第一次臨調はその試みの原点となったと言えよう。

注

（1）占領体制の構造、GHQの機構などについては、竹前栄治『GHQ』（岩波書店、一九八三年）、同『占領戦後史』（岩波書店、一九九二年）、竹前栄治、中村隆英監修『GHQ日本占領史　第一巻　GHQ日本占領史序説』（日本図書センター、一九九六年）などを参照。

（2）なお、北海道・本州・四国・九州など「日本本土」において間接統治方式がとられたのに対して、沖縄県では日本政府の主権が停止され、米軍による「直接統治」の補助機関として昭和二二年四月に沖縄中央政府（のち昭和二七年に琉球政府と改称）などが設置された。このような沖縄の状況については、竹前『占領戦後史』（四二―五一頁）のほか我部政男「沖縄――戦中・戦後の政治社会の変容」天川晃ほか編『地域から見直す占領改革――戦後地方政治の連続と非連続』（山川出版社、二〇〇一年）などを参照。

（3）竹前『GHQ』、九九、一〇一頁。なお、竹前はGHQ内「ニューディーラー」の例として、ケーディスの他に経済科学局において財閥解体、集中排除法制定を推進したウェルシュ反トラスト・カルテル課長、民間情報教育局において映画・演劇に関する民主化を担当したコンデなどを挙げている（同書、一一四―一一五頁）。

（4）たとえば、雨宮昭一『占領と改革』（岩波書店、二〇〇八年）は大正期の内務省社会局による労働組合法制定準備や、戦時中の「総力戦体制」下ですでに労働者の地位向上が図られていた点などを挙げている（四一頁以降）。

(5) 笠原英彦、桑原英明編『日本行政の歴史と理論』(芦書房、二〇〇四年)、七二頁以降を参照。
(6) 国家公務員法の制定・改正については、竹前『GHQ』、一七一頁以降、西尾勝『行政学(新版)』(有斐閣、二〇〇一年)、一〇五頁以降などを、B・フーバーと同法改正におけるGHQ経済科学局労働課との意見対立については竹前『GHQ』、一〇九頁、及び竹前栄治『改訂増補版 GHQ労働課の人と政策』(エムティ出版、一九九一年)、一三八頁以降などを参照。
(7) 西尾『行政学(新版)』、七三頁、笠原、桑原『日本行政の歴史と理論』、一二三頁以降などを参照。
(8) これらの合議機関は、民主化政策の立案・実行や政治的中立性確保、専門性保持などを目的として中央及び地方に設置され、わが国行政に大きな転換をもたらした。伊藤正次『日本型行政委員会制度の形成――組織と制度の行政史』(東京大学出版会、二〇〇三年)は、それぞれの設立経緯に基づき以下のような類型化を行っている。①非民主的要素除去のための政策実施、利害対立調整を目的としたもの(農地改革のために設置された農地委員会、経済民主化のために設置された持株整理委員会、公職追放のために設置された公職適否審査委員会など)、②民主化政策の立案、審議、法令化を目的としたもの(労務法制審議委員会、教育刷新委員会など)、③政策体系の民主化により、常設的行政組織として設置されたもの(内務省解体後の地方財政委員会、国家公安委員会、全国選挙管理委員会、また経済民主化のため既設独任制経済官庁から規制権限を移譲し、米の独立規制委員会をモデルとして設置された公正取引委員会、証券取引委員会など)。
(9) 竹前『GHQ』、一七〇頁、および平野孝『内務省解体史論』(法律文化社、一九九〇年)などを参照。
(10) 竹前『GHQ』、一六七頁、および自治大学校編『戦後自治史Ⅸ(警察および消防制度の改革)』、内務省警保局『警察制度に関する司令部側調査報告』(一九四七年)、荻野富士夫『戦後治安体制の確立』(岩波書店、一九九九年)、大日方純夫『近代日本の警察と地域社会』(筑摩書房、二〇〇〇年)、福沢真一「占領改革と警察権限の縮小――昭和二二年警察改革の政治過程を中心に」『政治経済史学』一九九九年十一月号などを参照。
(11) 竹前『GHQ』、一九七頁以降を参照。
(12) 竹前『GHQ』、九八頁。
(13) 大日方『近代日本の警察と地域社会』、三四九頁以降を参照。
(14) 笠原、桑原『日本行政の歴史と理論』、七七頁以降、および田中一昭編著『行政改革』(ぎょうせい、二〇〇六年)、八頁以降を参照。
(15) 第一次臨調については、西尾『行政学(新版)』および田中『行政改革』のほか、日本行政学会編『年報行政研究』通算第五号(一九六六年十月)、「行政改革」『法律時報』臨時増刊号(一九八一年三月)、「新たな臨時行政調査会の設置について」『行政管理研究』一九八一年三月号などを参照。
(16) 大野木克彦「総括」日本行政学会編『年報行政研究』通算第五号(一九六六年十月)、二〇五頁以降を参照。
(17) 佐藤竺「臨調と官僚」日本行政学会編『年報行政研究』通算第五号(一九六六年十月)五一―五七頁。
(18) 西尾『行政学(新版)』、三三〇頁、笠原、桑原『日本行政の歴史と理論』、七八頁。
(19) 今村都南雄『行政学叢書I 官庁セクショナリズム』(東京大学出版会、二〇〇六年)、八四頁。
(20) 田中『行政改革』、九頁。
(21) 笠原、桑原『日本行政の歴史と理論』、七八頁。
(22) 竹前、中村『GHQ日本占領史』、八一頁、および赤木須留喜『官制の研究』(日本評論社、一九九一年)、岡田彰『現代官僚制の成立』(法政大学出版局、一九九四年)などを参照。
(23) 北山俊哉「日本の地方自治の発展」村松岐夫編『テキストブック 地方自治』(東洋経済新報社、二〇〇六年)、二三頁以降などを参照。

第5章 参考文献一覧

自治大学校編『戦後自治史Ⅸ(警察および消防制度の改革)』、一九六七年
内務省警保局『警察制度に関する司令部側調査報告』、一九四七年
内政史研究会『鈴木俊一氏談話速記録』、一九七五~六年
赤木須留喜『官制の研究』日本評論社、一九九一年
天川晃「地方自治制度の改革」東京大学社会科学研究所編『戦後改革 三』東京大学出版会、一九七四年
天川晃他編『地域から見直す占領改革――戦後地方政治の連続と非連続』山川出版社、二〇〇一年
雨宮昭一『占領と改革』岩波書店、二〇〇八年
荒敬『日本占領史研究序説』柏書房、一九九四年
伊藤正次『日本型行政委員会制度の形成――組織と制度の行政史』東京大学出版会、二〇〇三年
井出嘉憲「第五章 戦後改革と日本官僚制――公務員制度の創出過程」東京大学社会科学研究所編『戦後改革 三』東京大

学出版会、一九七四年
今村都南雄『行政学叢書Ⅰ　官庁セクショナリズム』東京大学出版会、二〇〇六年
岡田彰『現代官僚制の成立』法政大学出版局、一九九四年
荻野富士夫『戦後治安体制の確立』岩波書店、一九九九年
大日方純夫『近代日本の警察と地域社会』筑摩書房、二〇〇〇年
笠原英彦、桑原英明編『日本行政の歴史と理論』芦書房、二〇〇四年
袖井林二郎他編『戦後日本の原点――占領史の現在』悠思社、一九九二年
竹前栄治『GHQ』岩波書店、一九八三年
竹前栄治『占領戦後史』岩波書店、一九九二年
竹前栄治『改訂増補版　GHQ労働課の人と政策』エムティ出版、一九九一年
竹前栄治、中村隆英監修『GHQ日本占領史　第一巻　GHQ日本占領史序説』日本図書センター、一九九六年
西尾勝『行政学（新版）』有斐閣、二〇〇一年
平野孝『内務省解体史論』法律文化社、一九九〇年
福沢真一「占領改革と警察権限の縮小――昭和二二年警察改革の政治過程を中心に」『政治経済史学』一九九九年十一月号
増田弘『公職追放――三大パージの研究』東京大学出版会、一九九六年
升味準之輔『日本政治史　四　占領改革、自民党支配』東京大学出版会、一九八八年
村松岐夫編『テキストブック　地方自治』東洋経済新報社、二〇〇六年
日本行政学会編『年報行政研究』通算第五号、一九六六年十月
「行政改革」『法律時報』一九八一年三月、臨時増刊号
「新たな臨時行政調査会の設置について」『行政管理研究』一九八一年三月号

福沢　真一

第6章

第二次臨調の設置と新自由主義

はじめに

日本における行政改革について、昭和五六年（一九八一年）に設置された第二次臨時行政調査会（第二次臨調）とその答申に基づいた中曽根行革が代表的な成功例としてしばしば挙げられる。確かに、第二次臨調において、国鉄・電電公社・専売公社の三公社民営化を提言し、その後の中曽根行革がこれを実現するなど、非常に大きな成果を収めたことに異論はなかろう。ただし、ともすれば、最大の成果ともいえる三公社民営化のみが注目され、その他の改革内容や、そもそも第二次臨調が目指した改革の全体像と中曽根行革の関係などに関する言及がいささか少ないようにも見受けられる。

そこで、本章においては、第二次臨調の設置とその後の活動、また、中曽根行革に反映された成果と課題について検討を行う。それにより、第二次臨調が日本の行政改革において占める位置やその意義について考察を加えたいと考えている。また、後述するとおり、当時は二度にわたる石油危機の発生により、先進諸国では、従来の社会民主主義的な福祉国家を運営するための財政負担に耐えられなくなり、政府の在り方について根本的な転換を模索していた時期でもあった。かかる国際的な潮流の中で、日本において展開された第二次臨調及び中曽根行革は、他国の行政改革といかなる関係を有したのかということについても言及したい。

1 第二次臨調の設置

昭和三〇年代から四〇年代にかけて、日本は大幅な経済発展を遂げた。いわゆる、高度経済成長期である。昭和三一年（一九五六年）の経済白書において、「もはや戦後ではない」と述べられるなど、戦後の復興を着実に果たしていったのである。当該時期において、昭和四三年（一九六八年）には、日本はGNPにおいてアメリカに次いで世界第二位となるなど、経済大国としての地歩を固めていった。

目覚ましい経済的発展を遂げる一方で、昭和四〇年代以降の高度経済成長期後半には、国民の関心は「経済的な豊かさ」以外の点にも向けられることになった。高度経済成長の反面で広がりつつあった公害問題への対策や、昭和四七年（一九七二年）にベストセラーとなった有吉佐和子の『恍惚の人』の反響などから「老人問題」に対する関心が高まるなど、国民が政府に対して望む政策分野は拡大していった。

かかる世論を反映して、一九七〇年代前半には、反公害、福祉政策の充実、護憲などを掲げた「革新自治体」が全国に誕生した。これらの「革新自治体」は、環境や福祉などの政策において、しばしば国よりも先進的な政策を実施して、国民から高い評価を得ていた。たとえば、昭和四四年（一九六九年）には、秋田県と東京都が高齢者医療費の無料化に踏み切ったことなどを挙げることができる。かかる状況を受け、政府は、佐藤栄作内閣の下で昭和四二年

（一九六七年）に公害対策基本法制定を、また、昭和四八年（一九七三年）には田中角栄内閣の下で七〇歳以上の高齢者医療費の無料化を実現している。

他方、昭和四年（一九二九年）に発生した世界大恐慌以降、市場に対する信頼は低下し、経済に対する政府の介入・統制が拡大するなど、政府機能が拡大して行政国家化する傾向が世界各国で見られ、同時に自由主義諸国にあっても社会民主主義が主流のイデオロギーになるなど、「大きな政府」を志向していた。

かような国際的潮流と、国内における世論の動向とが相俟って、日本においても「大きな政府」、あるいは「福祉国家」が志向され、前述の福祉政策が展開されるなど、政府の財政規模は拡大しつつあった。にもかかわらず、財政負担の増大がさしたる問題とされなかったのは、高度経済成長期にあって、税収の自然増がかかる財政規模の拡大を支えることが可能であったことが大きい。

また、昭和四七年に首相となった田中は、東京一極集中や、都市部における過密、農村部における過疎の問題を解決するとして、地方における鉄道・高速道路網の整備などを謳った「日本列島改造論」を持論とし[1]、建設国債の発行により公共事業を拡大していった。田中の政策は、高度経済成長の維持を企図した積極財政であったが、かような政策は全国的な地価の高騰をもたらし、インフレーションの傾向が強まった。

しかし、田中の積極的な財政運営に大打撃を与える事件が発生した。第一次石油危機である。昭和四八年に勃発した第四次中東戦争によりイスラエルと対峙していたアラブ諸国は、原油生産の削減と原油価格の引き上げ、さらにイスラエル支援国家に対する石油禁輸措置などを発表した。このため、原油をはじめとするエネルギー資源の多くを輸入に頼る日本では、石油価格の高騰により景気が停滞したのみならず、石油危機による便乗値上げなども多発し、急逝した愛知揆一に代わって行政管理庁長官から蔵相となった福田赳夫によって「狂乱物価」と名付けられる急激なインフレーションが発生した。福田による総需要抑制策などのインフレ抑制政策により、インフレーションは沈静化したが、昭和四九年（一九七四年）の日本経済はマイナス成長となるなど、高度経済成長期は終焉を迎えた。かくて、日本は低成長期へと移行したが、これに伴い、「右肩上がりの経済」を前提とする社会保障をはじめとする諸制度の見直しが求められることになるのである。

しかし、実際には、「大きな政府」路線が堅持され、第一次石油危機以降の不況により税収が減少したにもかかわらず、一般会計における歳出は増加の傾向にあった。このため、赤字国債の発行により税収の不足分を補わざるを得ない状況が続いた。その結果、昭和五二年（一九七七年）以降は一般会計における国債依存度が三〇パーセントを超えるなど財政状況は悪化していった(2)。そして、昭和五六年には国債発行残高が対ＧＤＰ比において三〇パーセントを、金額にして八二兆円を超えるなど(3)、財政状況の改善が喫緊の課題とされるようになった。

国債発行に依存する財政運営に対して、大蔵省は増税によって税収の増加を図り、財政の健全化を企図した。かかる大蔵省の意図は、昭和五四年（一九七九年）、大平正芳内閣における一般消費税導入案などに窺うことができる。しかし、総選挙における大敗など、増税に対する国民の強い不満を受けて大平は一般消費税構想を撤回せざるを得なかった。ただし、財政状況を改善しなければならないことは国民にも認識されており、それゆえに、世論は増税を行うよりも先に行政改革によって歳出を抑制すべきことを求めたのである。

一方、大平内閣は、昭和五五年（一九八〇年）五月、自民党内における主流派と非主流派の対立から内閣不信任決議の可決を許した、いわゆる「ハプニング解散」により解散総選挙を余儀なくされた。しかし、選挙戦の最中に大平が急逝したため、大平に対する同情から、選挙前の予想を覆して自民党が大勝し、大平の後継として大平派の鈴木善幸がいわゆる「西村裁定」によって自民党総裁に選出され、首相に就任した。このとき、大平の後継として総裁候補に挙がった中曽根康弘は、鈴木に協力して鈴木内閣における主流派となったが、内閣において得たポストは行政管理庁長官であった。これは、重要ポストである蔵相に中曽根の派閥の後輩で、当時、一時的に中曽根派を離れていた渡辺美智雄が就いたことから、総裁選における有力な対立候補として鈴木に警戒され、閑職を充てられたと考えることもできる。しかし、中曽根は大平内閣の際に明確となった課題である行政改革に対して積極的に取り組んだ。七月に発足した鈴木内閣の下、一一月には中曽根の主導により臨時行政調査会設置法を可決成立し、行政改革を進める準備を確実に進めたのである。そして、経団連前会長の土光敏夫を会長に迎えて、昭和五六年（一九八一年）三月一六日に第二次臨調が設置された。第二次臨調は、昭和三七年（一九六二年）に設置された臨時行政調査会（第一次臨調）に範を採り、事務局を行政管理庁が務め、審議会の委員は各界を代表する有識者で構成されたほか、専門の研究に従事する専門委員が二一名、参与に四九名が任命されるなど[4]、かなり規模の大きな審議会となった。因みに、第二次臨調は、会長の土光以下、会長代理に円城寺次郎（日本経済新聞顧問）、宮崎輝（旭化成工業社長）、瀬島龍三（伊藤忠商事会長）、丸山康雄（総評副議長）、金杉秀信（同盟副議長）、谷村裕（元大蔵次官）、林敬三（日本赤十字社社長）、辻清明（国際基督教大学教授）の九名を委員として構成された。また、この他に、専門委員として加藤寛（慶應義塾大学教授）や、屋山太郎（時事通信社編集委員）などが任命されているが、委員・専門委員などにおいて、財界・労働界からのメンバーが過半を占めたことがその特徴であった。

第二次臨調においては、「増税なき財政再建」をスローガンとしたことなどから、広く世論の支持を得ることに成功したといえるが、これは、臨調会長を引き受ける際に、土光が鈴木に対して要求した四カ条に基づいている。その四箇条とは、「首相は臨調答申を必ず実行するとの決意に基づき行政改革を断行すること」、「増税によらない財政再建の実現」、「各地方自治体を含む中央・地方を通じての行革推進」、「3K（コメ、国鉄、健康保険）の赤字の解消、特殊法人の整理・民営化、官業の民業圧迫排除など民間活力を最大に生かすこと」である[5]。かような土光の決意を受けて、鈴木も「行革に政治生命を懸ける」と表明するなど[6]、行政改革に対して本格的に取り組む姿勢を見せた。以降、鈴木内閣及び中曽根内閣を通じて、第二次臨調の答申にリードされる形で行政改革が進められ、国鉄・専売公社・電電公社の三公社民営化などに代表される「中曽根行革」が展開されるのである。

2　第二次臨調の活動

鈴木首相によって設置された第二次臨調に課せられた最大の課題は、財政の健全化であった。すでに、大平内閣当時において、歳入欠陥は明確となっており、大蔵省は、当時、欧州において導入されていた付加価値税制度に着目して、一般消費税制度の導入により財政状況の改善を図ろうとした。しかし、二度にわたる石油危機を克服し、経営努力を重ねていた財界を中心に、世論は、安易ともとれるかような増税案に対して強く反発し、まずは行政の無駄をなくすことから着手すべきであるとして、行政改革が有力な政治課題として浮上したのである。

かかる情勢から、臨調は昭和五六年三月の設置から間もない昭和五六年七月一〇日に、第一次答申の提出を行っている。これは、昭和五七年度予算の編成作業の開始前に、予算の編成方針を明確化させる必要があったため、設置後、四カ月以内の答申の提出が求められたためであった。大蔵省は、財政再建を行いつつ従来の財政規模を維持するためには、二兆七〇〇〇億円の歳入欠陥が生ずるとの判断に立っていた(7)。ゆえに、土光がスローガンとした「増税なき財政再建」実現のためには歳出を大幅に削減せねばならず、臨調に対して、その歳出減額のための具体的な方針を提示するように求めたと考えられる。第一次答申の提出にあたり臨調は、一週間のうちに二日から四日の会合を開いて、各省庁や業界をはじめとする各種団体、政党各派に対するヒアリング・懇談を行うなど非常に活発に活動しており、さらに、土光をはじめ主要委員が大阪や名古屋など全国六都市において「一日臨調」を開催するなど、世論の把握に努めた(8)。

こうしてまとめられた第一次答申は、昭和五七年度予算の編成を念頭に置いた「緊急提言」となり、生活保護を除く補助金の一括抑制や、国民健康保険の国庫負担分を地方負担に転ずることに関する検討、年金支給開始年齢及び保険料の引き上げ、四〇人学級編成計画の凍結、公共事業関連予算の前年同額以下への抑制、国家公務員削減の強化、国家公務員の給与抑制など、歳出をいかに削減するかに重点を置いた内容となった(9)。そして政府は、第一次答申に対して「最大限尊重し、速やかに所要の施策を実施に移す」とする基本方針を確定し、土光が臨調会長就任の際に求めた「政府による臨調答申の実行」に応えた。

臨調は第一次答申の提出後にその組織を改めている。結成時の組織は、木内信胤（世界経済調査会理事長）を部会長とし、行政の理念及び中長期におけるヴィジョンの確立について検討を加える第一専門部会、亀井正夫（住友電工会長）を部会長とし、中央・地方の支出削減と収入確保について検討を加える第一特別部会、加藤を部会長とし、中央・地方の行政の合理化・効率化について検討を加える第二特別部会から成っていた。もっとも、組織上は八の専門部会と上述の二つの特別部会があったが、実際に委員を配置して活動したのは上述の三部会のみである。第一次答申提出後にはかかる部会の構成を、第一次答申における「今後の検討課題」の内容に沿って、以下の四部会編成とした。すなわち、梅本正純（武田製薬副社長）を部会長とし、行政の果たすべき役割と重要行政施策の在り方を検討する第一部会、山下勇（三井造船社長）を部会長とし、行政組織及び基本的行政制度の在り方を検討する第二部会、亀井を部会長とし、国と地方の機能分担及び保護助成・規制監督行政の在り方を検討する第三部会、加藤を部会長とし、三公社五現業、特殊法人の在り方に検討を加える第四部会である。かかる組織再編を進め、翌年の七月を目途に、行政改革に関する基本的答申の提出に向けて臨調は活動を活発化させていくのである。

政府は第一次答申に基づき、八月二五日には「行財政改革に関する当面の基本方針」を閣議決定し、「行革関連特例法案」を取りまとめて九月二四日に召集された第九五回臨時国会に提出した。同国会は、「行革関連特例法案」の審議や、国家・地方公務員の待遇に関する問題、老人保健法案に関する問題など、行財政改革に関連する問題が多く審議されたため、「行革国会」と称された。「行革関連特例法案」は、昭和五七年から五九年（一九八四年）の二年間に限った臨時法として提案され、一一月二七日には可決されるなど、答申内容の実現に道筋がつけられた。その一方で、歳出の削減に対して、福祉・文教・地方の各分野に対する補助金等の削減などが多く含まれたことから、それらの分野に対する「切り捨て」との批判がなされたほか、昭和五八年（一九八三年）度以降の予算編成に関して「増税なき財政再建」の基本方針を維持することが可能か否かについて議論が集中するなど、行財政改革に関して新たな課題が提示されることになった。特に、行政機構や特殊法人の整理、許認可等に係わる行政事務の在り方、地方への権限移譲などが重要な課題であった。

臨調は、昭和五七年七月に予定していた行政改革に関する基本答申の提出に先立ち、早期に取りまとめ得る内容については、随時、答申として提出していく方針を示していた。このため、「行革国会」においても取り上げられた行政の許認可事務に関して、第三部会に分科会を設置して、許認可事務の整理・合理化に関する検討を積極的に進めた。その結果、昭和五七年二月八日に、許認可の整理・合理化に関して第二次答申を提出した。第二次答申においては、車検や自動車免許更新手続きの簡素化など日常生活に関する規制緩和や、輸入検査など貿易摩擦に関する規制緩和、電電公社のデータ通信に関する独占の見直しなど経済活動に関する規制緩和などが提言された(10)。

臨調は昭和五七年七月の基本答申の提出に向けて各部会が活発に活動していたが、第一部会と第三部会の取り扱う問題が多岐にわたるため、両部会にはいくつかの分科会が設置された。第一部会では、公務員問題担当の第一分科会、行政手続きや情報に関する問題を担当する第二分科会、財政制度問題を担当する第三分科会を、第三部会では、許認可を担当する第一分科会、中央・地方関係を担当する第二分科会をそれぞれ設置し、分科会を中心に審議を進めていた。しかし、臨調の活動に対して、各省庁の中には依頼された改革案の提出を遅らせるなど、抵抗を表面化させるものもあり、報告がまとまらず、昭和五七年三月に予定されていた部会報告を五月に延期せざるを得ない状況となっていた。かかる状況にあって、昭和五七年三月一日、中曽根行管庁長官は、臨調の基本答申を二回に分割し、調整が難航している課題については一一月に先送りすることを提案した。臨調の反発をよそに、中曽根の指示を受けた臨調事務局は、話題性の高い三公社民営化や行革の理念以外の項目を事実上先送りする答申案を作成したが、土光会長以下、臨調が強く反発したため、答申の分割提案は取り下げられ、七月の基本答申は二四項目を盛り込んだ広汎な内容となるのである。(11)

昭和五七年五月半ばから末にかけて、臨調の各部会報告が行われ、その後、約二カ月間の審議を経て、七月三〇日に第三次答申（基本答申）が首相に提出された。答申は三部構成となっており、第一部が「行政改革の理念」、第二部が「行政改革の基本的方策」、第三部が「改革の手順と今後の検討課題」であった。その内容についてみると、第一部では、行政改革を進めるにあたっては、「変化への対応」、「総合性の確保」、「簡素化・効率化」、「信頼性の確保」の四項目を念頭に置くべきであるとし、目標を「活力ある福祉社会の建設」と「国際社会に対する積極的貢献」の二点とした。そして、財政再建にあたってはかねてよりの方針である「増税なき財政再建」を堅持し、歳出削減を第一として、一般政府総支出の対GNP比の現状維持を掲げた。また、長期的には国民負担率を現状の三五パーセントよりは上昇するとしても、欧州諸国の五〇パーセント前後の負担よりは低く抑えるべきことなども併せて述べている。第二部は五章からなる。第一章では、行政各分野の問題点を列挙し、農業・社会保障・文教の各分野については行政の果たすべき役割・責任領域の見直しを、外交・経済協力・防衛の各分野については行政運用の改善を、国土・住宅・エネルギー・科学技術の各分野では、行政の責任領域と運用の双方の見直しを、税制については公平性の確保をそれぞれ求めている。第二章では、行政組織及び総合調整機能に関して、総理府人事局と行政管理庁の統合による「総合管理庁」設置案、国土庁と沖縄開発庁、北海道開発庁の統合や科学技術関係機関の相互関係の見直し、行政組織再編基準、行政組織改編の法律事項から政令事項への移管などを掲げている。第三章は公務員制度に関して、公務員の在り方、給与の在り方、人事交流の活発化など人事管理機能に関する提言がなされている。そして、第四章では中央・地方関係に関して、機関委任事務に関する問題や必置規制の整理・合理化、地方財政の合理化・効率化、市町村合併を中心とする広域行政化、地方行政の減量化などを求め、第五章では、公社・特殊法人の改革に関して、国鉄・電電公社・専売公社の民営化について述べている。第三部においては、改革手順について述べた後、今後の検討課題として、「公務員組織及び公務員制度の見直し」、「特殊法人・現業等の改革」「予算の編成・執行、財政投融資等の効率化、合理化」、「許認可制度、補助金制度の改善合理化」、「行政情報、行政手続、オンブズマン等に係る制度の整備」の五点を挙げている(12)。

第三次答申提出と同時に、土光は政府に対して答申実行を求める談話を発表したが、八月一〇日には臨調答申を最大限に尊重する政府声明を閣議決定するなど、鈴木以下政府は迅速に対応した。また、自民党も八月六日には臨調答申尊重の基本方針と党声明を発表し、八月一〇日に政府・自民党行政改革推進本部で、国鉄改革に関する国鉄再建監理委員会設置法案の秋の臨時国会への提出、電電・専売両公社民営化の行政改革推進本部常任幹事会での検討、九月中に厚生大臣を年金問題担当大臣として指名し、年金制度一元化に着手することの三点を中心とする橋本龍太郎自民党行財政調査会長の私案を了承するなど、答申の実現に向けて積極的に協力する姿勢を示した。そして、九月二四日に政府は「今後における行政改革の具体化方策」（行革大綱）をまとめ、三公社改革、公務員給与引き上げの見送り、年金改革・医療制度の合理化・農業政策に関する構造政策への移行、昭和五八年度予算編成の合理化、行政組織の見直しなどの五点を重要項目として示した。

かくて、臨調の答申に基づいた行政改革は着実に進展するかに見えたが、特に、省庁の再編など、行政組織の見直しに関する項目は難航した。たとえば、臨調は昭和五七年九月三〇日までに各省庁に対して省庁組織の再編に関する改革案の提出を求めていたが、期待した改革案を得られないなど、明確な抵抗に直面していたのである。

臨調を中心とする行政改革は課題を残しつつも進展していたが、財政改革は歳入欠陥という重大な問題に直面していた。これは、景気の低迷による税収の落ち込みが主たる要因となり、九月には六兆一五〇〇億円に上る歳入欠陥が明らかとなった。大蔵省は国債整理基金への定率繰入の停止や赤字国債に関する借換債の発行を決定するなど危機的状況となり、鈴木は九月一六日、記者会見で「財政非常事態宣言」を行った。

かかる情勢の下、高等学校における日本史教科書の記述内容をめぐり中国・韓国から抗議を受けた、いわゆる「教科書検定問題」を解決して訪中を終えた鈴木は、一〇月一二日、突如として党四役に対して次期総裁選不出馬を伝え、退陣を表明した。これは、政治的責任を取ると明言した財政再建に事実上失敗したことや、内閣不支持率の上昇により党内から交代論が出たことなどが背景にあると考えられる(13)。

行革大綱の実施については、臨時国会を開いて法整備を進める予定であったが、鈴木の退陣表明により、臨時国会の開催が困難となった。このため、準備の進みつつあった各種行革関連法案は、混乱する政治状況の打開を待つことになった。

一一月二四日、安倍晋太郎、中川一郎、河本敏夫、中曽根の四名で争われた自民党総裁予備選挙では、中曽根が投票総数の五七パーセントを獲得したため、他の候補が本選挙を辞退した。これにより、中曽根が自民党総裁に就任し、続いて一一月二七日に首相に指名された。中曽根は鈴木内閣における行管庁長官であり、「行革三昧」として鈴木内閣における行財政改革の方針を継続することを表明した。

一方臨調は、基本答申において残された課題の検討を各部会において進め、一二月から翌五八年一月にかけて部会報告を行うなど、昭和五八年三月に予定される最終答申の提出に向けての準備を進めていた。最終答申に向けて中心的な議題となったのは次の五点である。第一は、「増税なき財政再建」の基本方針の確認である。大規模な新規政策には財源の保証が必要であるとする部会報告が、大型間接税などの大規模増税を容認するものとの懸念があり、最終答申において「増税なき財政再建」について言及すべきこととされた。第二は、行政における総合企画機能の問題である。すなわち、政府の総合調整機能を高めるための機関として、省庁レベルでの再編を回避して「総合企画会議」を設置するか、あるいは「総合企画庁」を新設するかという議論であるが、結果的には「総合企画庁」設置案は議論が十分でないとして答申での提言が見送られることになる。第三は、地方事務官制度に関する問題である。国家公務員でありながら都道府県の指揮・監督を受ける地方事務官を廃止して事務を地方に移管すべきであるとする意見もあったが、所管事務を国の直轄とした上で、地方事務官の身分を各省事務官とすることが適当であるという議論が大勢を占めた。第四は、郵便貯金事業に関する問題である。部会報告では、官業は民業の補完に徹するべきであるとして郵貯に対する抑制を求めたが、これは銀行の立場に偏った提言であるとする批判が国民各層から幅広く起こり、最終答申では、郵貯抑制などに関して修正を加えることとした。第五は、公務員給与に関する問題である。部会報告においては、人事院勧告制度が有効に機能しない場合、権威ある審議機関を設けて抜本的な検討を進めることを提言したが、最終答申では、人事院勧告制度の維持など、基本答申の内容を維持することとして、部会の報告内容は削除することになった(14)。

臨調は最終答申の提出に先立ち、昭和五八年二月二八日、第四次答申を提出した。これは、行財政改革に関する提言ではなく、臨調が三月に解散となることを受けて、臨調解散後の行財政改革推進体制として、行政改革推進委員会の設置を提言したものであった。

その後臨調は、昭和五八年三月一四日に、前述の五点の課題を中心に、補助金の整理・合理化や各種の規制緩和、財政投融資や特別会計などの財政制度の検討、行政手続きや情報公開などの各課題に関して提言した第五次答申（最終答申）を政府に提出し、翌一五日、解散した。

内閣は臨調の最終答申を受けて、三月一八日に答申の最大限尊重を閣議決定し、五月二四日には「臨時行政調査会の最終答申後における行政改革の具体化方策について」（新行革大綱）を閣議決定するなど、鈴木内閣と変わらず、行革に積極的に取り組む姿勢を明らかにした。ただし、新行革大綱では、国鉄及び電電・専売両公社の民営化等については速やかな実施を確約したものの、国土三庁統合をはじめとする省庁再編など、行政組織に関する改革については検討事項とされるなど、答申内容実現の取り組みにおいて差異が生ずることになった。

かくて第二次臨調は二年間の任期を満了して解散した。臨調の答申内容の実現は、中曽根内閣の下で設置された臨時行政改革推進審議会（行革審）に委ねられ、いわゆる中曽根行革として結実していくことになるのである。

3　第二次臨調の成果と課題

第二次臨調が五次にわたる答申において示した行財政改革に関する基本方針は、第二次臨調解散後、三次にわたって設置された行革審の監視の下、推進されることになった。特に、中曽根内閣の下で着手された国鉄、電電、専売の三公社民営化は、国民の目に見える行政改革の成果として高く評価されている。

そもそも、第二次臨調は第一次臨調をモデルとして設置されたが、その目的とするところは大きく異なるものであった。第一次臨調が高度経済成長を迎えるにあたって、拡大する行政需要に対応するべく行政の近代化を志向したのに対し、第二次臨調は石油危機により高度経済成長が終焉を迎え、低成長に移行する中で、歳出削減のため行政の整理・合理化を志向するものであった。ただし、第二次臨調は、明治期以来繰り返し行われてきた「行政整理」、すなわち、行政管理的手法による行政組織の整理・縮小に留まることなく、官と民の関係の見直しなど、より巨視的な視点からの行政改革を目指しており、かかる目的を掲げたことは画期的であった。つまり、第二次大戦後、先進諸国において当然とされてきた「大きな政府」論を見直し、「小さな政府」論への転換を図ったのである。

かかる政府の在り方をめぐる方針の転換は、日本においては、「一九四〇年体制」からの脱却であると見ることもできよう[15]。総力戦体制として昭和一〇年代初頭に形成された統制経済型の社会システムは、戦後も継承され、高度経済成長に寄与したが、その後の経済成長や日本をめぐる国際的環境の変化により、その矛盾を露呈した。経済活動をめぐる様々な規制や、食糧管理制度に基づく生産者米価の設定、さらには源泉徴収制度に対する不公平感など、多くの面で「一九四〇年体制」に対する批判が高まり、かようなシステムに対する改革が求められたのである。

また、行政改革を推進するにあたって、審議会形式を採用した点では第一次臨調をモデルとしているが、第一次臨調の答申内容の多くが実現しなかったことを踏まえ、鈴木や中曽根など、政権中枢と緊密な協力関係を形成し、高い権威をもって答申内容の実現を政府・与党に確約させた点が大きく異なっている[16]。ゆえに、第二次臨調は、以降、一九九〇年代後半に展開された行政改革会議、通称「橋本行革」に至るまで、行政改革の課題や基本方針、手法などの多くの面で影響を与えることになった。

さて、第二次臨調の答申に基づく改革の成果としては、前述のとおり三公社民営化を筆頭に、歳出削減を中心とした財政再建策の策定、「民間事業者の能力の活用による特定施設の整備の促進に関する臨時措置法」(民活法)の制定に代表される民間活力の活用、「総合管理庁」構想を基にした総務庁設置、各省庁の内部部局の設置を法律事項から政令事項へと移管したことなどが挙げられる。理想的な内容の答申という評価であったにもかかわらず、答申内容のほとんどを実現できなかった第一次臨調と比較して、答申内容の完全な実現には至らなかったにせよ、第二次臨調は、「中曽根行革」に対して多大な影響を与えたといえよう。

第二次臨調がかかる成果を収めた理由には、前述のように、政権中枢との緊密な協力関係のほかに、大蔵省の協力的態度を挙げることができよう。財政再建を喫緊の課題としていた大蔵省は、臨調の提示する「増税なき財政再建」、すなわち、歳出削減・抑制を中心とする財政運営に理解を示し、予算編成におけるマイナス・シーリングの設定などにおいて、臨調とともに他省を説得する立場に立った[17]。

また、一九八〇年代には、従来の官僚主導の政策決定から、五五年体制下の長期与党の経験を基に自民党の各部会や族議員が政策決定に影響力を及ぼす、いわゆる「党高政低」の状況に移行しつつあったと考えられるが、臨調は族議員との提携にも成功した。たとえば、自民党最大派閥の田中派は、領袖の田中自ら臨調の改革路線に理解を示すなど、臨調に対して協力姿勢をとった。かかる族議員に対する関係は、特に三公社民営化において大きな影響を及ぼし、国鉄族の三塚博、電電族の金丸信らの協力は民営化の進展に寄与したのである[18]。

加えて、第二次臨調においては、関係するアクター間の調整を臨調のメンバーが中心となって進めた特徴があった。いわゆる「裏臨調」である[19]。瀬島を中心とする臨調メンバーが、関係各省の官僚や自民党の族議員、さらには、国鉄などの関係団体の職員などと少数で臨調の審議の事前に会合を開き、意見の調整を進めたのである。臨調が対象としたすべての課題において有効であったとは言い難いが、国鉄の分割・民営化など、いくつかの重要課題の解決にあたって、かかる調整は有効に機能したと考えられる。

第二次臨調が官僚及び族議員の抵抗を抑制し得たのは、国民各層からの臨調及び行政改革に対する支持であった。臨調発足後間もなく、ＮＨＫの特集番組を通じて[20]、臨調会長である土光の質素な日常生活と行政改革に寄せる熱意を広く国民に報じた。このため、「増税なき財政再建」を掲げる「メザシの土光さん」として、国民の間に土光が臨調のシンボルとして定着し、さらには、幅広い支持を獲得することに成功したのである。また、マスコミ各社も臨調と行政改革を支持する論調を展開するなど、臨調はマスコミを通じた世論形成において概ね成功を収めたと考えられる。

国民の行政改革に寄せる期待と支持は、行政改革をアジェンダとして設定した中曽根の政治的リーダーシップを強化した。中曽根は、比較的弱体であった党内基盤を世論の支持で補強し、利益誘導や既得権益の保護に傾く自民党と距離を置き、各部会や族議員の活動を抑制する一方で、族議員らを無視することなく、行財政調査会長であった橋本を中心に調整を進め、族議員との提携にも成功するのである。かくて中曽根は、臨調と世論という自民党外からの支持を調達し、有効に活用することで行政改革において成果を挙げていくのである。

上述のように、比較的大きな成功を収めたと考えられる第二次臨調と中曽根行革ではあるが、大きな課題もいくつか残された。第一には、行政組織の整理・合理化を掲げたにもかかわらず、中央省庁の組織再編及び中央・地方関係における国の様々な権限の地方移譲など、中央行政機構に係わる問題のほとんどは未着手に終わった。すなわち、中央省庁を対象とした行政改革は、方針を示すのみに留まり、実効性を有するものにはならなかったのである。このため、中央省庁の再編は「橋本行革」の成果として平成一三年（二〇〇一年）から展開される省庁再編を、中央・地方関係に関する問題の解決の多くは平成一二年（二〇〇〇年）の「地方分権の推進を図るための関係法律の整備等に関する法律」（地方分権一括法）をそれぞれ待たねばならなかった。

また、第二次臨調が設置された際の重要目標であった財政再建であるが、赤字国債からの脱却を平成二年（一九九〇年）に果たすなど、一定の成果を挙げたと考えられる。しかし、それは昭和六〇年（一九八五年）のプラザ合意を遠因とするとされる投機を中心とした好況、いわゆる「バブル景気」による税収の自然増によるものであった。昭和六二年（一九八七年）に設置された第二次行革審が、「土地臨調」と通称され、第二次臨調答申の実現よりも折からの地価高騰への対応が中心的課題となったことなどに「バブル景気」の実態を垣間見ることができよう[21]。かかる財政状況の改善は、新自由主義的観点から「大きな政府」から「小さな政府」への転換を企図した臨調の基本方針と異なる方向へ状況を推移させた。すなわち、財政状況の改善を受けて構造改革を進め、歳出の規模を維持して累積した赤字国債の償還を進めるのではなく、社会福祉分野をはじめ公共事業などを対象として事業規模を拡大し、歳出を拡大したのである。かかる財政運営は、「バブル景気」崩壊後も景気対策の観点などから継続され、国・地方の双方に膨大な債務残高を残すことになり、一九九〇年代後半以降、再び、財政は危機的状況に陥ることになる。

その他の課題としては、民営化された三公社における民営化の格差がある。たとえば国鉄は、膨大な累積赤字を抱え、経営においてもモラルハザードが発生するなど、世論も強く民営化を支持していた。その一方で、運輸省や国鉄、さらに国鉄労働組合（国労）などは、民営化だけでなく、国鉄の分割も進めようとする第二次臨調に対して対決姿勢を取るなど、民営化の推進は非常に難航した。しかし、加藤を中心とする臨調メンバーの活動により、元運輸次官の住田正二や、国鉄内部の改革派である葛西敬之・井出正敬・松田昌士の「国鉄改革三人組」などが臨調と協調して分割・民営化に協力したほか、国鉄動力車労働組合（動労）も分割・民営化を容認するなど、状況は分割・民営化に向けて推移した。そして、国鉄側の反発が激しかったため、「国鉄再建監理委員会」が設置されるなど(22)、かえって分割・民営化が確実に進められる結果となった。一方、経営状況が黒字であった電電・専売両公社は、国鉄に比して世論を喚起して民営化を進める積極的な根拠に乏しかった(23)。特に、電電公社においては、石川島播磨重工業社長から初の民間出身総裁となった真藤恒が、民営化に積極的であったことなどもあり、民営化の推進は電電公社に一任されるなど、明らかに国鉄とは異なる取り扱いとなった。このため、臨調の示した分割案に難色を示していた電電公社は、結局、分割を実施することはなかった。しかし、その後、情報通信産業分野の急速な発展に対して、巨大企業ゆえに機動力を欠いたNTTはインフラ整備などに後れを取った。分割・民営化を徹底し、その後も比較的好業績を挙げたJR各社とNTTとの間で、民営化の徹底度の差異が各企業の業績に反映されることになったのである。

また、民活法により幕張メッセやパシフィコ横浜、東京湾横断道路など多くの施設が官民合弁で整備されたが、関西国際空港の運営などにも導入された「第三セクター」方式の在り方には課題が残された。公共施設の整備に民間が参画するという点では、後年のPFI制度に類似するようにみえるが、競争原理や市場原理を公的分野に導入し、官民間の役割分担や事業責任の明確化などを伴うPFI制度と異なり、「第三セクター」方式は、事業主体が官民合弁で設置・運営されるため、官民間の役割分担などが不明確となる上、民間の持つ事業運営に関するノウハウが発揮されないことも多々見られるなどの問題が生じた[24]。特に、「第三セクター」方式による事業は、国鉄民営化に伴い廃止される予定であった赤字路線の運営などに多く活用されたこととも相俟って、国や自治体が出資するため、コスト意識等に乏しく、杜撰な事業計画で運営されて多くの事業破綻を生み出す結果となった。

第二次臨調は、以後の行政改革における基本的な方針と課題を示し、また、中曽根行革における三公社の民営化など目に見える成果を挙げたことで、日本の行政改革において重要な意義を有する存在であった。しかし、その答申内容の実現については、すでに見たように、多くの課題を残しており、その解決には一九九〇年代後半から二〇〇〇年代にかけての「橋本行革」や「小泉改革」を待たねばならなかったのである。

4　中曽根行革と国際的潮流

昭和四八年の第一次石油危機は、日本の高度経済成長期を終焉させ、赤字財政再建のために第二次臨調に始まる行財政改革を導いたことはすでに見たとおりである。かかる状況は日本に限らず、多くの先進諸国において政治・経済システムの再編を重要な課題として浮上させた。世界大恐慌とその後の第二次世界大戦を乗り切るため、先進諸国は、政治的には福祉政策とケインズ型介入政策を導入する「ケインズ型福祉国家」を、経済的には、経営者と労働組合の協調により生産性の向上と引き換えに賃上げと雇用の安定を保障して需要を拡大する「戦後和解のシステム」を形成してきた[25]。しかし、石油危機によって惹起された経済不況は、かかる政治・経済システムの維持を困難にして、その見直しが求められるようになったのである。すなわち、「大きな政府」から「小さな政府」への転換が、先進諸国の多くにとって政策課題となった。

かかる状況にあって、一九七〇年代後半から一九八〇年代初頭において、新保守主義を背景として行財政改革に着手した代表的事例が、イギリス、アメリカ、そして日本であった。新保守主義は、ケインズ型介入政策における「政府の失敗」を批判し、市場経済への回帰を説く新自由主義を基幹としている。その特徴として、経済的には、自由主義に基づく市場経済の積極的導入を図るものであり、また、政治的には、行政サービスの効率化や民営化により「小さな政府」を目指し、外交的には自国の安全保障のためには対決を辞さない強硬姿勢を取ることなどを挙げ得る(26)。

さて、日米英のうち、先行して改革に取り組んだのはイギリスであった。昭和五四年（一九七九年）、マーガレット・サッチャー率いる保守党は、イギリス経済の復活と小さな政府の実現を公約として総選挙に勝利し、サッチャー政権が成立した。当時のイギリスは、「ゆりかごから墓場まで」のスローガンの下で充実した福祉政策が展開され、また、石炭や鉄道、通信などの重要基幹産業を国営化していたが、その財政負担は大きく、国家財政は逼迫し、「英国病」と揶揄されるほど経済は悪化の一途をたどっていた。政権を獲得し、首相に就任したサッチャーは、かかる状況を改善するために強力なリーダーシップを発揮して改革を積極的に推進した。その代表的な政策は、石炭・鉄道・電話をはじめとする国営企業の民営化及び関連分野の規制緩和、インフレ克服のための金融引き締め、補助金の削減、福祉政策の見直し、現業部門を中心とする公務員の大幅な人員整理、特殊法人の整理・廃止などであり、新自由主義に基づくものであった(27)。イギリスにおける改革のうち、国営企業の民営化や、公共部門への民間企業の参画は、新公共管理理論（NPM理論）に基づく代表的政策として、英連邦諸国をはじめとする世界各国の行政改革に影響を与えることになる。サッチャー政権下での経済政策は、金融の引き締めなどにより不況を招き、かえって失業者の増大をもたらし、昭和五六年には、ロンドンやリバプールなどで暴動が発生するに至るほどであった。しかし、不況下にもかかわらず緊縮財政を堅持し、財政赤字削減のために増税を行った結果、しだいにインフレが収束し、英国経済の回復に成功するのである。イギリスにおける行財政改革は、これを主導したサッチャーの名に基づき、「サッチャリズム」と呼ばれる。

続いて改革に着手したのはアメリカであった。昭和五五年の大統領選挙で、現職のジミー・カーターを破って当選した共和党のロナルド・レーガンは、アメリカ経済が直面していたスタグフレーションの解決と経済の回復を最大の課題として、改革に取り組んだ。レーガン政権の基本的な方針は、サプライ・サイド経済学に基づき、高福祉・高負担の現状が労働意欲を阻害しているとして、減税と規制緩和によって投資を刺激することにより経済の回復と税収の増加を図り、財政赤字を解消するというものであった。このため、レーガン政権による税制改革は、大幅な減税政策となり、個人所得税を三年間で毎年一〇パーセントずつ引き下げることを掲げた。かかる政策は、財政赤字の拡大を警戒する議会によって若干の修正を受け、初年度のみ五パーセントの引き下げとなったが、二年目以降は提言にしたがい一〇パーセントずつの引き下げが実現している[28]。また、インフレ抑制のために高金利政策を維持したことと相俟って、アメリカのインフレ率は大幅に低下した。しかし、財政赤字の解消については達成できず、むしろ赤字は拡大した。これは、福祉政策の見直しなどで歳出削減を図る一方で、ソ連に対する強硬姿勢をとったことからＳＤＩ構想などの軍事関連予算が大幅に増加したためである。税制改革を中心としたレーガンによる改革は、「レーガノミックス」と呼ばれるが、景気の回復に貢献した一方で、財政赤字の拡大や、高金利政策による外国資本の米国流入と、それに伴う輸出の減少、輸入の拡大などから貿易赤字が拡大し、いわゆる「双子の赤字」を抱えたことなどから批判されることも多い。他方、当該期における経営の刷新が生産性を向上させ、一九九〇年代以降の米国経済の回復の基盤を作りだしたとする肯定的評価もあり、その評価はなおも定まっていない。

さて、日本において展開された第二次臨調及びその答申に基づく中曽根行革は、「大きな政府」から「小さな政府」への転換という国際的潮流を反映したものであり、「サッチャリズム」や「レーガノミックス」における政策を参考とした面もあった。しかし、中曽根行革はこれらの改革と完全に軌を一にするものであるとはいえない[29]。たとえば、第二次臨調及び中曽根行革においては財政再建が至上命題であったのに対して、「サッチャリズム」や「レーガノミックス」においては、新保守主義に基づく構造改革を進めることが最大の目的であり、財政再建はその結果として期待されるものであったことなど、改革における力点の違いを指摘することができよう。ゆえに、日本においてはバブル景気によって財政状況が好転すると、第二次臨調の目指した「小さな政府」に向けての構造改革が放棄されたとも考えられる。このため、バブル景気崩壊後、再び「小さな政府」への構造改革が注目される「橋本行革」以降の行財政改革において、NPM理論に基づくイギリスでの諸改革を参考として独立行政法人制度やPFI制度が本格的に導入されることになるのである。

おわりに

本章において考察したように、第二次臨調は、それ以前において行われた行政改革とは、根本的に異なる目的を掲げた行政改革を目指していた。すなわち、明治期以来断行されてきた行政改革は、戦前において「行政整理」と称されてきたことからも明らかなように、行政管理的手法により、行政組織の肥大化を抑制し、近代化を進めることを目的としていた。他方、第二次臨調は、特に、第二次世界大戦後の国際的潮流であった「大きな政府」の在り方を改め、「小さな政府」への転換を目指すなど、官と民の関係の見直しを進めていくことを念頭に置いた改革を提言した。すなわち、行政管理的手法による行政改革の枠組みを超えた改革を提言し、以降の行政改革における課題を明確に示した点にその大きな特徴があるといえる。

第二次臨調と中曽根行革は、先行した英米両国における行財政改革、すなわち「サッチャリズム」と「レーガノミックス」から影響を受けた面もあった。これらの行財政改革は、新保守主義に基づき、「小さな政府」を目指すという基本路線については共通であるといえる。しかし、行財政改革における目的が、英米両国では「ケインズ型福祉国家」からの構造改革を最優先としたのに対し、日本が最優先の目的としたのは財政再建であった。かかる改革の目的の違いを考えた場合、先行した英米両国における行財政改革と中曽根行革は、同質の改革であるとはいいがたい。むしろ、「橋本行革」以降の諸政策において、NPM理論に基づいたイギリスでの改革を採り入れており、一九九〇年代以降に展開される行政改革の方が「サッチャリズム」の影響をより強く受けていると見るべきであろう。

また、中曽根行革に結実した成果について見た場合、三公社民営化は確かに大きな成果であったが、中央・地方関係の見直しや、中央行政組織の合理化・再編、規制緩和など、中央省庁の組織・権限に大きくかかわる問題については、多くの提言がなされたにもかかわらず、ほとんど成果を得ることができなかった。さらには、三公社民営化に関しても、三社それぞれにおいて、民営化の程度に差異が生じるなど、課題が残される結果となった。すなわち、民営化に対する抵抗が最も激しかった国鉄が分割・民営化に成功し、その後の経営状況も比較的良好であったのに対し、積極的に民営化を主張した電電公社は分割されることなく一九九〇年代を迎え、著しく進展した情報通信産業の国際的潮流に出遅れるという事態に直面したのである。

なお、第二次臨調の答申内容の実現について考える場合、直後の中曽根行革に留まらず、前述のとおり、「橋本行革」や「小泉改革」に至るまでの行政改革の根本理念を提示したものとして捉え、むしろ、かかる時期において第二次臨調の目指した「小さな政府」に関する構想が実現され始めたと考える方がより適切であろう。

注

（1）田中角栄『日本列島改造論』（日刊工業新聞社、一九七二年）。

（2）『戦後の国債管理政策の推移』（財務省ホームページより http://www.mof.go.jp/jouhou/kokusai/policy/sengo.pdf）。

(3) 同前。
(4) 臨調・行革審OB会『日本を変えた十年――臨調と行革審』(行政管理研究センター、一九九一年)、一五頁。
(5) 飯尾潤『民営化の政治過程　臨調型改革の成果と課題』(東京大学出版会、一九九三年)、三四頁。
(6) 同前。
(7) 亀井正夫「改革は成就させたい」並河信乃編著『検証　行政改革――行革の過去・現在・未来』(イマジン出版、二〇〇二年)、一五頁。
(8) 前掲『日本を変えた十年』、一七―一九頁。
(9) 「行政改革に関する第一次答申」前掲『日本を変えた十年』。
(10) 「行政改革に関する第二次答申――許認可等の整理合理化」前掲『日本を変えた十年』。
(11) 飯尾『民営化の政治過程』、五七―五九頁。
(12) 「行政改革に関する第三次答申――基本答申」前掲『日本を変えた十年』。
(13) 飯尾『民営化の政治過程』、六二頁。
(14) 前掲『日本を変えた十年』、六二―六五頁。
(15) 「一九四〇年体制」に関しては、野口悠紀雄『一九四〇年体制　さらば戦時経済』(東洋経済新報社、一九九五年)を参照されたい。
(16) 第二次臨調の設置にあたって、政府は昭和五六年三月一七日の閣議において、行政改革に抵抗する官僚については、配置転換・左遷も辞さない、という方針を了承しており(飯尾『民営化の政治過程』、三五頁)、また、行管庁長官であった中曽根も行政改革に抵抗する官僚は左遷させることを明言していた(牛尾治朗「土光臨調と小泉改革」並河『検証　行政改革』、五一頁)。
(17) 飯尾『民営化の政治過程』、四四頁。
(18) 田中派並びに田中の第二次臨調への協力と族議員に対する交渉については、「屋山太郎氏に聞く」、「瀬島龍三氏に聞く」(いずれも大嶽秀夫『「行革」の発想』(TBSブリタニカ、一九九七年)などに明らかである。しかし、後藤田正晴は、田中自身は、行政改革に対して積極的ではなかったとする見解を述べている(「後藤田正晴氏に聞く」大嶽『「行革」の発想』)。
(19) 「裏臨調」に関しては、加藤寛著、川野辺裕幸・大岩雄次郎編『加藤寛・行財政改革への証言』(東洋経済新報社、二〇〇二年)や、前掲「屋山太郎氏に聞く」などに詳しい。
(20) NHK特集「八五歳の執念　行革の顔・土光敏夫」NHK総合テレビ(一九八二年七月二三日放送)。

(21)「当面の地価等土地対策に関する答申」・「地価等土地対策に関する答申」(いずれも前掲『日本を変えた十年』に所収)。
(22)「国鉄再建監理委員会」の設置にあたっては、国家行政組織法第三条に基づく機関とするか第八条に基づく機関とするかに関して議論が為されたが、第二次臨調をモデルとして「限りなく三条に近い八条機関」とすることで決着した(前掲『加藤寛・行財政改革への証言』、四七頁)。
(23)同前、五四、五五頁。
(24)宮脇淳「財政改革」並河『検証　行政改革』、一三一—一三五頁。
(25)大嶽『「行革」の発想』、二七頁。
(26)新保守主義に関しては、日本と欧米において意味するところが異なる場合もあるが、本章では、日本における新保守主義に関する理解に基づいて述べる。因みに欧米においては、日本において保守主義とされる伝統主義的、反共産主義的である考え方は、「旧保守主義(Paleoconservatism)」とされ、「サッチャリズム」や「レーガノミックス」など、現在、日本において「新保守主義」とされる考え方が「保守主義(Conservatism)」とされている。なお、欧米における「新保守主義(Neoconservatism)」は、外交政策において独裁政権に対する武力介入と打倒を目指すなど、二〇〇一年の九・一一同時多発テロ事件以降のアメリカにおいて主流となった考え方を指すことが多い。
(27)大嶽『「行革」の発想』、六〇頁。
(28)大嶽『「行革」の発想』、九一、九二頁。
(29)中曽根自身は、サッチャーやレーガンと互いに政策を参考にしあったことがあると述べている。その上で、「サッチャリズム」と中曽根行革は財政赤字を削減した点で類似しているが、「レーガノミックス」は大幅減税の実施により財政赤字を拡大した点が非常に異なっている、と評している(「中曽根康弘氏に聞く」大嶽『「行革」の発想』)。

第6章　参考文献一覧

猪口孝・岩井奉信『「族議員」の研究：自民党政権を牛耳る主役たち』日本経済新聞社、一九八七年
宇治敏彦『鈴木政権・八六三日』行政問題研究所、一九八三年
大嶽秀夫『自由主義的改革の時代』中央公論社、一九九四年

片岡寛光『国別行政改革事情』早稲田大学出版部、一九九八年
川上忠雄・増田寿男編『新保守主義の経済社会政策――レーガン、サッチャー、中曽根三政権の比較研究』法政大学出版局、一九八九年
草野厚『国鉄改革――政策決定ゲームの主役たち』(中公新書)中央公論社、一九八九年
真藤宗幸『行政改革と現代政治』岩波書店、一九八六年
関恒義・室井力編『臨調行革の構図』大月書店、一九八二年
田中一昭『行政改革』ぎょうせい、一九九六年
日本行政学会編『「臨調」と行政改革』『年報行政研究』一九、ぎょうせい、一九八五年
牧太郎『中曽根政権・一八〇六日』上・下、行研、一九八八年
増島俊之『行政改革の視点』良書普及会、一九九六年
増島俊之『行政改革の視点と展開』ぎょうせい、二〇〇三年
臨調・行革審ＯＢ会『臨調　行革審――行政改革二〇〇〇日の記録』行政管理研究センター、一九八七年

門松　秀樹

第7章

省庁再編と構造改革

はじめに

平成五年（一九九三年）の総選挙の結果、自由民主党は過半数を制することができず、日本新党党首の細川護熙を首班とする七党一会派からなる連立政権が誕生した。これにより、三八年間に及んだ五五年体制は終焉し、自由民主党は野党となった。本章では、連立政権時代における政治と行政の関係を中心に分析することで、省庁再編と構造改革の意義について論じる。

1　連立政権の誕生と行政改革

細川連立政権は、七党一会派という多数の政党から構成された連立政権である。また、新たに連立政権に参加した政党の中で、自民党から離党した新生党と新党さきがけ以外、与党として政策形成に関与したことがなかった。そのため、連立政権の意思決定が如何様にしてなされるかが、五五年体制後の重要な課題であった。それは、連立政権が誕生したきっかけが、非自民勢力の結集に絞られていたため、「連立政権樹立に関する合意事項」や「八党派覚え書き」が交わされたものの、各党の具体的な政策調整機能が整っていなかったからである。特に、新生党や日本新党などの保守系と、社会党をはじめとする革新系との間の政策調整には困難が伴うことは当初から予想されていた。閣僚ポストは、新生党五名、社会党六名、公明党三名、日本新党・新党さきがけ・民社党・社民連各一名と議席比率に応じた配分となっている。

平成五年（一九九三年）八月二三日に行われた所信表明演説において、細川首相は以下のように述べている。

……今回の選挙で国民の皆様方から与えられました政治改革実現のための千載一遇のチャンスを逃すことなく、「本年中に政治改革を断行する」ことを私の内閣の最初の、そして最優先の課題とさせていただきます。……また、私は、政治腐敗の温床となってきた、いわゆる政・官・業の癒着体制や族議員政治を打破するために全力を尽くしてまいります。直接、間接を問わず、行政が政治家の票や資金の応援をすることがあるとすれば、その弊害は政治や行政の根幹にまで及ぶことになるだけに、政治と行政との関係改善や、綱紀の粛正に毅然たる態度で臨んでまいりたいと思います。……

このように、細川内閣は「政治改革を断行する」ことによって、「政・官・業の癒着体制や族議員政治を打破し」、「政治と行政との関係改善」を達成しようとしたのである。第一二八国会において、いわゆる政治改革関連法案が提出された。周知の如く、小選挙区比例代表並立制導入を目指すものであったが、野党自民党のみならず、連立与党内にあって中選挙区制維持を願っていた社会党も難色を示していた。同法案は一度は参議院で否決されるものの、細川首相と河野洋平自民党総裁との会談の結果、翌年一月二九日、自民党案に近い形で妥協が形成され、政党助成法などとともに政治改革関連法案が成立した。

政治改革関連法を成立させた細川内閣の次なる目標は、「政治と行政との関係改善」であり、そのためには政・官・業の癒着体制と族議員政治を打破することであった。すなわち、「首相が名実ともにトップに立ち、政治をリードしていく体制をつくることである。首相周辺のスタッフを充実させ、あらゆる緊急課題を的確に判断し、同時に長期のビジョンに基づいて政策立案できる体制[1]」が整った政治主導の確立を目指すものと言える。

第一に政・官・業の癒着体制を打破する方策として、情報公開制度の整備を挙げることができる。行政組織は情報の独占と秘匿を権力の源泉にして官僚制支配を行う傾向がある、という官僚に対する批判があった。細川内閣においても、「八党派覚え書き」にも盛り込まれていたように情報公開制度の重要性は認識され、平成六年三月に、行政改革委員会設置法案を国会に提出し、情報公開制度の審議を同委員会の任務として位置づけることになった。しかし、翌月には細川内閣は総辞職してしまい、村山富市内閣で行政改革委員会が設置され、さらに情報公開法は平成一一年に至って漸く成立した。

第二に、族議員政治の打破である。自民党一党優位時代には、閣議決定前の自民党と政府・官僚によるいわゆる事前審査制度が存在していた。自民党政務調査会には、各省に対応するように担当部会が置かれ、部会→政務調査会審議会→総務会という手続きを経て、自民党の党議決定がなされる。ここに、各部会において特定省庁についての政策知識に明るい族議員と官僚が接触することになる。こうしたことにより、自民党内における政策形成手続きが制度化され、族議員もまた特定の政策領域に関しての専門知識を蓄積し、自民党主導による政策形成が可能となったのである。しかし、政務調査会や総務会での意見集約に全会一致が用いられていることは問題であった。このことによって、議員個人に拒否権が与えられることと同じになり、各省庁は法案通過のために、業界や団体への利益誘導を行おうとする族議員との妥協を余儀なくされるのである。このことが、第一の政・官・業の癒着体制を構築し、政策形成の不透明性と政治腐敗の温床となったとされている。また、政策の執行面において官僚側に任されているいわゆる専決事項についても、族議員など政府の外部にいる政治家が官僚に対して詳細な介入を行うことが多く[2]、国会や内閣が関与しない自民党内での非公式な政治と行政の関係が構築されたのである。

細川連立政権においては、与党間の意見調整のため、与党代表者会議が設けられた。同会議は、小沢一郎新生党代表幹事や市川雄一公明党書記長など各党幹事長クラスで構成された、連立与党の最高意思決定機関であった。これは、自民党政務調査会や総務会での会議が非公開であるのと異なり、多党間協議によって意思決定過程が透明化されることが期待された。しかし、与党代表者会議は公開されることはなく、小沢・市川のいわゆる「一・一ライン」が与党内協議をリードし、やがて社会党や新党さきがけとの対立を深めることになる。

政治主導を確立する一つの方法として、「首相周辺のスタッフを充実」させることが挙げられる。内閣総理大臣を直接補佐する機構として内閣官房があるが、首相周辺のスタッフとしては、内閣総理大臣秘書官がある。しかし、秘書官は通常政務担当一名に事務担当四名で構成されており、事務担当は大蔵省（現財務省）や外務省など省庁からの出向人事である。そこで、細川首相は首相の私的な相談・補佐役として、内閣総理大臣特別補佐を設け、新党さきがけの田中秀征を起用した。特別補佐には法的根拠がなかったが、細川首相は総理大臣官邸内に設けた専用の執務室を事実上の常駐扱いとした。官邸内にあっては、田中と各省庁の官僚とはしばしば議論が衝突したが、細川首相がリーダーシップを発揮することはなく、現実には石原信雄官房副長官（事務方）が両者の意見調整を行っていた[3]。

連立与党内での対立が決定的となった要因は、税制論議、特に平成六年二月に突如発表された国民福祉税構想である。国民福祉税とは所得税・住民税減税の補塡として、それに見合う消費税率引き上げを企図するもので、国民の批判をかわすことから名称を変更したものである。自民党一党優位時代における税制論議は、大蔵省が主導する政府税制調査会と自民党税制調査会で行われた。前者が長期的視点に立った税制論議を行うのに対して、後者は党内の政治的調整を行うことで両者には役割が分担され、大蔵省は自民党と議論をすり合わせていた。連立与党にも税制改革協議会があったが、消費税率引き上げに断固反対の立場をとる社会党が存在していた。そこに、かねてから消費税率の引き上げの必要性を唱えていた小沢と大蔵省との連携の素地があった。一方、政府内では所得税減税と消費税増税の税制改革に意欲を見せる細川首相と消費税増税に否定的な武村正義官房長官がいた。しかし、連立与党にあっては小沢が社会党に、政府内にあっては細川首相が武村官房長官や福祉行政を所管する大内啓吾厚生大臣などに事前の十分な根回しをすることもなく[4]、国民福祉税構想が発表された。このため、かかる細川と小沢の行動が政府・与党内での強い反発を惹起し、結局国民福祉税構想は取り下げられるのである。

以上のように、細川内閣において政治と行政との関係が改善され、そのことによって政治主導が確立したとは評価しがたい。第一に、連立与党間で「連立政権樹立に関する合意事項」が署名されたが、具体的な合意は小選挙区比例代表並立制導入を柱とする政治改革くらいであり、その他は総花的になってしまったことである。このため、与党代表者会議が政策形成に与える影響力は低下し、却って官僚主導の政策形成が為されやすい状況が作り出されてしまったといえる。第二に、連立政権での閣僚経験者は羽田孜外務大臣一人でその他の閣僚は未経験者であったため、政治主導による政策実施面における官僚統制もきわめて難しかったのである。結局、細川首相のリーダーシップが発揮されることはなく、実質的決定権が与党代表者会議の中でも「一・一ライン」といった一部の有力政治家に集中したトップダウンの意思決定構造だったのである。このように、政党が有意味な選挙公約を作成し、内閣が大臣を十分にコントロールし、大臣が官僚を確実に統御する、政治主導が成立する要件[5]を満たしているとは言えない。

最後に、細川内閣において直接成果をあげたわけではないが、地方分権改革に触れておきたい。地方分権を求める声は、連立政権誕生直前に衆参両院における「地方分権の推進に関する決議」や、いわゆる民間臨調の「地方分権に関する緊急提言」となって現われていた。こうした動きの背景には、国と地方の役割分担を明確にし、国民生活に関わるものは地方が担うとともに、東京一極集中の是正があった。また、政・官・業の癒着体制から来る政治腐敗を打破するために、政治改革の一環としての地方分権も求められるようになった。熊本県知事時代から地方分権の必要性を感じていた細川首相は、「地方分権の推進に関する大綱方針」の作成を決定し、村山内閣の平成六年一二月に「地方分権の推進に関する大綱方針」が閣議決定された。

細川内閣は短命であったため、政権の成果としては評価できないものの、中央省庁の権限を減らすことになり得る情報公開と地方分権の推進は、自民党政権が存続していたら議論の俎上に載るのはいま少し遅れていたかもしれない。

2 自民党の政権復帰

細川内閣総辞職後、新生党党首の羽田孜を首班とする内閣が成立するが、先述した国民福祉税構想をめぐって新党さきがけと社会党が連立政権を離脱したため、わずか二カ月で退陣を余儀なくされ、自民党と社会党、さきがけが連立する村山富市内閣が平成六年（一九九四年）六月三〇日に発足する。わずか一年足らずで、自民党が政権に復帰したのである。日米安保条約、日の丸、自衛隊などについて、社会党はそれまでの主張を転換する代わりに、自民党は社会党とさきがけが合意した政策を全面的に受け入れることで、自・社・さ連立政権が成立した。

村山内閣発足前日に三党間で交わされた「新しい連立政権の樹立に関する合意事項」によると、政治改革の継続的推進、行政改革と地方分権の推進、高齢社会対策と税制改革、連立政権与党の運営などが盛り込まれている。特に、政府と与党間の運営については、先述の細川内閣における「一・一ライン」によるトップダウンの意思決定の修正を求めるものであった(6)。

まず、二〇名で構成される与党院内総務会を新たに設置した。この与党院内総務会の注目すべき点は、与党議員全員にオブザーバー参加を認めることで、意思決定過程の透明化・民主化を実現しようとしたことである。また、三党首会談の定例化や与党責任者会議の増員も民主的な意思決定を目指すものであった。次に、実務レベルにおいては、政策調整会議の下に省庁別政策調整会議と課題別政策調整会議が置かれた。省庁別政策調整会議は自民三、社会二、新党さきがけ一の構成で省庁ごとの政策立案を行い、意思決定は全会一致とすることとなった。全会一致とした背景には、自民党一党優位時代において形成された、族議員と各省庁の不透明な関係を改善し、政策形成における族議員の影響力を抑えようとしたことにある。こうして、省庁別政策調整会議・課題別政策調整会議→政策調整会議→与党院内総務会→与党責任者会議、というボトムアップの意思決定過程が構築され、細川内閣と比較して与党間調整はより明確になったといえる。

村山首相は、翌月七月一八日に所信表明演説を行った。先述した「新しい連立政権の樹立に関する合意事項」で触れた内容を中心に抜粋すると以下のとおりである。

……今後の衆議院議員の総選挙が新制度で実施できるよう、審議会の勧告を得て、速やかに区割り法案を国会に提出するとともに、政治の浄化のため、さらなる政治腐敗防止への不断の取り組みを進め、より幅の広い政治改革を推進してまいります。……国民本位の、簡素で公正かつ透明な政府の実現と、縦割り行政の弊害の排除に力を注ぎ、公務員制度の見直し、特殊法人の整理合理化、国家・地方公務員の適正な定員管理、行政改革委員会の設置による規制緩和などの施策の実施状況の監視、情報公開に関する制度の検討など、強力な行政改革を展開してまいります。さらに、地方がその実情に沿った個性あふれる行政を展開するためにも、地方分権を推進することが不可欠であります。このため、その基本理念や取り組むべき課題と手順を明らかにした大綱方針を年内に策定し、これに基づいて、速やかに地方分権の推進に関する基本的な法律案を提案したいと考えています。……

細川内閣で成立した政治改革関連法を受けて、村山内閣は同年中に小選挙区の区割り法を成立させた。これにより、政治改革はひとまず決着し、行政改革と地方分権改革が次なる目標の中心となっていく。行政改革については、先述の細川内閣が提出した行政改革委員会設置法案が国会を通過し、総理直轄の機関として同年一二月一九日に行政改革委員会が設置された。同委員会は、規制緩和や官民役割分担を始めとする行政改革全般にわたり審議し、その結果に基づいて内閣総理大臣に意見を述べることを任務とした。

では、村山首相の下で実際の政権運営はどのようになされていたか。細川連立政権成立時、村山自身は社会党国会対策委員長として党務に専念していたため、閣僚経験がないまま総理大臣に就任した。そのため、「自らリーダーシップを発揮して閣僚をリードするということではなくて、むしろ閣僚の皆さんの協力を得て閣議を運営していく」(7)という姿勢であった。このように、内閣が大臣を十分にコントロールする政治主導がなされることはないようであったが、では大臣が官僚を確実に統御することはできたのであろうか。かかる点について、村山政権時の最重要課題であった、いわゆる住専処理問題をめぐる武村正義大蔵大臣と大蔵官僚、さらに農水官僚と自民党農水族との間で展開された政策決定過程を通じて考察してみる。

住専処理の方法について、武村蔵相は公的関与による問題解決を目指しており、西村吉正大蔵相銀行局長にそのように指示していた。もっとも、公的関与と言っても政府保証や財政投融資資金の活用なども含まれており、武村自身も直接税金投入までは考えていなかった(8)。また、武村蔵相は日本の金融行政に対する諸外国の批判から、平成七年一〇月に開催された主要七カ国蔵相・中央銀行総裁会議（G7）において、公的関与を含めた住専処理問題を年内に決着することを国際公約としたのである。一方、西村銀行局長は一時損失処理の段階では公的関与を避けるべく、住専に関与した銀行や農林系金融機関の貸出残高に応じた分担負担を模索していた。これに猛反発したのは、堤英隆農水省経済局長であった。堤経済局長は、自民党の集票マシンである農協を背後に持つ自民党農水族の政治的圧力から、農林系金融機関の一兆二〇〇〇億円の負担には応じなかった[9]。かかる状況を打開すべく、大蔵省幹部は自民党農水族と直接交渉することで、農林系金融機関の負担を大幅に減らし、残りを税金で負担することを決定した[10]。こうして、武村蔵相がはずされる形で決着し、同年一二月一九日に六八五〇億円の財政資金を投入する住専処理策が閣議決定された。

同様の傾向は特殊法人改革にも見られた。先述の村山首相の所信表明演説において「特殊法人の整理合理化」が盛り込まれているが、かかる文言にこだわったのは、さきがけであった[11]。しかし、さきがけは特殊法人の改革問題で自民党と激しく対立し、官僚の強い抵抗を受け、結局挫折することになる。

このように、村山首相の指導力が発揮されず、再び官僚と族議員が政策決定に大きな影響力を持つようになり、政治主導確立が細川政権時代よりも遠のいてしまった。しかし、規制緩和、公的部門と民間部門の活動領域を分担する議論を本格化させる契機をつくったことは、成果と言えよう。

3　橋本内閣と省庁再編

平成七年（一九九五年）一月の阪神淡路大震災や三月の地下鉄サリン事件への対応の遅さから、政府の危機管理能力が疑問視されるようになり、村山内閣の支持率が急落した。そして、前節で触れた住専処理策の閣議決定前後に村山首相は辞任を決意し、翌年一月一一日、自民党総裁橋本龍太郎を首班とする内閣が成立した。橋本首相は、第二次臨調時に自民党行財政調査会長を務め、第三次中曽根内閣でも運輸大臣として国鉄民営化を担当するなど、「行革族」を自称していた。また、厚生大臣、大蔵大臣、通産大臣などを歴任したことから、政策通と評されており、橋本首相個人に対する国民の期待は高かったと言える。組閣した橋本首相は、同月二二日に施政方針演説において、「次なる世紀を展望し、政治、行政、経済、社会の抜本的な変革を勇気を持って着実に実行し、二一世紀にふさわしい新しいシステムを創出することにより、この国に活気と自信にあふれた社会を創造していくことであります」と変革を強調し、財政改革と行政改革が重要であると述べた。行政改革については、中央省庁自身の改革の必要性を述べながらも、政と官の関係については、「対立構造でとらえるのではなく、政治家の強い意思と責任で大きな改革の方向づけを行い、行政官は専門的知識によりこれを補完するという協力関係をつくり上げなければならないし、その最終責任は、行政の最高責任者でもある我々政治家が持たなければならない」と、政治主導の確立を強調した。

同年一〇月に行われた衆議院議員総選挙を受けて、社会党とさきがけは閣外協力に転じ、第二次橋本内閣は自民党単独内閣となった。「行政改革」「財政構造改革」「経済構造改革」「金融システム改革」「社会保障構造改革」「教育改革」の六大改革を提唱し、「たとえ火だるまになっても行政改革を断行する」と、強い決意を表明した。また、選挙後まとめられた「新しい政権に向けての三党政策合意」において、「総理の強力なリーダーシップのもと、民間人を中心とした総理直属機関を設置し、省庁の機能別再編・統合、国・地方公務員の思い切った合理化、……など霞ケ関大改革を断行する。具体的な手順については、総理直属機関設置後、一年以内に成案を得る。ただちに法案化作業に入り、平成一〇年の通常国会に提出し、成立を期す」とした。特に、大蔵省にまつわる不祥事や先述の住専処理問題などを背景に、先の総選挙で各党が中央省庁再編を選挙公約に掲げていた。

このようにして、同年一一月二一日に橋本首相を会長とする行政改革会議が発足した。メンバーには武藤嘉文総務庁長官、水野清首相補佐官のほか、豊田章一郎経団連会長、芦田甚之助連合会長、有馬朗人東京大学名誉教授ら、財界・学界などから有識者を迎え、先述の三党間の政策合意のごとく、官僚や官僚出身者を排除する体制としたのである。なお、行政改革会議は総理府令一部改正により設置されたものであり、かつての第一・第二臨調のような法律による審議会ではなかった。すなわち、政令で設置するとともに橋本首相が自ら会長になることで、国会が関与しない委員を選出し、会議のリーダーシップを発揮しようとしたと言える。

翌平成九年三～五月にかけて、各省庁からヒアリングが行われ中間報告の取りまとめがなされつつあったが、事務局が次回からの審議のための「討議資料」を提出したことで、行政改革会議の流れが変わる。事務局、すなわち「官主導」の誤解を与えたくない橋本会長が懸念を表明し、委員中心の会議運営が決定づけられる。このように、委員中心による集中審議が八月に橋本会長以下全委員出席の下に四日間行われ、中間報告がまとめられた。中間報告では、①内閣・官邸機能の強化、②中央省庁を一府一二省庁へ行政目的別に再編成、③独立行政法人等の創設により簡素で効率的な行政を実現、といった内容が盛り込まれた。

翌九月に入ると、自民党においても行政改革推進本部にて検討作業に入っていく。自民党内で特に問題になったのは、郵政三事業の扱いのようである。郵政事業の民営化は、行政のスリム化の一つとして盛り込まれたが、郵政族議員の強い反発もあり、行政改革会議では改革全体を成功させる配慮から、最終報告では民営化から後退していくことになる。行政改革会議と与党での審議を経て、一二月三日に最終報告が提出、翌四日に「行政改革会議最終報告に関する対処方針」が閣議決定され、翌平成一〇年二月に中央省庁等改革基本法案が国会に提出された。同法案は六月九日に可決成立した。

中央省庁等改革基本法に基づき、官僚主導による中央省庁再編とならないよう内閣総理大臣を本部長とする中央省庁等改革推進本部が設置された。同本部では改革を実現すべく、内閣法、国家行政組織法、各省設置法など、各法の改正や、独立行政法人設置に必要な法令、さらには行政のスリム化を目指す計画の策定が進められ、平成一一年七月に関係法案が成立し、平成一三年一月、中央省庁等の再編が実現した。

本改革の成果の第一は、内閣機能の強化である。首相のリーダーシップについては、これまでも指摘されているとおり、閣議における全会一致の原則や主任大臣の分担管理の原則など、制度上制約されている。そこでまず、閣議における首相の指導性を高めるべく、総理大臣の発議権を明確にした。旧内閣法第四条には、「閣議は、内閣総理大臣がこれを主宰する」とあったが、これに「この場合において、内閣総理大臣は、内閣の重要政策に関する基本的な方針その他の案件を発議することができる」が加えられた。次に、内閣の補佐機関としての内閣官房が強化された。従来の内閣官房は、閣議事項の整理や各省庁の施策の総合調整が主たる役割であったが、先述の内閣の重要政策に関する企画立案機能を付加したことである。また、内閣総理大臣補佐官の増員や、内閣官房副長官補・内閣広報官・内閣情報官を新設し、それらを内閣と運命をともにする政治任用職とすることで、人材を広く内外から求め、内閣の指導性を高めようとしたのである。第三に、内閣を支援する機関として内閣府が新設された。内閣府は旧総理府と異なり、国家行政組織法の適用を受けないことで、他省庁よりも一段上に位置づけ、複数の省庁にまたがる政策を総合調整するようにしたのである。かかる点については、具体的に二点あげられる。まず、特命担当大臣である。内閣府設置法では、関係行政機関の長に対して、資料提出・勧告といった総合調整にあたる権限を特命担当大臣に与えることになった。つぎに経済財政諮問会議である。予算編成は総合調整する重要な要素であるが、これまで大蔵省が各省庁からの予算要求に優先順位をつけて配分を行ってきた。そこで、予算編成を内閣主導で行うために、最終報告において「内閣総理大臣、内閣府に置かれる担当大臣及び関係大臣の諮問に応じ答申し、または自ら必要な意見を述べる機関」として経済財政諮問会議を置くこととし、中央省庁等改革基本法では、同会議が予算編成の基本方針を審議する、と規定された。

成果の第二は、中央省庁改革である。最終報告では、「取り組むべき重要政策課題、行政目的・任務を軸に再編し、事務の共通性・類似性にも配慮すること」を省の編成方針とした。基本的な方針としては、いわゆる省庁の大括りという、一つの省をできる限り包括的な行政機能を担う形として、一府二二省庁を一府一二省庁に再編するというものである。中央省庁再編については、昭和三五年（一九六〇年）に行われた自治庁の省昇格が最後である。以後は、総理府の外局として設置し、その長に国務大臣を充てるいわゆる大臣庁が増設されていくことになった。そのため、新しい大臣庁が設置されるたびに中央省庁間における分業が進化し、所掌事務の共管競合をめぐるセクショナリズムやいわゆる縦割行政の弊害が放置されてしまったのである。そこで、所掌事務範囲が政策目標や価値体系に照らして同質性の高い省庁を統合することで、総合的・包括的な視野から政策立案と実行力を発揮させようとしたのである。その結果、総務庁・郵政省・自治省を統合した総務省、厚生省・労働省を統合した厚生労働省・さらに北海道開発庁・国土庁・建設省・運輸省を統合した国土交通省などの巨大官庁が誕生したのである。

成果の第三は、行政のスリム化の一環として独立行政法人を設置するとしたことである。独立行政法人は政策立案部門と政策執行部門を分離し、後者の実施部門に本省とは別の法人格を持たせ、部門の長に予算・人事の裁量権を付与し、効果的・効率的に業務を運営する制度である。この制度は一九八〇年代にイギリスで設置されたエージェンシー制度に倣ったもので、いわゆる新公共管理（NPM）に基づいた改革と言える。すなわち、弾力的な業務遂行と事後評価チェックを重視することで、行政サービスの向上と効率化を目指す行政管理を行っていこうとするものである。試験研究・文教研修・医療厚生・検査検定施設などが独立行政法人の対象となり、平成一三年（二〇〇一年）四月に五七法人が設立された。

このように、橋本行革は政治主導の確立と大規模な中央省庁改革、さらに一九八〇年代から世界的潮流になったNPMを取り入れた行政改革を推進することができた。もっとも、これらの改革は一九六〇年代の第一次臨時行政調査会、一九八〇年代の第二次臨時行政調査会などで提言されてきたものが、橋本行革で実を結んだのである。かかる行政改革が実現できた理由は、先述した大蔵省不祥事に対する世論の強い反発があり、また小選挙区制が導入された初めての総選挙で各党がこぞって行政改革を公約に掲げたことであろう。また、ほぼ四〇年行われなかった中央省庁再編が内閣府の創設とともになしえた背景は、中央省庁の官僚が勤める霞が関の改革に限定されていたからである。規制緩和を行おうとするならば、族議員や業界団体の協力が必要になり、補助金整理を伴う地方分権改革を行おうとするならば地元選出議員の利害に配慮しなければならない[12]。自民党内での基盤が決して強くない橋本首相には、中央省庁再編を超える改革は難しかったと言える。

しかし、問題点もある。まず、閣議における全会一致の原則については、最終報告には「必要とあらば、合意形成のプロセスとして多数決の採用も考慮すべきである」とされたものの、中央省庁等改革基本法では制度変更は行われず、「内閣及び内閣官房の運用の改善を図るものとする」とされた。また、分担管理の原則と内閣総理大臣の行政各部に対する指揮・監督との関係についても、内閣法六条にある、閣議にかけて決定した方針に基づかなければならないかどうかが問題になった。すなわち、閣議を経なくても総理大臣の指揮・監督を認めるべきとする意見もあったが、「内閣総理大臣は、内閣を代表して議案を国会に提出し、一般国務及び外交関係について国会に報告し、並びに行政各部を指揮監督する」との憲法七二条の規定との兼ね合いから、内閣法改正には至らなかった。したがって、複数省にまたがる政策を総合調整する特命担当大臣の権限も限定的なものとなったと言える。かかる点は、経済財政諮問会議についても同様のことが言える。同会議は首相を頂点に政治主導で経済財政の基本的な方針を決定し、予算に反映していくことが最大の狙いであった。しかし、財務省設置法によると、依然として予算の企画立案や作成は同省の所掌事務として明記されており、予算編成の具体化は財務省主計局に権限が残されることになったのである。

次に中央省庁再編については、数合わせに終始し、単なる看板の掛け替えに過ぎない再編になったことである。まず、数合わせの代表的な例は、総務省である。同省は、「行政の基本的な管理運営を任務とする総務庁と地方自治制度の管理運営を任務とする自治省」[13]の統合は、国・地方の行政管理を行う点で同質性が高いものの、郵政省は異質と言える。また、防衛庁の省昇格も「総理の直接指揮権の下に置くほうがいい[14]」とする橋本首相の意向により見送られた。次に、看板の掛け替えについては、国土交通省も厚生労働省も統合以前の局のほとんどが統合されずに残存している。

第三に、独立行政法人については、職員の身分が問題になり、官公労を支持基盤とする社民党の求めに応じ、職員を公務員として身分保障するタイプの独立行政法人が多数設置されることになった。すなわち、行政のスリム化の観点からは問題を残した改革となった。

4　小泉内閣と構造改革

平成一〇年（一九九八年）の参議院議員選挙において自民党は大敗したため、橋本内閣は総辞職し、小渕恵三を首班とする内閣が成立した。参議院で過半数を割っている自民党は、小沢一郎率いる自由党と連立内閣を組むこととした。かねてより政治主導の確立を目指していた小沢は、翌平成一一年三月に「政府委員制度の廃止及びこれに伴う措置並びに副大臣の設置等に関する合意」を自民党と取り交わし、同年七月に「国会審議の活性化及び政治主導の政策システムの確立に関する法律」が制定され、中央省庁再編にあわせて、これまでの政務次官を廃し、副大臣及び大臣政務官を設置することになった。副大臣は政策の企画・立案をつかさどり、大臣不在の場合はその職務を代行するものとし、大臣政務官は大臣を補佐して特定の政策の企画・立案に参画するものとなった。これにより、二四名の政務次官に代わり、二二名の副大臣と二六名の大臣政務官が新たな政治任命職として加わることになり、より一層の政治主導の確立が目指されることになった。

小渕内閣においてはＮＰＭによる行政改革も行われている。その一例は、「民間資金等の活用による公共施設等の整備等の促進に関する法律」の制定である。同法は、これまで国・地方公共団体等が行ってきた、病院、学校、社会福祉施設などの公共施設等の企画・建設・維持管理・運営を民間事業者に委ねる、いわゆるＰＦＩ方式を導入するもので、市場原理の導入によって公共サービスの経費節減と質の向上を目指すものである。ＰＦＩは公共サービス事業を提供する際に想定されるリスクを民間事業者に移転する一方で、民間の資金や経営能力や技術的能力を活用することで利益を生み出せるようにするものである。そのためには、あらかじめ官民間のリスク分担を明確にしておくことで、税金投入による安易な赤字補填が行われやすい「第三セクター」方式とは大きく異なる。

平成一三年（二〇〇一年）四月、発足当初から支持率が低迷していた森喜朗内閣が総辞職し、小泉純一郎が自民党総裁選に当選、小泉内閣が成立した。この総裁選には小渕派を継承した自民党最大派閥橋本派から橋本元首相自ら立候補したにもかかわらず、国民的人気が強い小泉が一般党員による予備選挙で圧勝し、勝利を得たのである。これまでの派閥の力学による総裁選出が完全に覆った瞬間でもあった。

小泉首相は、五月三日に行われた所信表明演説において、構造改革について以下のように述べている。

……行政全ての在り方について、ゼロから見直し、改革を断行していく必要があります。国の事業について、その合理性、必要性を徹底的に検証し、「民間にできることは民間に委ね、地方にできることは地方に委ねる」との原則に基づき、行政の構造改革を実現します。特殊法人等についてゼロベースから見直し、国からの財政支出の大胆な削減を目指します。また、公益法人の抜本的改革を行います。郵政三事業については、予定どおり平成十五年の公社化を実現し、その後の在り方については、早急に懇談会を立ち上げ、民営化問題を含めた検討を進め、国民に具体案を提示します。……

所信表明演説に先立つ小泉内閣の初閣議後、小泉首相は「構造改革なくして景気回復なし」との認識の下、「自ら経済財政諮問会議を主導するなど、省庁改革により強化された内閣機能を十分に活用して、内閣の長としての内閣総理大臣の責任を全うする」という談話を示した[15]。以後、小泉内閣は「官から民へ」、「国から地方へ」の構造改革を推し進め、「小さな政府」を目指していくことになる。

経済財政諮問会議は、総理大臣を議長とし、官房長官、経済財政担当相と経済閣僚に加え、四人以上の民間議員で構成されることになった。竹中平蔵慶應義塾大学教授を経済財政担当大臣に迎え、民間議員の奥田碩日本経団連会長、牛尾治朗経済同友会代表幹事、本間正明大阪大学教授、吉川洋東京大学教授は森喜朗内閣からの継続である。森前内閣においては、経済財政諮問会議をあまり重視しようとしなかった。先述したとおり、諮問会議は予算編成の基本方針、財務省は具体的作成という制度上の分担もあるが、宮沢喜一財務大臣自身が「有識者のサロン」という位置づけをなしていた。しかし、それだけではなく、森や宮沢は自民党の事前審査制を意識し、自民党が関与しない経済財政諮問会議では実質的な意思決定はできないものと感じていたのであろう。しかし、小泉首相は竹中経済財政担当大臣を司令塔にすることで、経済財政諮問会議を政策決定の主たる場とする。本節では主に行政改革を中心に論じてみる。

第一に特殊法人改革である。先述のとおり、村山内閣下の行政改革委員会で特殊法人改革を取り上げたものの、自民党と官僚の強い抵抗に遭い挫折した。森前内閣において閣議決定された「行政改革大綱」において「すべての特殊法人等の事業及び組織の全般について、内外の社会経済情勢の変化を踏まえた抜本的見直しを行う」とされたが、内閣総辞職もあり特段の進展はなかった。小泉首相は経済財政諮問会議で「特殊法人改革は言ってみれば政府の不良債権なんだ。政府が一番遅れている。……いったいいくら税金をつぎ込んでいるか考えてみろ[16]」とアジェンダを設定し、六月に閣議決定された「今後の経済財政運営及び経済社会の構造改革に関する基本方針」（「骨太の方針二〇〇一」）に「聖域なき構造改革—七つのプログラム」の第一に特殊法人改革を盛り込んだ。その後、同年一二月に閣議決定された「特殊法人等整理合理化計画」において、全一六三の特殊法人と認可法人を対象に見直しが行われ、一六法人の廃止、三六法人の民営化、三九法人の独立行政法人化が達成された。後に行われる道路公団の民営化はこの合理化計画によるものである。

経済財政諮問会議での主導権が遺憾なく発揮されたのは、かねてからの小泉首相の持論である郵政民営化においてであった。先の橋本行革でも郵政民営化が提言されたが、郵政省や自民党郵政族などが激しく反発したため、中央省庁再編時には総務相の外局として郵政事業庁が設置された。郵政事業庁はその後郵政公社に改組されたものの、平成一五年（二〇〇三年）九月の自民党総裁選挙で再選された小泉首相は、郵政民営化実現を公約にした。経済財政諮問会議では、翌年二月には民営化に関する議論が始まり、四月に「郵政民営化に関する論点整理」がとりまとめられた。この論点整理に基づき、六月に閣議決定された「骨太の方針二〇〇四」において平成一七年の民営化法案提出が盛り込まれた。小泉首相は間髪入れず九月には、「郵政民営化の基本方針」を経済財政諮問会議と閣議で決定した。一方自民党内ではどうであったか。基本方針の取り扱いについて、額賀福志郎政務調査会長は「党としての是非の態度を留保する。閣議決定は妨げない[17]」と閣議決定を事実上黙認した。翌年の民営化法案についても、反対派が激しく抵抗したため、総務会におけるこれまでの全会一致の慣行を破って多数決による党内了承を断行した。

小泉は「国から地方へ」の構造改革も経済財政諮問会議を活用する。地方分権改革については、平成七年七月に地方分権推進委員会が発足し、平成一一年に成立した「地方分権の推進を図るための関係法律の整備等に関する法律（地方分権一括法）」によって機関委任事務が全廃された。これにより、国と地方は対等関係になったものの、国と地方の役割分担に応じた地方財政の課題、すなわち「国から地方へ」の課題が残された。かかる課題を克服すべく、平成一三年七月に地方分権改革推進会議が設置され、平成一五年に国庫補助負担金・地方交付税・税源移譲の「三位一体改革についての意見」を提言した。三位一体改革は、経済財政諮問会議でも同時並行的に取り上げられており、「骨太の方針二〇〇三」に盛り込まれた。そして、翌平成一六年三月に「三位一体改革関連三法」が成立し、三年間の「集中改革期間」で、国庫補助負担金で約四・七兆円の削減、地方交付税で約五・一兆円の削減、約三兆円の税源移譲が実施された。

これらのいわゆる小泉構造改革が、小泉首相の意向を受けた経済財政諮問会議で政策決定がなされた背景は、第一に小泉が自民党内の派閥力学に頼らず、国民の強い支持を受けて自民党総裁に就任したことである。また、小選挙区制による選挙が重ねられていく中で、国民的人気の高い総裁の下での選挙運動が必要であるとの認識が自民党内で強くなっていったことも、小泉の指導力の源泉となった。かかる点が小泉首相と同じく国民的人気が高く、かつ党内基盤が必ずしも強くなかった橋本元首相とは異なる。そして、このことによって小泉首相は閣僚・党役員人事権と衆議院解散権のフリーハンドを持つことが可能になり、郵政民営化が衆議院解散によって達成できたのは周知のことである。第二に橋本行革で作り上げられた制度を運用しきったことである。まず、小泉自身の目指す構造改革の基本的な方針を関係省庁にも党にも事前相談をせずに経済財政諮問会議で提起し、骨格を作る。提起された方針は「骨太の方針」に反映されるため、関係省庁も党もこれまでの自民党の事前審査ではなく、経済諮問会議で政策形成をしていかなければならなくなった。そして、「骨太の方針」に盛り込まれ、事例として取り上げた特殊法人改革、郵政民営化、三位一体改革などを内閣としての重要政策として内閣総理大臣が閣議で提案し、閣議決定していくというものである。したがって、如何に小泉首相に対する国民の強い支持があったとしても、省庁再編に伴う制度改変がなければ、構造改革はなしえなかったであろう。

おわりに――残された課題

一連の小泉構造改革はNPMによる行政改革であり、「小さな政府」の実現を目指す改革であった。郵政民営化を実現した小泉首相が最後に示したのは、政府規模の一〇年以内の半減である。具体的には政府系金融機関の改革、公務員の総人件費改革、政府の資産整理である。一連の内容が盛り込まれた「簡素で効率的な政府を実現するための行政改革の推進に関する法律（行政改革推進法）」が平成一八年（二〇〇六年）に成立した。

これらの改革を通じて残された課題が二点ある。第一は政府と与党の二元的構造が解消されなかったことである。わが国は議院内閣制を採用しているものの、立法権に対する行政権の自律性が強く認められていると理解されている。橋本行革によって政治主導の確立が目指されたものの、分担管理の原則や閣議における全会一致の原則までは改正できなかった。また、これまで見たとおり、自民党が野党に転落したのは一年足らずであり、衆議院における第一党の座は明け渡しておらず、そのため政権に復帰するや族議員が息を吹き返し、自民党の事前審査制度は再び有効なものとなった。小泉純一郎の登場によって、事前審査制度の影響力は落ちてきた。平成一五年の総選挙後、小泉は大臣政務官を政調部会副会長に据えることで、さらなる改革を試みたが、結局実効性は上がらなかったようである。[18]したがって、イギリスのような政府と与党の一元化がなされず、官邸主導にはなったが、政治主導の確立までには至ったとは言えない。

第二は公務員制度にはほとんど手がつけられなかったことである。公務員制度改革については、橋本内閣において行政改革会議と公務員制度調査会で取り上げられ、行政改革会議最終報告と「公務員制度改革の基本方向に関する答申」を基にして、平成一三年に閣議決定された「公務員制度改革大綱」に結実した。主要な改革点は、①人材の一括管理システムの導入、②能力・実績主義の導入、③多様な人材の確保、④退職管理の適正化、⑤内閣官房・内閣府の人材確保の確立として国家戦略スタッフの創設などであったが、小泉内閣では公務員制度改革は特に進められていない[19]。「行政改革推進法」は公務員の定員と人件費を減らしていくものであったが、官僚と全面的に対決することはなかったのである。

小泉は自民党内で既得権益を代表する族議員を「抵抗勢力」とすることで国民の支持を獲得し、構造改革を推進した。在任中最後に手がけた「行政改革推進法」は、政府系金融機関の統廃合と特別会計制度改革、独立行政法人の見直しなど、「小さな政府」を目指すものではあるものの、同時に族議員の既得権益を打破することに主眼が置かれていたと言える。小泉構造改革とは、まさに「自民党をぶっ壊す」改革であったのである。

注

(1) 小沢一郎『日本改造計画』（講談社、一九九三年）、四五頁。
(2) 東田親司『改革の論点——実践的行政改革論』（芦書房、二〇〇六年）、三六頁。
(3) 石原信雄『首相官邸の決断——内閣官房副長官石原信雄の二六〇〇日』（中央公論社、一九九七年）、一一七—一二二頁。なお、田中秀征は約五カ月で総理大臣特別補佐を辞任している。
(4) 石原『首相官邸の決断』、一三九頁。
(5) 牧原出『内閣政治と「大蔵省支配」——政治主導の条件』（中央公論新社、二〇〇三年）、一一頁。
(6) 「新政権は、政策決定の民主性、公開性を確保し、政党間の民主的な討論を通じて、政策決定過程の透明度をより高め、国民にわかりやすい政治の実現に努める」とある（「新しい連立政権の樹立に関する合意事項」）。
(7) 石原『首相官邸の決断』、一七八頁。
(8) 清水真人『官邸主導——小泉純一郎の革命』（日本経済新聞社、二〇〇五年）、四一頁。
(9) 同前、四五—四六頁。
(10) 同前、五二—五三頁。
(11) 大嶽秀夫『「行革」の発想』（ＴＢＳブリタニカ、一九九七年）、二〇頁。

(12) 真渕勝『現代行政分析』(放送大学教育振興会、二〇〇四年)、四四―四五頁。
(13) 岡田彰、田中一昭『中央省庁改革――橋本行革が目指した「この国のかたち」』(日本評論社、二〇〇〇年)、一五七―一六〇頁。
(14) 同前、一七九頁。しかし、環境庁について、平成六年当時の橋本は「首相の直轄下にあるべき」としていたものの、行政改革会議では省への昇格を主張し、環境省が設置されている(真渕『現代行政分析』、八一頁)。かかる経緯からも数合わせの印象がぬぐえない。
(15) 飯島勲『小泉官邸秘録』(日本経済新聞社、二〇〇六年)、五八頁。
(16) 同前、六二頁。
(17) 読売新聞政治部『自民党を壊した男――小泉政権一五〇〇日の真実』(新潮社、二〇〇五年)、二一九頁。
(18) 飯尾潤「副大臣・政務官制度の目的と実績」『レヴァイアサン』三八号(二〇〇七年)、五三頁。
(19) 続く安倍晋三内閣では、平成一九年(二〇〇七年)の国家公務員法の改正により、官民人材交流センターが設置され、公務員の再就職斡旋を一元的に管理することになり、平成二〇年成立の「公務員制度改革基本法」では、国家戦略スタッフ創設などの上述の改革が進められることになった。しかし、民主党政権の成立により、これらの公務員制度改革は変更を余儀なくされるであろう。

第7章 参考文献一覧

飯尾潤『日本の統治構造――官僚内閣制から議院内閣制へ』中央公論新社、二〇〇七年
飯尾潤「副大臣・政務官制度の目的と実績」『レヴァイアサン』三八号、二〇〇七年
飯島勲『小泉官邸秘録』日本経済新聞社、二〇〇六年
石原信雄『首相官邸の決断――内閣官房副長官石原信雄の二六〇〇日』中央公論社、一九九七年
内山融『小泉政権――「パトスの首相」は何を変えたか』中央公論新社、二〇〇七年
大嶽秀夫『「行革」の発想』TBSブリタニカ、一九九七年

小沢一郎『日本改造計画』講談社、一九九三年
岡田彰、田中一昭『中央省庁改革――橋本行革が目指した「この国のかたち」』日本評論社、二〇〇〇年
笠原英彦、桑原英明編『日本行政の歴史と理論』芦書房、二〇〇四年
草野厚『連立政権――日本の政治1993～』文藝春秋、一九九九年
清水真人『官邸主導――小泉純一郎の革命』日本経済新聞社、二〇〇五年
竹中治堅『首相支配――日本政治の変貌』中央公論新社、二〇〇六年
東田親司『改革の論点――実践的行政改革論』芦書房、二〇〇六年
牧原出『内閣政治と「大蔵省支配」――政治主導の条件』中央公論新社、二〇〇三年
野中尚人「先祖帰り？――連立時代における政策過程の変容」『レヴァイアサン』臨時増刊号、一九九八年
真渕勝『現代行政分析』放送大学教育振興会、二〇〇四年
山口二郎「現代日本の政官関係――日本型議院内閣制における政治と行政を中心に」『年報政治学1995――現代日本政官関係の形成過程』一九九五年
読売新聞政治部『自民党を壊した男――小泉政権一五〇〇日の真実』新潮社、二〇〇五年

神崎勝一郎

第Ⅱ部　各論

第8章

財政改革史

はじめに

明治維新によって江戸幕府が崩壊し、日本という国が近代化の道を歩み始めた。それに伴って先進国である欧米列強から近代国家の仕組みなど、多くの制度を導入することとなる。国家がその政策を実行するにあたって、法律と並んで重要になるのが具体的な予算である。日本では富国強兵というスローガンの下に国家予算の規模を拡大していった。

しかし、近現代の日本の予算をみたときに、その規模が必ずしも増大の一途をたどっていったわけではない。いくつかの局面では予算の縮小を余儀なくされることがあり、その際に政府の支出を減らし、歳出と歳入のバランスを回復するべく実行されてきたのが行財政改革の本質である。

本章においては、近現代の行財政改革について概観しながら、どのような要因によって行財政改革が実行されてき

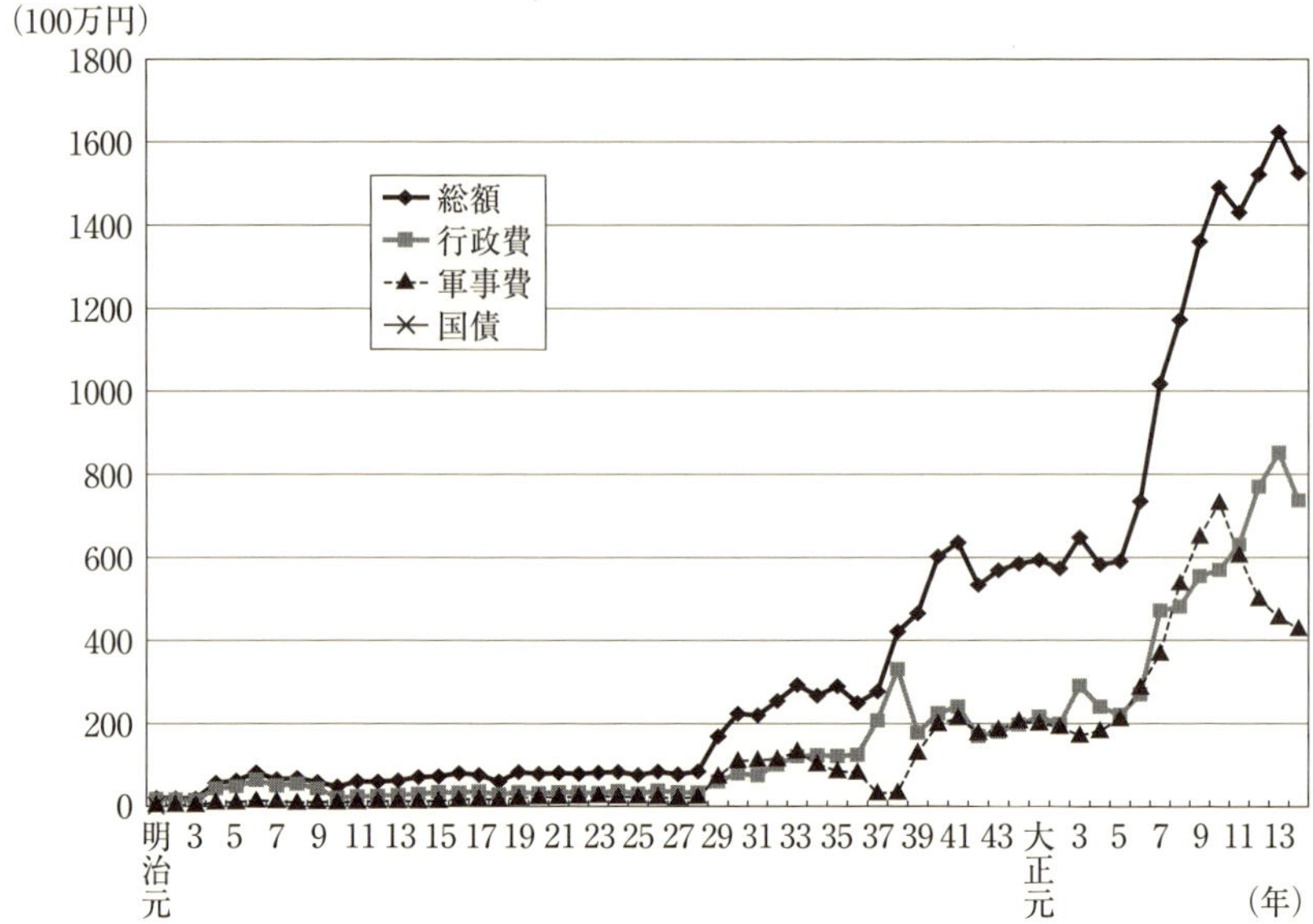

（出典）朝日新聞社編『史料　明治百年』（1996年）（以下、図表５まで同様）

図表１－１　一般会計歳出決算（明治元年～大正14年）

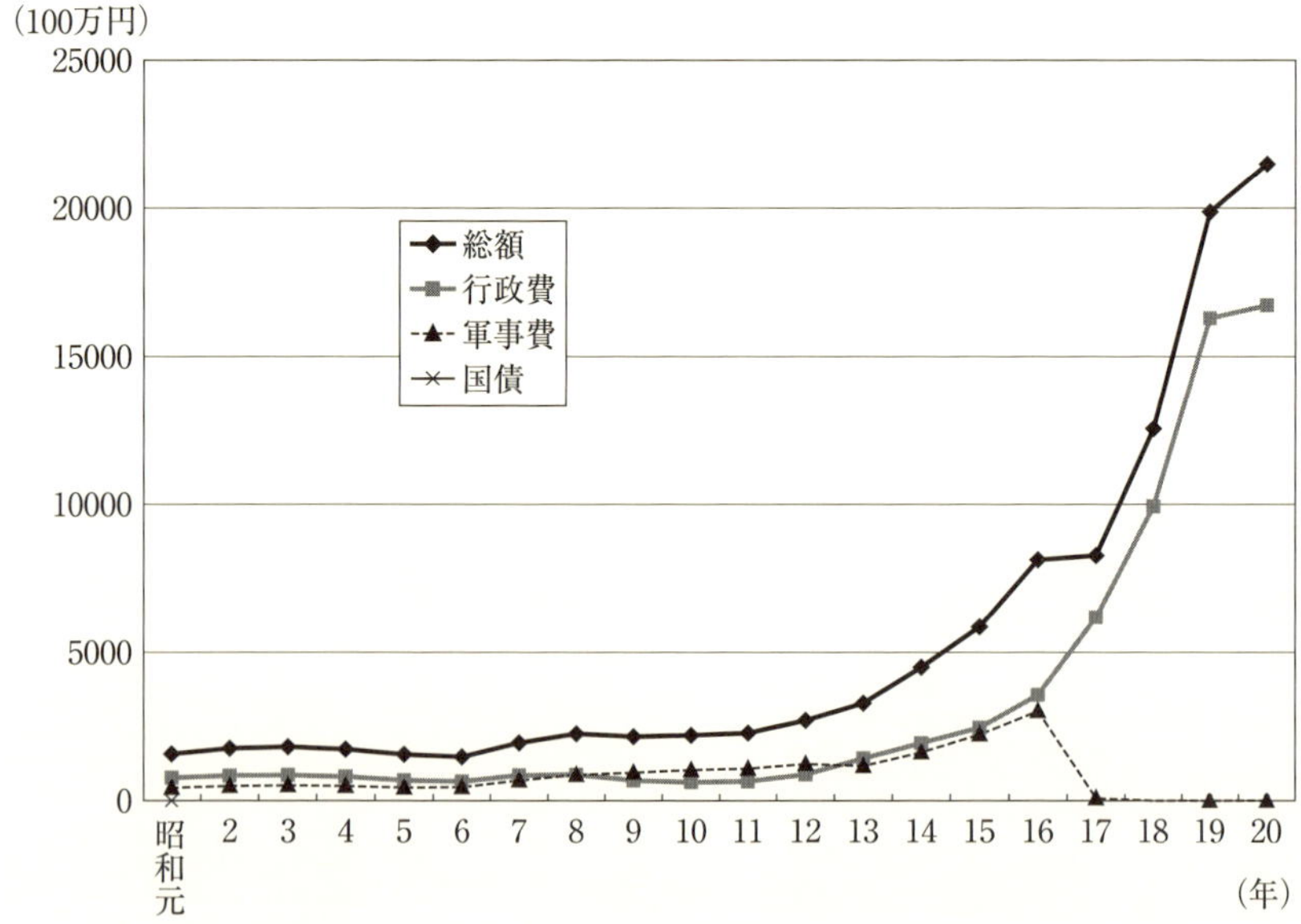

図表１－２　一般会計歳出決算（昭和元年～20年）

たのかについても論じていきたい。

なお、戦前は行財政改革を行財政整理と呼称していた(1)。第1節では戦前の改革を中心に取り上げるため、行財政整理という用語を用いることとし、第2節では行財政改革という用語を使用する。

1　戦前の行財政整理

戦前から戦後まもなくまでを範疇として、主要な行財政整理の実行された時期をみてみると、およそ四つに分類することができる。

第一期は、明治維新後に行われた近代化政策に反発した士族が起こした西南戦争後である。第二期は、大日本帝国憲法が発布されて近代国家の道を歩む中、欧米列強との軋轢によって引き起こされた日露戦争後である。第三期は、直接関わることはなかったが、連合国側に立ち、第一次世界大戦の戦勝国となった後である。第四期は、軍部による拡大路線に引きずられていった政府と、それを阻止したい英米との軋轢の結果引き起こされた太平洋戦争の後である。

このように戦争という想定外の出費は、国家財政全体を圧迫し、軍事費を含んだ行財政整理の実行を促した。本節ではそれら四つの時期に行われた行財政整理を中心にみていくこととする。

(1) 第Ⅰ期　西南戦争後の行財政整理

一　西南戦争以前における明治政府の財政権確立［慶応三年一二月～明治一〇年九月］

1　明治維新から廃藩置県まで

慶応三年（一八六八年）一二月、江戸幕府に代わって薩長土肥を中心とする新政府が発足した。しかし、その財源

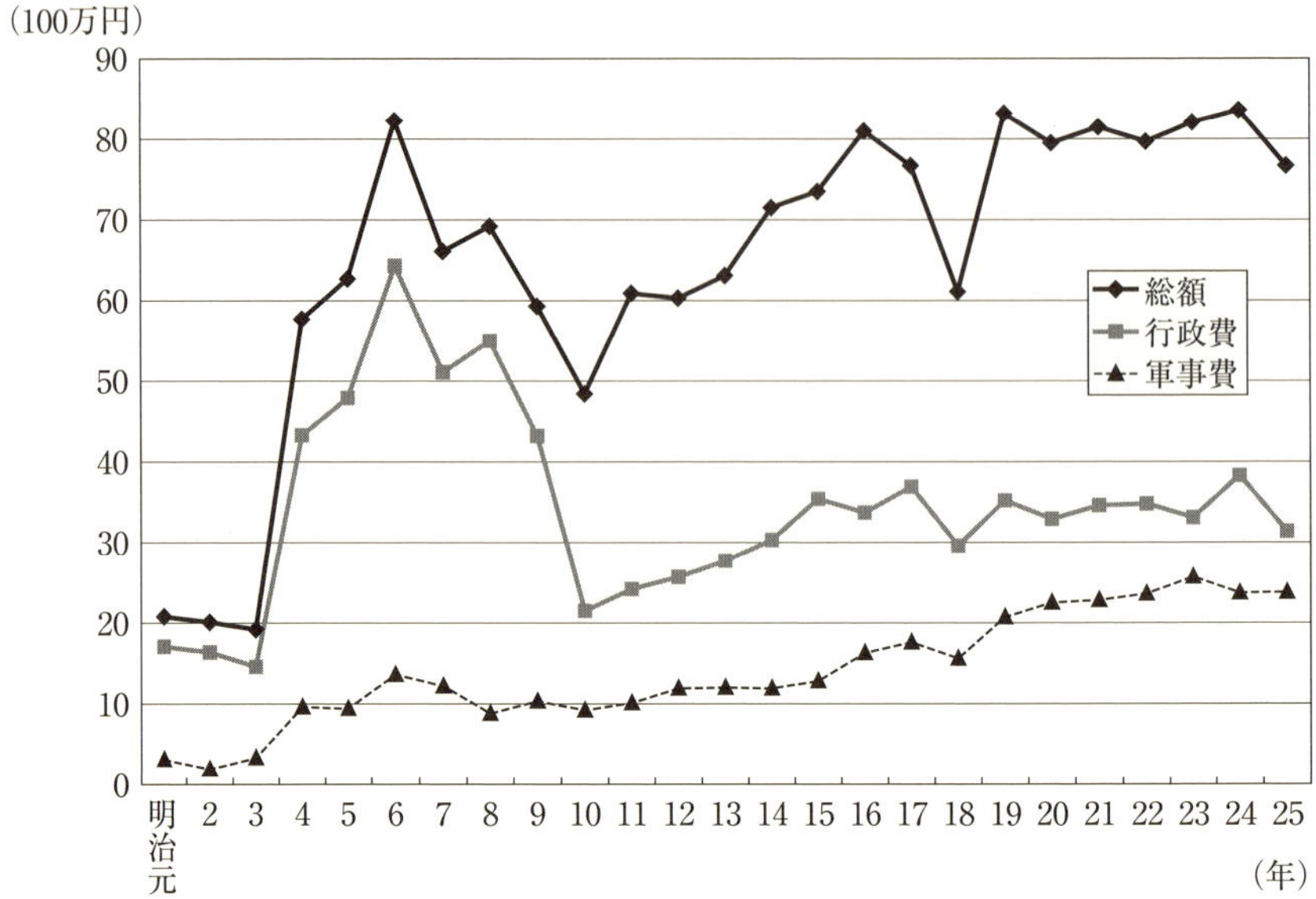

図表2　一般会計歳出決算（明治元年〜25年）

は天皇家の御料である三万石といった一小大名程度の財政規模のものに過ぎず、収入は不安定であった。しかも明治元年一月には戊辰戦争が開始されたことにより、当時、参与として財政の責任者の地位にあった由利公正は、財政基盤の確立に加えて、戦費の調達も行わなければならなくなり、政府の財政は危機的状況に追い込まれた。

　戊辰戦争に勝利した後においても政府の財政状況は予断を許さなかった。接収した幕府領や新政府に敵対した諸藩の領地からの収入を合わせても、全国の総石高三〇〇〇万石のうち八〇〇万石程度に過ぎなかったからである。中央集権化を目指す新政府は、政策の財源を確保すべく、否応なしに財政権の確立を迫られることとなった。

　そこでまず明治二年（一八六九年）七月に職員令体制を敷き、中央政府の機構強化の一環として大蔵省が設立された。八月には版籍奉還が行われ、幕藩体制解体の端緒が開かれた。しかし版籍奉還が行われたといっても、知藩事の領地に対する実質的支配は存続したため、改革の第一段階とはなったが、新政府の財政が強化されたわけではなかった。

したがって、最終的な財政権の確立は、明治四年（一八七一年）七月の廃藩置県を待たなければならなかった。版籍奉還のみでは財源確保の問題は必ずしも十分な解決を見なかったが、藩を撤廃することによって、一応、解消する方向へと向かって動き出していった。いずれにしてもこの改革をもって近世の幕藩体制は消滅し、全国の財源は政府が一手に掌握する中央集権体制への移行が決定づけられたのである。

2 廃藩置県から西南戦争まで

しかしながら、廃藩置県がもたらした効果は良い事ばかりではなかった。旧藩から受け継いだ負債、士族の家禄などの歳出面の増加は著しく、政府はさらに財政負担を強いられることになった。

これに対して、大蔵大輔井上馨は家禄処分、産業振興資金の調達を目的とした外債募集を計画し、明治五年（一八七二年）二月、大蔵少輔吉田清成を派遣した。当時、大蔵卿であった大久保利通は岩倉使節団に随行して外遊中であり、実務を担当していた井上がこの計画をたてたのである。

当初、吉田は米国におもむき、六パーセントの金利で三〇〇〇万円の募集交渉を進めたが折り合いがつかず、かの地での募集は断念した。次に、吉田は英国に向かい東洋銀行の協力を得て起債に漕ぎ着けることができた。しかし、六パーセントの金利では募集は不可能であると同銀行支配人スチュアートに助言を受け、募集総額を縮小することを決めたため、集めた資金はその予定額三〇〇〇万円のうち、三分の一の一〇〇〇万円程度となった(2)。

このような厳しい財政状況の中においても、政府は近代化を推進するための新政策を打ち出して行かざるを得なかった。緊縮財政論者であった井上は、各省の予算要求額を大幅に削減し、特に削減額が大きかった司法卿江藤新平との対立は深刻化した。

最終的には、人事面において、江藤や後藤象二郎らの反大蔵省勢力が参議に昇格し、さらに、法制面においては太政官職制の改正により正院の権限強化が図られたため、内閣において実質的な権限を有する参議の江藤たちが井上の主張を抑える体制を整備したことで勝負がついた。井上はこれを不満として、明治六年（一八七三年）五月、渋沢栄一とともに辞職するに至った。

井上に代わって大蔵省の責任者になったのは大隈重信である。征韓論政変の結果、同年一〇月には、西郷隆盛等の征韓派が下野し、大久保利通が政府内で主導権を握った。これにより大隈は彼の主導する殖産工業政策に沿って、財政金融政策を実行していくこととなった。すなわち富岡製糸工場をはじめとする官営工場の設立のための財政支出を行う一方で、藩札・藩債の整理、秩禄処分などの非生産的な支出を削ることを行っていったのである。

明治零年代に行われたこれら一連の改革は、国民の諸階層の生活に大きく影響を及ぼしていた。特に士族階級は、征韓論あたりから不満が鬱積し始め、七年には佐賀の乱が起こっている。明治九年には廃刀令・秩禄処分など士族の特権を奪う政策が行われており、直後に神風連の乱、秋月の乱、萩の乱などの反乱が立て続けに起こった。また、最後にして最大の士族反乱である西南戦争は、とりわけ財政的に多大な負担となった。

西南戦争は、征韓論政変により下野した西郷と薩摩士族が鹿児島に帰郷していた折、鹿児島県が政府の改革を受け容れずあたかも独立国家の様相を呈していたことが背景となっている。そして政府が鹿児島に貯蔵してある弾薬を運びだそうとしたことから騒動となり、ついに明治一〇年（一八七七年）二月、西郷を擁する薩摩軍が反乱を起こした。戦乱は主に鹿児島から熊本まで広がり、同年九月に西郷が自決するまで半年間続いた。

二　大隈重信による行財政整理〔明治一二年六月～一四年一〇月〕

前述のとおり、西南戦争は維新後の士族反乱の中でも最大規模であり、時の大蔵卿大隈重信は鎮圧のために年間予算に匹敵する約四〇〇〇万円以上の戦費をこれに投ぜざるを得なかった。この戦費の調達にあたって、政府は第十五国立銀行から一五〇〇万円を借り入れ、残りの二七〇〇万円はもっぱら不換紙幣の増発をもってその費用に充てた(3)。これにより、西南戦争鎮圧後の明治一二年（一八七九年）から一三年（一八八〇年）にかけて紙幣価値が急速に下落し、激しいインフレが進行することになった。

大隈はインフレの進行による経済不況に対して、緊縮財政ではなく積極財政を維持しながら問題の打開を図ろうとした。外債によって五〇〇〇万円の資金を得て、市中に出回っている不換紙幣の回収を行おうとしたのである。しかし外債によるインフレ克服策は、参議たちの間で意見が分かれた。黒田清隆、西郷従道、川村純義などの薩摩出身の参議は賛成したが、外債に依存することによる欧米諸国の介入を危惧した岩倉具視や、伊藤博文、井上、山県有朋といった長州出身の参議、松方正義内務卿などの反対派の意見が通り、外債募集案は廃案となった。

外債募集案が否決されると、大隈は持論の積極財政を放棄し、緊縮財政による紙幣償却への転換を余儀なくされた。一三年九月には伊藤・大隈の共同提案による行財政整理の方針が打ち出された。具体的には、第一に酒税税率の引き上げ、第二に地方税率の引き上げ、第三に官有物払い下げ、第四に行政費の削減である。第一第二の方針は、税収の増加を目的とするものであり、第三・第四の方針は、官営工場の経営や行政の運営に伴う出費を抑制することを目的とした。

しかし、官有物払い下げ事件をめぐって、いわゆる明治一四年の政変が起こり、大隈が参議を罷免されると、その行財政改革は松方によって引き継がれることとなった。

三　松方正義による行財政整理〔明治一四年一〇月～二五年八月〕

明治一四年の政変によって大隈が政府を追放されると、代わって松方が大蔵卿に就任し、財政責任者となった。西南戦争後の紙幣価値の下落に伴うインフレに対して、大隈は外債募集によって得た資金を元手に回収することを企図したのに対し、松方は増税と緊縮財政によって得た資金を外債募集資金の代わりとすることでその克服に臨んだ。

これが後に松方デフレと呼ばれるインフレ克服策となる。まず、酒税・たばこ税の増税や所得税などの新たな税源の創設によって政府の歳入を増加せしめた。次に、官有物の払い下げや、行政費を据え置くことにより、歳出削減を行った。これにより政府紙幣・国立銀行紙幣の回収・整理、正貨の蓄積も進むこととなった。

また、松方の提唱によって明治一五年（一八八二年）一〇月、日本銀行を設立し、これによって兌換制度が確立した。従来の不換紙幣を兌換紙幣としたこともインフレの終焉に一定の効果を及ぼしたと考えることができる。

これら一連の政策により、紙幣整理が進み、貨幣価値が回復され始めると日本経済もまた安定化に向かった。銀本位制の導入がなされた明治一八年（一八八五年）ごろから、日本は好況に転じることとなったのである。

銀本位制の導入もまた松方の提唱によって実現した。明治四年五月には新貨条例を公布し、金本位制を定めたが、実際の貿易では銀が用いられていたことから、明治一一年から実質的に金銀複本位制を認めていた。松方は日本銀行の創設にともなって、兌換紙幣を発行、銀本位制を確立させた。金本位制への復帰は、日清戦争後の明治三〇年（一八九七年）三月二六日、貨幣法の公布をもってなされた。

しかし、松方の政策は、米を中心とした農産品の物価下落を招き、農村に深刻な影響を及ぼした。政策に耐えることができなかった農民は農地を手放し小作人となり、耐え抜いた農民にはその農地が集約することとなり、大地主へと成長していった。松方デフレは農民の階層化を進めたのであった。

(2) 第Ⅱ期　戦後不況期の行財政整理

一　大日本帝国憲法発布から日露戦争まで〔明治二二年二月～三八年九月〕

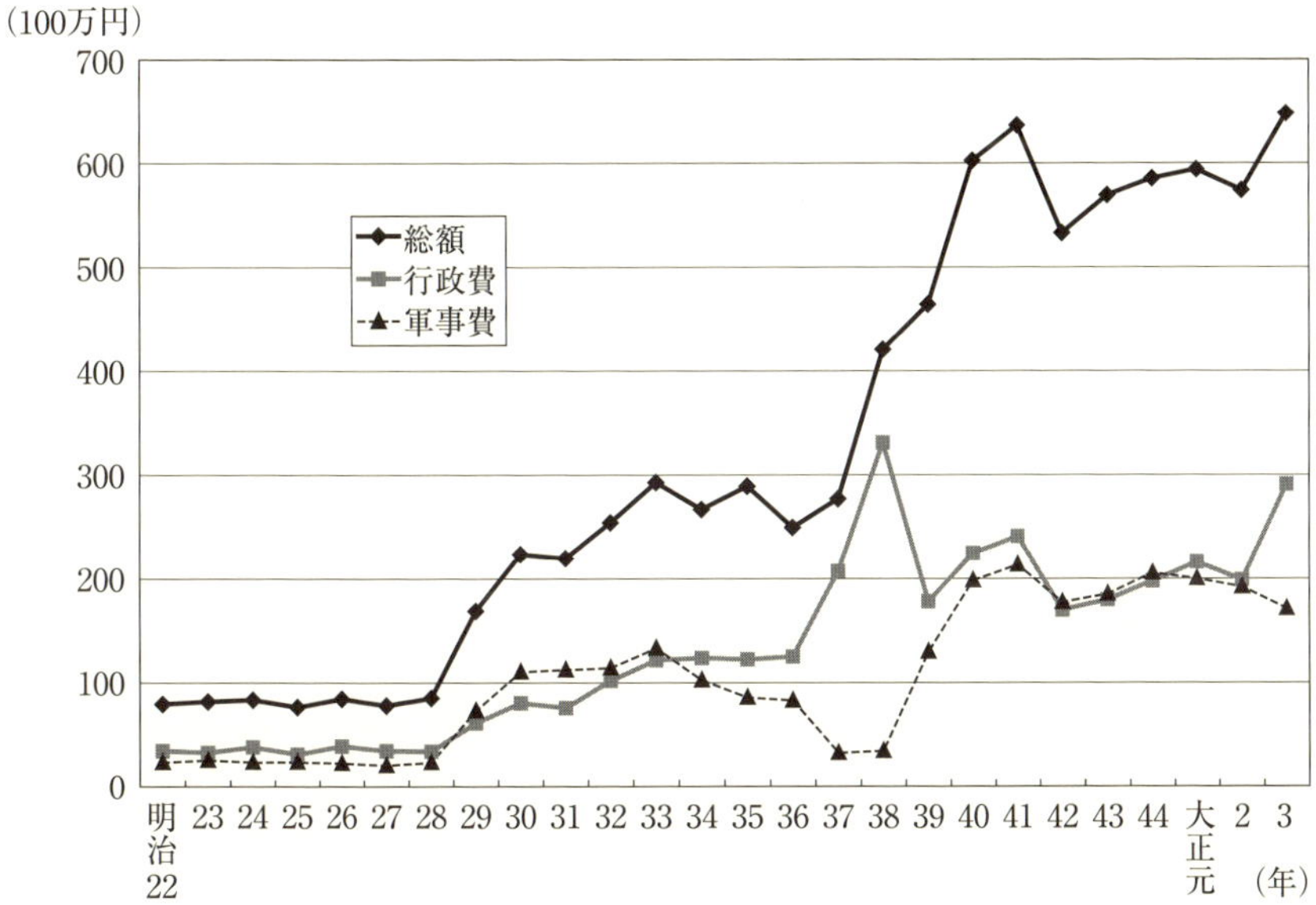

図表３　一般会計歳出決算（明治22年～大正３年）

明治二二年（一八八九年）二月、大日本帝国憲法が発布され、翌年一一月、帝国議会が開かれた。しかし黒田内閣での超然主義標榜にみられる政府の方針は、議会開設当初から行き詰まりをみせることとなった。議会に占める民党の勢力は、衆議院三〇〇議席中一七一議席と過半数を制していたからである。

当時、山県内閣が政権を担当していたが、軍事費増強を目的とした財政運営を行うことを宣言し、政費節減・軍備抑制によって地租軽減・民力休養を図ろうとする民党と対立した。

しかしながら、議会の多数派である民党に予算承認権を握られていたため、初期議会においては政府が思うような成果が得られることはなかった。

特に第二次伊藤内閣では、明治二六年度予算をめぐり政府と民党の対立が激化した。和衷協同の詔勅が下され双方が譲歩する事態にまで至ったのである。

伊藤は詔勅に記された公約を守るため、行財政整理に着手した。人員にして三二〇〇名、金額にすると約一七〇万円の削減を行ったが[4]、議会においては不満が残り、明治二七年度予算は前年度予算執行という事態に陥った。

ところがそのような中、明治二七年（一八九四年）七月に日清戦争が始まると状況が一変し、政府と民党の政争は中断された。

日清戦争は、朝鮮が宗主国と仰ぐ清国と日本の間で、朝鮮の内政問題をめぐって対立が起こったことに端を発する。黄海海戦をはじめとする日本軍の連戦連勝により、日本は戦況を有利に進め、明治二八年（一八九五年）四月、下関において講和条約を結んだ。この戦いに勝利したことで約三億円の賠償金と、台湾、遼東半島などの割譲が清国政府からなされた。

しかしながら、明治二八年にロシアがドイツ、フランスの二国に呼びかけて、領土問題に干渉してきた。これにより清国への遼東半島の返還を強いられることとなった。

ちなみに日清戦争時においてかかった戦費約二億円は、明治二七年一〇月公布の臨時軍事費特別会計法で処理されている。

三国干渉以降、ロシアは清国の北東部に位置する満州への侵略を果たし、日本に代わって遼東半島をも手中に収めたため、日本との対立が深まっていき、ついに明治三七年（一九〇四年）二月、日露戦争が開戦となった。

当初、大方の戦況予測ではロシア有利とみられていた。しかし日本陸軍は旅順要塞攻略で苦戦しながらも陥落させることに成功し、奉天会戦においても敗北することなく、膠着状態に持ち込むことに成功した。この戦争の勝敗を決定づけたのは日本海軍であった。日本海海戦での勝利をきっかけにアメリカが両国の仲介に入り、講和へと進むことになったのであった。

明治三八年（一九〇五年）九月にポーツマスにて講和条約が締結された。この条約により、南樺太の領有権及び関東州などの租借権を獲得したが、賠償金を得ることはできなかった。

戦前、約五億円であった政府債務は、日露戦争によって二〇億円を超えるほど膨張していた。[5] 賠償金を得ることもかなわず、政府はその債務整理に追われていたが、時の政権であった桂内閣は積極財政を崩そうとしなかった。また、明治三九年一月に成立した西園寺内閣も前政権の財政運営を引き継いだ。戦前三億円弱程度の一般会計予算は六億円を超えるまでになったことによって、この内閣では税収二〇〇〇万円減となる税制整理案（第一次税制整理）が提出された。[6]

しかしながら、明治四〇年（一九〇七年）一月の株価暴落によって戦後不況となっていたことから、同年一二月に始まった議会審議ではその整理案は否決された。増税もやむなしという経済状況であったため、与党立憲政友会の理解を得られなかったからである。

代わって、不況による税収落ち込み対策のために、増税を主眼とする税法改正案が提出され、野党の抵抗は激しかったが貴族院を通過することには成功した。しかし、財界の利益をはかろうとしていた井上・松方の不満は高まった。また、議会閉会後、西園寺は内閣改造に際し、官僚派貴族院議員の登用を独自に行ったため、桂の不興を買った。以後、山県・桂系官僚派によって西園寺内閣追い落としの動きが活発化する。

その後、増税への不満によって、財界から行政整理の要求を突きつけられた。各方面からの批判にさらされた西園寺内閣は政権運営に行き詰まり、総辞職することとなった。

二　第二次桂太郎内閣の行財政整理［明治四一年七月〜四四年八月］

明治四一年七月、第一次西園寺内閣の後継には桂が指名され、内閣を組織することとなった。前内閣で実行に移すことができなかった行政整理と、不況の深刻化に伴う財政・税制整理を実行すべく、桂は蔵相を兼任し、各省の予算増額を抑えようとした。

翌月になると、桂は行財政整理における以下の四つの方針を打ち出した(7)。

第一に、支出抑制のため、一部の例外を除き公債の募集をしないこと

第二に、公債償還高を毎年五〇〇〇万円以上とし、債務の返済に努めること

第三に、従来見込んでいた自然増収を前提とした予算計上を行わないこと

第四に、鉄道事業を一般会計から特別会計に移すことで、全体予算の限定を図り支出の抑制を行うこと

この方針に沿った運営の結果、明治四二年度予算は行政費、軍事費を中心に総額一億円近くもの一般会計の歳出削減を行うことができた(8)。

税制面において、桂は地租など一二種類の税について減税措置（第二次税制整理）をほどこした。一方で関税定率法の改正で税率を上げ、また戦時の非常特別税などを実質的に継続したため、国民の税負担は却って増大した。

三　第二次西園寺公望内閣の行財政整理［明治四四年八月〜大正元年一二月］

前内閣の第二次桂内閣に引き続いて、西園寺には不況打開のための行財政整理、緊縮財政が求められた。西園寺と山本達雄蔵相は、明治天皇に対して行財政整理の必要性を説き、その実行に対する勅命を得ていた。

まず、西園寺内閣は明治四五年度の予算編成に関して、緊縮財政をとることにした。その内容は、軍事費予算の抑制を中心とした予算編成となっていた。しかし当時は、日露戦争後の国際情勢に対応するため、明治三九年から軍部は帝国国防方針を作り、陸海軍の拡張を計画しており、西園寺内閣の方針とは相反していた。

陸軍との対立が決定的となったのは、大正二年度予算編成の時である。内閣では約四〇〇〇万円の整理計画を立て

ており、陸軍にも協力を求めていたが[9]、最後まで陸軍省が二個師団増設を譲らず、計画に協力しなかったため折り合いがつかないでいた。そうした状況の中、他の閣僚にも増設を反対されたことにより、上原勇作陸相が単独で辞表を提出した。その後、西園寺は後任の陸相を推薦するよう山県に依頼したが拒否され、結局、後任の陸相が決まらなかったため、西園寺内閣は総辞職を余儀なくされた。

四　第一次山本権兵衛内閣の行財政整理［大正二年二月〜三年四月］

上原陸相の帷幄上奏により西園寺内閣が総辞職した後、大正元年一二月、第三次桂内閣が成立した。しかし、桂内閣は国民に不評であった。なぜなら二個師団増設問題の背後には、陸軍出身の桂がいると考えられていたからである。これにより閥族打破、憲政擁護のスローガンの下に第一次護憲運動が起こり桂内閣は倒閣した。

これをうけて大正二年（一九一三年）二月、第一次山本権兵衛内閣が成立した。山本内閣は、第二次西園寺内閣の際に作られた行財政整理案を基にして、六月に行財政整理要綱を発表した。これを基にした行財政整理の節減額は約六六〇〇万円であり、護憲運動を背景としたこの整理は一定の成功を収めたのであった[10]。

（3）第Ⅲ期　行財政整理と軍部

一　第一次世界大戦前後からワシントン軍縮会議まで［大正三年四月〜一一年二月］

第一次山本内閣総辞職の後には大隈が再び内閣を組織することとなった。この内閣では、第一次世界大戦の開始に伴い、第二次西園寺内閣、第一次山本内閣において棚上げにされてきた二個師団増設問題が再浮上した。当時、衆議院第一党であった立憲政友会を中心に増設は否決されたため、大正三年（一九一四年）一二月、大隈は同院を解散した。政府は選挙干渉を行ったため、与党である立憲同志会が圧勝し、三内閣にわたる師団増設問題に決着がついた。

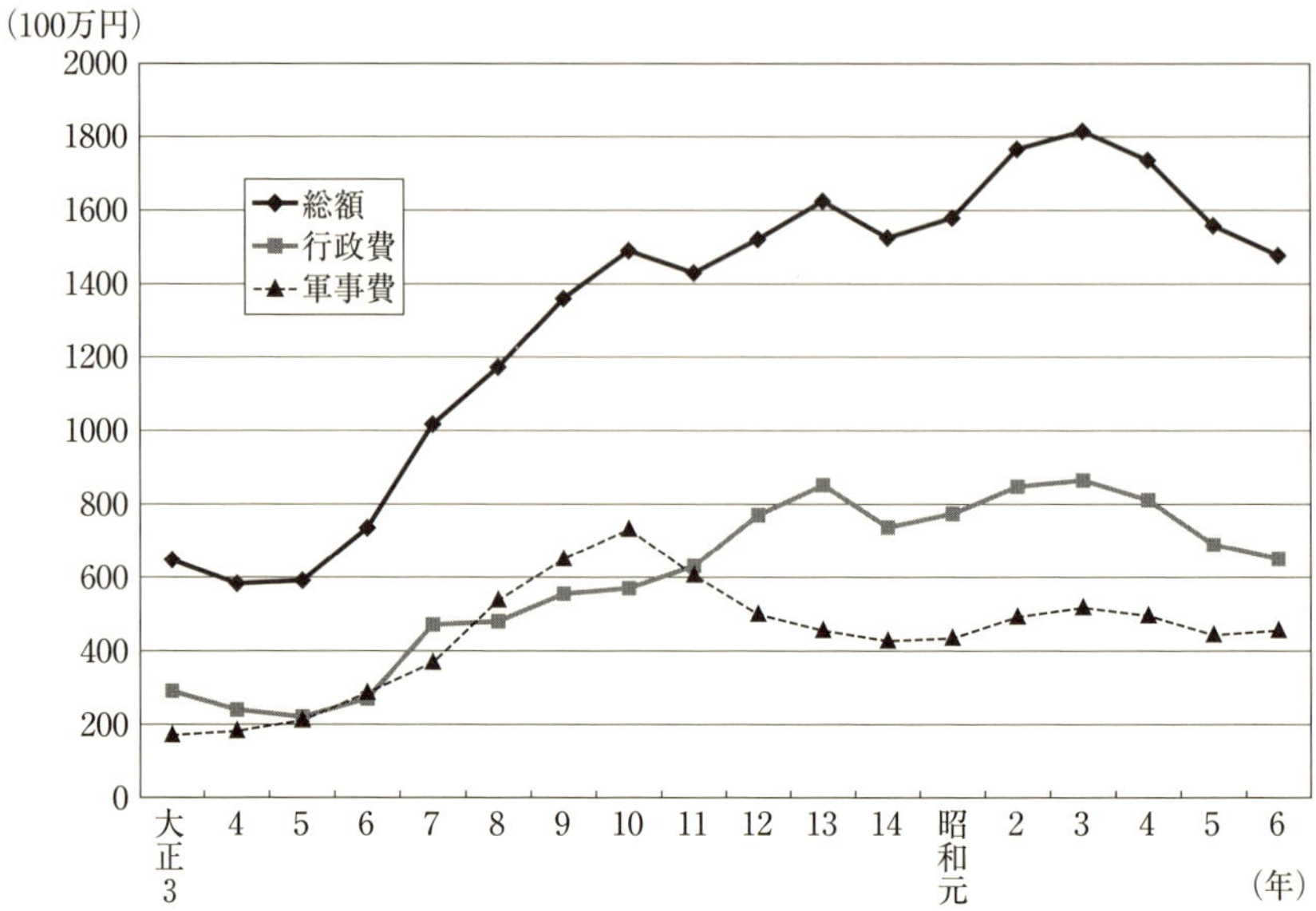

図表4　一般会計歳出決算（大正3年～昭和6年）

次の内閣である寺内正毅内閣は大正五年（一九一六年）に成立したが、この内閣から一般会計歳出の総額が急上昇していくこととなる。大正三年七月に始まった第一次世界大戦によって、日露戦争後の不況から日本は急速に立ち直ることとなる。特に同盟国への軍需物資の供給などを中心に、重化学工業が発展し、輸出が飛躍的に増大した。これにより大正七年（一九一八年）九月に発足した原敬内閣でも積極財政を展開し、その予算規模が拡大の一途をたどることとなった。

しかし、大正九年（一九二〇年）において、日本は二つの理由により、行財政整理の必要性に迫られる。

まず、一つ目の理由として、九年恐慌が挙げられる。同年三月に日本では株価が暴落し、一転して不況が訪れたのであった。

二つ目の理由として、世界的な軍縮の動きが挙げられる。第一次世界大戦において、日本は連合国側に立ち戦勝国となった結果、同年に設立された国際連盟では常任理事国となったのである。これにより国際関係において、日本は国際協調路線をとっていき、それに伴って軍縮の実行や、行財政整理の方向へ向かうことになったのである。

二　加藤友三郎内閣の行財政整理［大正一一年六月〜一二年八月］

九年恐慌、ワシントン軍縮会議（大正一〇年一一月〜一一年二月）の結果を受けて、加藤内閣は軍備縮小と同時に、行財政整理を実行することになる。

加藤はワシントン軍縮会議に基づき、まず海軍の戦艦、巡洋艦の製造の中止や老朽艦の廃棄を実行した。軍縮という国際情勢の中、世論の高まりによって、海軍のみならず陸軍においても軍縮が行われた。これにより陸海軍の経費はかなりの程度削減されたが、陸軍においては装備の近代化を図るため、海軍においては補助艦艇の製造などを理由に予算額の増大を要求してきた。このため結果的には軍縮額は約七〇〇〇万円にとどまり[11]、思うような軍縮の効果は得られなかった。

一方、行政機構の整理にも着手し、大正一一年（一九二二年）一〇月には国務院を廃止し、その事務を内閣統計局、陸軍省、農商務省に移管した。さらに拓務省の縮小を行い、大正一二年度予算において行政整理額約六七〇〇万円を削減した。

結果的に加藤内閣においては、軍事、行政整理額、合わせて約一億三七〇〇万円の削減に成功したが、そのほとんどは他の予算に組み込まれ、国民の税負担の軽減は一五〇〇万円にとどまった[12]。

大正一二年（一九二三年）八月、加藤首相はその在任中に亡くなり、内閣は総辞職することとなった。翌月には、関東大震災が起こり日本経済は大きな打撃を受け、震災復興事業のために緊縮財政は棚上げされることとなった。

三　第一次・第二次加藤高明内閣、第一次若槻礼次郎内閣の行財政整理［大正一三年六月〜一五年一月〜昭和二年四月］

大正一三年（一九二四年）一月、清浦奎吾内閣が成立した。しかし、この内閣は貴族院を基盤として作られたため政党内閣を希望する国民の反感を買い、政党を中心とした第二次護憲運動が起こった。その結果、五月に行われた衆議院総選挙では、護憲三派の圧勝となり、第一党である憲政会総裁の加藤高明を首班とする連立内閣が作られた。

大正九年恐慌の影響に加えて、関東大震災による日本経済の停滞は続いており、憲政会は緊縮財政、立憲政友会は積極財政による不況打開を主張していたが、選挙の結果や財界の要望により、第一党である憲政会の緊縮財政に基づく行財政整理を実行することとなった。第一に、陸海軍における人員の整理（陸軍では四個師団の廃止など）、第二に、行政機構の改廃、第三に、特別会計の整理、第四に、既定継続事業の繰り延べが挙げられる。

大正一四年度予算では前年度一般会計予算と比べて、約九〇〇〇万円の削減に成功し、増加の一途をたどっていた財政に歯止めをかけることができた。(13)

しかしながら、行財政整理を成し遂げた与党の連立関係にひびが入り始めた。政友会では、田中義一が総裁となって、政友会政権の樹立を画策し、憲政会との関係が悪化したからである。これにより両党の連立関係は解消され、加藤は総辞職の道を選んだ。

ところが、組閣の大命は再び加藤に下された。議会では憲政会単独で政権を支えることとなり、ここに第二次加藤内閣が樹立されたのであった。

前政権では行財政整理に一定の成果を収めたため、加藤は次に税制整理に着手したが、直後の昭和元年（一九二六年）一月に急逝した。

この後を受け、同じ憲政会出身の若槻礼次郎に大命が降下し、若槻内閣が成立した。若槻は急逝した加藤首相の税制整理案を引き継ぎ、実行に移したのである。

その内容は、第一に負担の公平を図ること、第二に歳入出の増減はしないこと、第三に低所得層の負担を軽減することにあった。つまり、直間比率の見直しをして、嗜好品を中心とした間接税の引き上げでそれを実現したのであった。

四　浜口雄幸・第二次若槻内閣の行財政整理〔昭和四年七月～六年四月～六年一二月〕

田中義一内閣の総辞職を受けて、昭和四年（一九二九年）七月、浜口雄幸内閣が成立した。

この内閣では、前内閣が行ったモラトリアムにより不況を脱出しつつある日本の財政再建のため、蔵相に井上準之助を起用し緊縮財政を旨とした。さらに、陸相には宇垣一成を起用し、陸海軍省を含めた行財政整理に着手した。発足のわずか三カ月後に起こった世界恐慌の影響も相俟って、行財政整理は内閣の大きな課題となったのである。

その結果、昭和五年度予算の削減計画は約八〇〇〇万円となった。中でも陸海軍費の削減額は大きく、四五〇〇万円となったが[14]、陸軍省は軍備縮小につながるこの提案を拒否し、内閣・民政党と対立することとなった。

昭和六年（一九三一年）四月には、負傷した浜口首相に代わって、若槻が再び首相となる。若槻は浜口元首相の政策を引き継いだため、この対立は解消されることはなかった。

九月に入ると満州事変が起こり、中国大陸における戦線が拡大したため、陸軍縮小計画は頓挫し、行財政整理全体の実行に失敗した。

(4)　第Ⅳ期　太平洋戦争と行財政整理

一　満州事変から太平洋戦争まで〔昭和六年九月～一六年一二月〕

昭和六年九月の満州事変により、満州全土を占領した日本軍は、昭和一二年（一九三七年）七月、盧溝橋事件を契

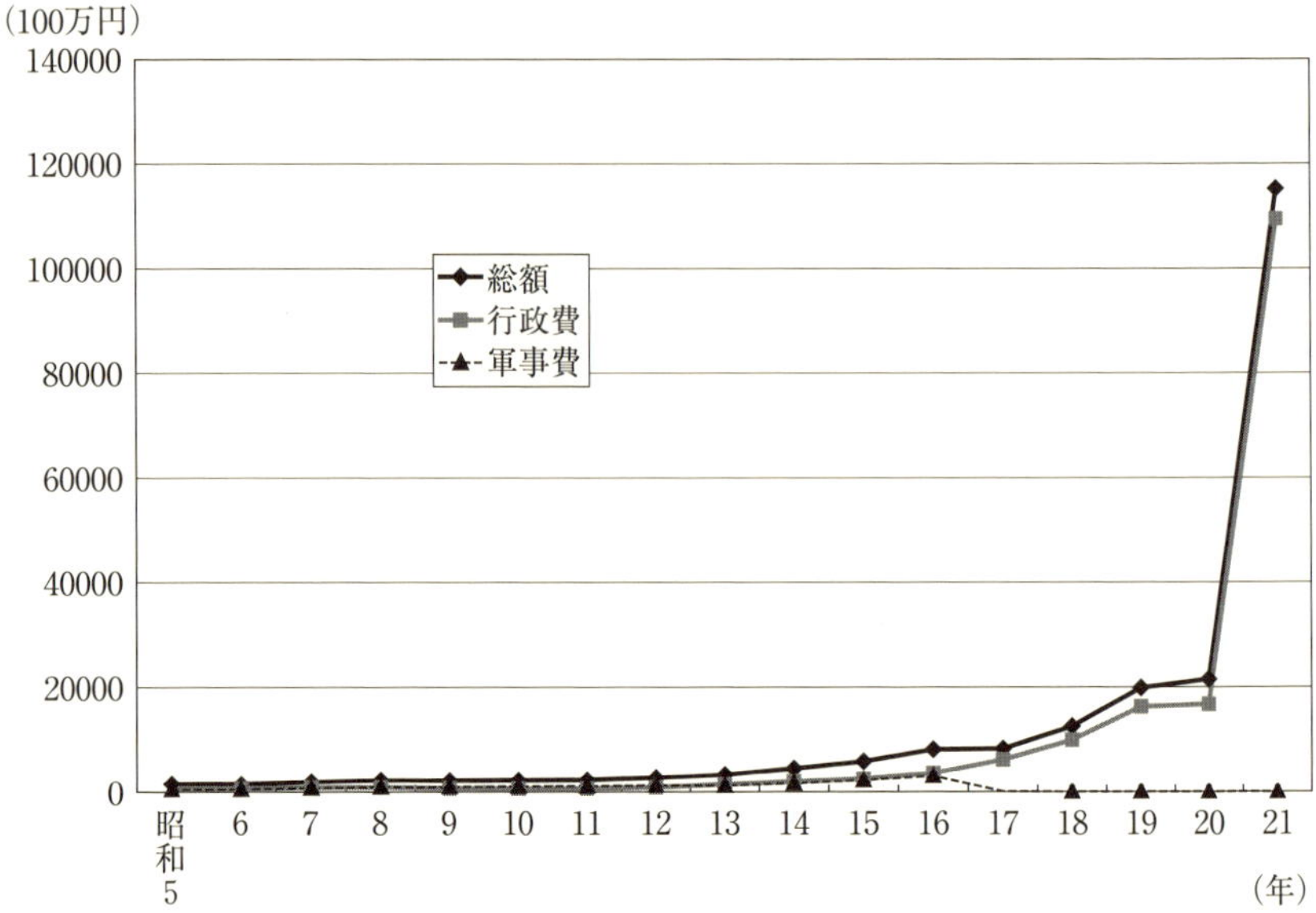

図表5　一般会計歳出決算（昭和5年～21年）

機として日中戦争を開始した。

大陸での戦線拡大は国際社会の批判を受け、やがてアメリカの対日感情は大きく悪化する。昭和一六年（一九四一年）四月から日米は戦争回避に向けて交渉を重ねていたが、八月には、米英中蘭による対日経済封鎖が行われることとなり、両国は対立を深めた。一一月にはアメリカからハル・ノートを提示されたこともあり、一二月、ついに日本は対米開戦に踏み切った。

二　東条英機内閣の行財政整理〔昭和一六年一〇月～一九年七月〕

陸軍大臣であった東条は、日米交渉において終始強硬路線を貫き、昭和一六年一〇月、首相に就任した後も日米開戦を主張した。当初、日本軍は真珠湾攻撃によって、アメリカ軍に対し一定の打撃を与えることに成功したが、昭和一七年（一九四二年）六月に行われたミッドウェー海戦において大敗を喫し、以後、アメリカ優位に戦況が進むこととなった。

それに伴って、日本経済は悪化の一途をたどり、追い詰められた東条内閣は、まず昭和一八年（一九四三年）一一月、軍需省の創設など、権限集中を企図した行政機構の統合を行い、また昭和一九年（一九四四年）二月には、決戦非常措置要綱をまとめ、この中で経費節減を定めた。これにより一般会計、特別会計を合わせて約九億円の節約を行っている。(15)

しかしながら、戦況は如何ともし難く、昭和二〇年（一九四五年）五月、同盟国であるドイツが降伏すると、日本の敗戦は濃厚となった。同年八月には広島、長崎へと原爆が投下され、日本はポツダム宣言を受諾し、敗戦が確定した。

三　戦後の行財政整理［昭和二〇年八月〜二五年六月］

日本の敗戦が確定すると、昭和二〇年九月にはアメリカを主体とするＧＨＱの占領統治が始まった。すでに日中戦争、太平洋戦争の戦費は約二〇〇〇億円に達し、日本経済は戦中から疲弊し混乱を極めていた。戦後も物資は極度に不足し国民生活は窮乏した。

昭和二〇年度予算の大半は、戦時体制のため軍事費にその多くを割いていたが、終戦を迎えたことにより、平時の予算に切り替えることとなる。この時、ＧＨＱの指令の下、政府は行政整理を断行し約六万五〇〇〇人の人員削減を実施した。(16)

昭和二四年（一九四九年）三月、ＧＨＱによって前年に示された経済安定九原則に基づいてドッジラインが実施された。その骨子として、緊縮財政、均衡予算の維持、債務の償還、固定相場制の設定、自由主義経済の導入などの方針が打ち出された。

同年五月には日本の税制の問題点を明らかにするべくシャウプ使節団が来日し、二度にわたって勧告がなされた。これによって戦後日本の税制の基礎が出来上がった。

前述のとおり、日本ではアメリカ一国による占領政策がとられたが、朝鮮半島では北はソ連、南はアメリカに分割統治され、やがて、南北双方がそれぞれ米ソの庇護の下に独立国となった。この南北別々の独立が昭和二五年（一九五〇年）の朝鮮戦争の火種となった。しかしこの戦争はなお疲弊していた日本にとって経済復興の大きな機会となった。アメリカの要請により戦争継続に必要な補給物資を生産するという役割を担うこととなる。いわゆる朝鮮特需によって日本経済は急速に回復していった。

2 戦後の行財政改革

第1節では行財政整理の時期を戦争と関連付けながら、おおよそ四つの時期に分類した。しかし戦後については、行財政改革の時期を国債の発行高と関連付けて三つの時期に分けることとしたい。

第一の時期として鈴木善幸内閣・中曽根康弘内閣では、第二次臨調による行財政改革が実行された。国債発行高が過去最高となった昭和五五年度の翌年のことである。

第二の時期としては、橋本龍太郎内閣で行財政改革が実行されている。バブル経済崩壊による深刻な経済不況となった平成五年（一九九三年）の翌年である。三度にわたり赤字国債を発行することとなり行財政改革は不可避の選択であった。しかし、橋本行革による歳出削減が不況を長引かせているという批判から、小渕恵三内閣・森喜朗内閣においては大幅な財政出動が行われた。その結果、国債の発行残高は三三〇兆円を越え、このまま進むと国の財政は破綻状態に到ると考えられるようになった。

そこで第三の時期として小泉純一郎内閣により行財政改革が実行されている。

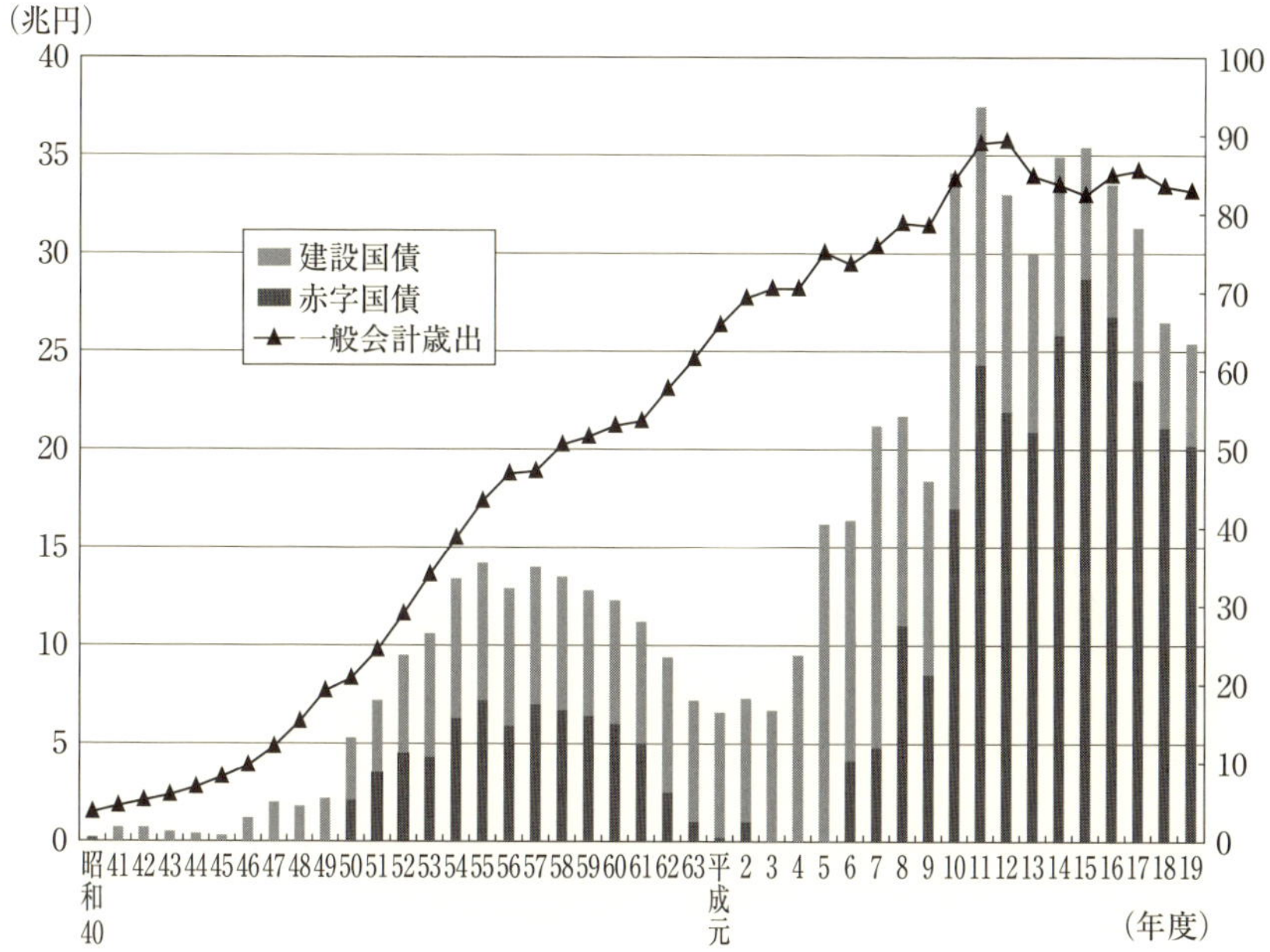

（出典）「戦後の国債管理政策の推移」（財務省ホームページ）

図表６　一般会計歳出と国債（戦後）

一　戦後日本の歩み［昭和二六年九月～四九年一二月］

戦後、昭和二六年（一九五一年）九月に吉田茂首相がサンフランシスコ講和条約に調印し、日本は独立国家として新たな道を歩み始めた。高度経済成長によって日本は目覚ましい経済発展を遂げていき、行政機構もまた肥大化へと向かった。

こうした中、昭和三七年（一九六二年）二月、臨時行政調査会（第一次臨調）が発足した。戦後初めての大規模な行財政改革であるこの第一次臨調は、昭和三九年（一九六四）九月、内閣機能の強化、中央省庁の整理・統廃合などを柱とした最終答申をまとめ、一定の成果をおさめた。

昭和四八年（一九七三年）のオイルショックは、高度経済成長を終わらせ、以降、日本は安定成長へと移行していく。

昭和五〇年度予算では、田中角栄内閣において戦後二度目の赤字国債が発行されることとなった[17]。このような赤字国債の発行が、その後の日本の財政状況に大きく関与していくこととなる。

二　鈴木善幸内閣・第一次～第三次中曽根康弘内閣における行財政改革〔昭和五五年七月～五七年一一月～六二年一一月〕

昭和五五年（一九八〇年）七月、鈴木内閣が発足した。その前年、予算審議の中で、昭和五五年度の赤字国債発行高は戦後最高の七・二兆円に達することとなった。このように赤字国債発行高が増加の一途をたどる中、翌年の三月、土光敏夫氏を会長とする第二次臨時行政調査会（第二次臨調）が設置された。鈴木首相は財政再建を掲げ、歳入歳出を見直していくこと、行政の簡素化・効率化を目標とした行財政改革を目指し、昭和五七年（一九八二年）、臨調の第三次答申では、増税なき財政再建を目標に三公社の民営化を求めた。

昭和五七年（一九八二年）一一月に鈴木内閣で行政管理庁長官を務めた中曽根首相が、第二次臨調の方針を引き継いで行財政改革を推進した。昭和六〇年（一九八五年）に専売公社（現ＪＴ）、電電公社（現ＮＴＴ）が民営化され、次いで昭和六二年（一九八七年）には国鉄（現ＪＲ）が民営化された。

なお、この際に推進した改革について政府を監視する目的で、昭和五八年（一九八三年）七月、臨時行政改革推進審議会が設置された。通称第一次行革審と呼ばれるこの審議会は、第三次まで設置され、平成五年（一九九三年）一〇月に最後の答申を出して解散した。

三　第一次・第二次橋本龍太郎内閣における行財政改革〔平成八年一月～一〇年七月〕

自民党は平成五年の総選挙で政権与党の座から転落し、五五年体制は崩壊した。その結果、野党である七党一会派が連立政権を樹立し、細川護熙内閣が誕生した。

その後も非自民党政権である羽田孜内閣が作られたが、長くは続かなかった。平成六年（一九九四年）には村山富市を首相とする自社連立政権が誕生し、再び自民党は政権に返り咲いたのであった。

平成八年（一九九六年）一月には橋本内閣が誕生し、行政改革、財政構造改革、金融システム改革、経済構造改革、社会保障構造改革、教育改革という内政面での六大改革を掲げた。

これを基に、橋本は行政改革会議を設置し、第一回の平成八年一一月から平成九年（一九九七年）一二月までその具体案が練られた。その結果、段階的に赤字国債を削減し、歳出を抑制することを目的として、平成九年一一月に財政構造改革の推進に関する特別措置法（財政構造改革法）が制定された。

次に、行政機構の簡素化を目的として、平成一三年（二〇〇一年）、従来の一府二二省庁から一府一二省庁へと再編を果たした。

なお、大蔵省は明治以来、財政と金融を一体的に行ってきたが、橋本内閣時の平成一〇年（一九九八年）より金融監督庁を設置し、財金分離を実現した。それに伴って、財政投融資改革も進み、省庁再編と共に新制度の運用が開始された。[18]

四　第一次～第三次小泉純一郎内閣における行財政改革［平成一三年四月～一八年九月］

橋本内閣の後を継いだ小渕恵三内閣は、経済再生内閣との位置づけでスタートした。前政権の橋本内閣が歳出削減による財政再建を行おうとしたのに対し、この内閣では積極財政による景気回復を最優先とした。しかし、財政出動による景気回復策は赤字国債の大量発行につながり、平成一一年度の赤字国債発行高は約二四兆円にも及んだ。[19]

さらにその次の内閣である森内閣では、ついに国債発行残高が約三七〇兆円に達し[20]、財政状況は危機的状況となった。そうした中、森首相退陣を受けての自民党総裁選では、派閥の論理による橋本元首相の再登板が主流派の議員たちによって画策された。このことが報道されると国民は反発し、地方票が小泉純一郎氏に流れ、議員票へも大きく影響を及ぼした。また、国民の人気が高い田中真紀子氏による応援も追い風となり自民党総裁に就任、第八七代日本国首相となった。

小泉首相は第一次小泉内閣の経済財政担当大臣に経済学者である竹中平蔵氏を起用し、郵政及び道路公団の民営化などの構造改革を実施した。

平成一三年四月からは財投は新制度に移行していたが、その入口と出口である郵政事業庁と道路公団の組織自体は官営のままであり、新制度の効果は十分に発揮されていなかった。そこで小泉首相はこれらを民営化することで旧制度の仕組みを完全に解体し、問題の残る財投制度に更なる改革を加えた。(21)

また、小泉首相は国債発行を三〇兆円に抑えることを公約として掲げたが、この公約は赤字国債の発行高にのみ適用され、建設国債を含んだ公約の実現は困難を極めた。

おわりに

近現代における日本の行財政改革について、最後にまとめてみたい。

第1節では、明治維新から太平洋戦争後まもなくまでを範疇として、戦前の行財政整理の推移を概観してきた。

日本が近代を迎えた一九世紀後半は、欧米列強の帝国主義が東アジアに波及してきた時であった。そうした状況の中、日本は列強による植民地化を逃れるべく、迅速な近代国家の創設が求められており、明治初期においては国家財政も拡大傾向が強かった。

また、明治一〇年代以降は、日本が列強と肩を並べるその過程で、内戦を含んだいくつかの戦争を経験することになった。その際、常に政府は軍事費の過剰な支出を強いられることになり、その後の政権運営に苦しむこととなったのである。

このように、新憲法以前の日本では、勝敗如何にかかわらず、戦争による出費が国家財政全体を圧迫していたことが考えられる。これにより、軍事費を含んだ行財政整理が時の政権によって実行されてきたと結論づけることができよう。

第2節ではサンフランシスコ講和条約後から現在に至るまでの行財政改革についてみてきた。

太平洋戦争後の日本は、アメリカの指導の下、平和主義を旨とする日本国憲法を制定した。経済成長に専念することができた結果、国防費は必要最低限に抑えられ、戦前のように軍事費の膨張という事態は避けることができた。代わって、大きな政府という二〇世紀の流れの下に、行政費は戦前にも増して拡大傾向を強めた。高度経済成長などを経た日本の予算総額はほぼ右肩上がりに増大していったのである。

しかし、必ずしも歳入が保証されていたわけではなく、その穴埋めを赤字国債の発行に頼らざるを得ない状況が発生してきた。このような赤字国債の発行高増大が、時の政権に危機感を抱かせ、行財政改革が不可避なものとなったのである。

注

（1）笠原英彦「第六章　行政改革の史的展開」『日本行政史序説』（芦書房、一九九八年）、一六七—一六九頁。
（2）詳しくは、半田英俊「七分利付外債と井上馨」『法学政治学論究』五八号（二〇〇三年）や、同じく半田英俊「七分利付外債をめぐる井上馨の方針」『法学研究』八二巻二号（二〇〇九年）を参照されたい。
（3）「九州地方賊徒征討費決算報告書」『太政類典』第四三巻（国立公文書館所蔵）、一三四七番。
（4）大蔵省財政金融研究所財政史室編『大蔵省史』第一巻（大蔵財務協会、一九九八年）、二六九—二七〇頁。

(5) 前掲『大蔵省史』第一巻、四二七頁。
(6) 坂入長太郎『日本財政史概説――財政の政治過程』(星雲社、一九八八年)、二二〇頁。
(7) 前掲『大蔵省史』第一巻、四二九頁。
(8) 朝日新聞社編『史料明治百年』(朝日新聞社、一九九六年)、六五一頁。
(9) 坂入『日本財政史概説』、二二九頁。
(10) 坂入『日本財政史概説』、二三二頁。
(11) 前掲『大蔵省史』第一巻、五八六頁。
(12) 坂入『日本財政史概説』、二七九―二八〇頁。
(13) 前掲『大蔵省史』第一巻、六二七頁。
(14) 纐纈厚「満州事変前後期の軍制改革問題と陸軍」『日本歴史』四二九号(一九八四年)、七〇頁。
(15) 坂入『日本財政史概説』、五一三頁。
(16) 前掲『大蔵省史』第三巻、一〇頁。
(17) 昭和四〇年(一九六五年)度予算として、戦後初めて赤字国債が発行された。
(18) 半田英俊「財政投融資と国会審議」『日本の統治システム』(慈学社、二〇〇八年)。
(19) 「戦後の国債管理政策の推移」『財務省ホームページ』。
(20) 同前。
(21) 半田「財政投融資と国会審議」。

第8章　参考文献一覧

『大蔵省史』第一巻～第四巻、大蔵財務協会、一九九八年
『太政類典』国立公文書館所蔵
『明治財政史』第八巻、明治財政史発行所、一九二七年

『明治前期財政経済史料集成』改造社、一九三五年
内田健三、金原左門、古屋哲夫編『日本議会史禄』一、第一法規出版、一九九一年
内田健三、金原左門、古屋哲夫編『日本議会史禄』二、第一法規出版、一九九一年
井堀利宏『日本の財政改革』ちくま新書、一九九七年
落合弘樹『明治国家と士族』吉川弘文館、二〇〇一年
落合弘樹「留守政府期の秩禄処分と井上馨」『日本近代史の再構築』山川出版社、一九九三年
纐纈厚「満州事変前後期の軍制改革問題と陸軍――民政党内閣の行財政整理構想との関連で」『日本歴史』四二九号、一九八四年
坂入長太郎『日本財政史概説』バリエ社、一九八二年
坂本多加雄『日本の近代2　明治国家の建設　一八七一―一八九〇』中央公論社、一九九九年
丹羽邦男『地租改正法の起源』ミネルヴァ書房、一九九五年
藤村通『明治財政確立過程の研究』中央大学出版部、一九六八年
松尾正人『維新政権』吉川弘文館、一九九五年
真渕勝『大蔵省統制の政治経済学』中公叢書、一九九四年
真渕勝『大蔵省はなぜ追いつめられたのか』中公新書、一九九七年
御厨貴編『歴代首相物語』新書館、二〇〇三年

半田　英俊

第9章　警察行政史

はじめに

本章では、明治以来内務省行政の一つの柱であった、警保局－警視庁・各府県警察部によって構成された警察行政の形成・発展過程について概観したうえで、第二次世界大戦後の占領改革における昭和二二年（一九四七年）の旧警察法制定による「警察民主化」、さらに昭和二九年（一九五四年）の現行警察法（新警察法）制定までの期間について述べる。

1　明治初期の警察行政

「警察」はギリシャ語の Politeia、あるいはラテン語の Politia を語源とする語であり、元来「都市・国家憲法」あるいは「統治作用」、「公共の秩序」を意味する広義の概念であったが、次第に狭義の「治安維持」にその意味が限定されるようになったとされる。明治維新以降の近代化の過程でわが国が欧米社会から継受した警察は、裁判権の確立に続いて警察が遅れて発生したとされる英警察に対置される、国家警察・政治警察を中心として発達した仏・独などの大陸型警察であるが(1)、この点について大霞会『内務省史』は以下のように述べている(2)。

「そもそも、警察制度には英米系と大陸系とがあり、前者は警察の職務を厳格に生命財産の保護、治安の維持、犯罪の捜査に局限しようとする傾向があるのに反して、後者は国家行政の便宜に応じて、営業・衛生・工場・建築・経済等に関する職務が加えられるのみならず、これらの行政事務に関して許可・認可等の行政処分、法規の制定、科罰などの権限をも認めようとする傾向があるといわれている。」

このような英米型警察・大陸型警察の「警察二分論」について、「はじめにイギリス、つぎにフランス、第三にドイツのそれを模倣した」(同、五六四頁)日本警察は、「いうまでもなく後者に属し、交通・風俗警察のような付随的職務はもちろんのこと、営業・衛生・工場・建築・保険などに関する行政をもあわせ行い、必要ある場合には行政検束、違警罪即決処分など、個人の身体自由を拘束し土地建物の強制使用・収用など、個人の財産・所有権を制限する権限も与えられていた」(同、五八四頁)というように、わが国警察行政は大陸型警察の流れをくむ存在と位置づけられている。

明治維新直後は、たとえば首都東京では各藩の藩兵による警備・治安維持が行われるなど軍隊と警察は未分化の段階にあった。しかし、両者は明治政府による近代化政策のなかで次第に分離され、治安維持機構の確立が図られる。そのような動きは、例えば福沢諭吉による東京府「ポリス」設置構想などに表される。やがて、府兵に代え東京府に設置されていた「邏卒」が、明治五年（一八七二年）司法省への警保寮新設に伴う移管により司法省直属の警察力と位置づけられることになり、[3] また県治条例によって各府県に裁判・治安維持機能を併せ持つ聴訟課が設置されるが、この段階は司法・警察の混同時代とされる。

この司法・警察の混同時代から脱却し近代的な警察機構確立の原動力となったのは、司法省警保助兼大警視川路利良の警察制度調査のための洋行と帰国後の建議である。[4] 川路は特に当時の仏における政治運動の抑圧を中心とする、政治警察機能を重視する警察の姿に着目し、その建議の要旨は、①厳格な三権分立制をとる仏に倣い、警察概念を司法警察・行政警察を区分すること、②行政警察を内務省が統括すること、③首都に警視庁を設置し、政治警察を管轄させること、などであった。この川路の建議をうけて、明治七年（一八七四年）に司法省から内務省への事務移管が行われ、中央における警察の内部事務を担任する内務省警保寮、および首都警察力としての東京警視庁が発足し、従来地域差が存在した警察行政機構につき次第に集権的な画一化政策がとられることになる。

行政警察について、同年一月制定の「東京警視庁職制章程並諸規則」が「警保ノ趣意タル人民ノ凶害ヲ予防シ、世ノ安寧ヲ保全スルニアリ、之ヲ行政警察ノ官トナス」（第一章第一条）としたうえで、「行政警察、予防ノ力及ハスシテ法律ニ背ク者アルトキ、其犯人ヲ探索逮捕スルヲ司法警察ノ職務トス」（第四条）と規定しているように、事件発生後の捜査、犯人逮捕など刑事裁判に連なる「事後的」活動である司法警察に対し、行政警察は犯罪「予防」のための事前取締に主眼を置く概念とされていた。具体的には「人民ノ権利ヲ保護シ、営業ニ安ンセシムル事」、「健康ヲ看護シテ、生命ヲ保全セシムル事」、「放蕩隠逸ヲ制シテ、風俗ヲ正シフスル事」、「国事犯ヲ隠密中ニ探索警防スル事」の四点が掲げられ、また東京府を除く各府県についても同年三月制定の「行政警察規則」により全国的に行政警察機構の確立が図られ、各府県警察機構が漸次画一化され（府県庁への警察事務を管掌する課の設置、「巡査」の統一名称など）、また住民生活の日常的把握、情報収集のための「戸口調査」などが巡査により実施されるようになった。[5]

しかしながら、当時の治安情勢は征韓論をめぐる激しい対立、不平士族反乱の頻発、近代化政策に反対する農民一揆などきわめて不安定であった。このため内務省警察は一時的に再び軍事的性格を強め、武力鎮圧のための実力治安部隊として機能することとなる（明治一〇年（一八七七年）の内務省警保局・東京警視庁の廃止、両者の合同による内務省警視局新設、西南戦争への警察官派遣など）。

西南戦争後、不平士族反乱が一段落したのち政府に対する言論攻撃が強まるなか、明治政府は反乱鎮圧のために軍事的機能を優先させた警察機構を再修正し、言論取締を中心とする国事警察機能を充実すべく、明治一四年（一八八一年）一月の警察改革により内務省警視局を警保局と改めて東京に警視庁を再設置し、また各府県には警察行政の最高責任者たる警部長を新設した。警視庁・警部長は、特に国事警察領域において中央の内務省と直結する存在と位置づけられていた(6)。

また、同年の「明治一四年の政変」を転機にわが国の国家路線が独（プロシア）模倣へと転換されたことを反映して、従来仏警察を模範としていた警察行政も独へとその模倣対象を転換した。この時期にはプロシア人顧問の来日によって、独警察制度に関する情報が伝えられた。明治一八年（一八八五年）に来日した警察大尉ヘーンは、警官練習所における全国の警察官に対する講義を通じて、独警察法、地方・警察行政機構などを教授した。特に独警察「高等警察」（国家の利益に関わる、集会・結社、労働運動取締などの機能）と「地方警察一般」の区分など、社会主義などの左翼反体制運動に対抗すべく組織された独警察の経験は、当時全国的に高揚していた自由民権運動と対峙していた内務省警察にとり、大きな影響を与えたとされる(7)。

ただし、プロシア人の意見がすべて日本側によって採用されたわけではない。たとえば、仏・独など集権的とされる「大陸型」警察にも一定の地方分権的要素が存在するが、この点については日本側による受容は行われず、地方警察権限の扱いについては相違点も存在した(8)。たとえば、ヘーンは全国府県警察への巡回視察後の復命書によって地方警察の改善方法を提案しているが、このなかでヘーンは当時の日本警察による集兵警察（地方警察署に人員を集中）方式では郡部での治安維持に限界があるとして散兵警察方式への転換を主張し、母国プロシアに範をとった町村戸長への警察事務委任を提言していた。しかしこれは当時の町村の行政能力を疑問視する内務省側の容れるところとはならず、双方の意見を折衷する形で、末端警察機関たる駐在所の設置に至ったとされる。[9]

2　立憲体制下の警察行政

明治一八年（一八八五年）の内閣制度発足に対応して、警察行政において高等警察が重要視されるようになる。明治一九年（一八八六年）制定の警視庁官制では、政治警察を担当する部局の呼称として、高等警察という用語が初めて用いられた。これは、仏警察の影響による従来の行政警察・司法警察といった「普通警察」に対置される新たな概念であった。従来行政警察の下部領域と位置づけられ[10]、不平士族反乱、自由民権運動に対する弾圧・抑圧を念頭においていた国事警察概念に比して、高等警察はより広義の政治的秩序維持を目指す新たな概念として行政警察から分離し、普通警察と対置される高次の警察機能と位置づけられたの[11]であるが、このような警察機能の区分には、すでにみたような独警察の影響がうかがえる。

この高等警察は帝国議会開設後、「超然主義」をとる藩閥政府にとって、民党勢力の選挙活動などの取締、情報収集、勢力切り崩し、あるいは民心の動向を偵察し、暴動計画を偵知するなど、警察行政において特に重要視された領域であった。[12]この藩閥内閣期において全国の警察行政とりわけ高等警察の責任者である警保局長、及び高等警察事務について首相の直接指揮を受けるとされた警視総監の人事は歴代内閣において特に重要であり、両者の役割は政務官的性格をもっていたとされる。[13]加えて、明治二一年（一八八八年）の大阪府警察部を嚆矢として、一部の府県警察部に高等課が設置されるようになり、大正期にはすべての府県に設置されるに至った。この高等警察は、公安を害する恐れあるものに対する「予防検束」などを規定した行政執行法や、治安警察法など一連の治安法制の整備と相俟って、警察による言論・社会運動への弾圧をもたらした。

明治三八年（一九〇五年）日露戦争後に発生した日比谷焼打事件は、戦後の生活苦への市民の不満が政府・警察への反感と結びついたものであり、内相官邸、多数の警察署、派出所が襲撃・破壊された。当時の政府と政治的に直結した警視庁のありかたへの批判は、警視庁廃止論へ発展した。これを受けて、第一次西園寺公望内閣は警視庁官制を改正し、高等警察に関する警視総監の首相直属規定を廃止し、他の権限と同様内相の指揮監督下に一元化した。その一方で原敬内相により藩閥系警察官僚に対する更迭人事が行われたことにより、次第に警察行政への立憲政友会の影響力が増大した。

二〇世紀初頭のわが国の急速な産業化進展に伴い、経済格差の拡大・都市の過密化などを背景に「社会問題」が深刻化するなか、行政、特に警察の役割は拡大をみせた。たとえば、世紀末から第一次世界大戦後にかけての警視庁庁内機構はこのような動きを顕著に示している。高等課から一九一一年に特別高等課、一九一八年に外事課（在日外国人保護などの事務を担当）が分離独立する一方、一九一七年に工場課（工場労働者に関する規制運用などの工場警察を担当）、一九二〇年に建築課（市街地建築物法による「建築警察」、建築物取締事務を担当）、一九二一年に人事相談課（保安課の人事相談所が昇格、職業紹介など民衆への支援事務を担当）などの新部局が設置されている。このうち特に注目すべき点は、本来の警察の役割である「治安維持」活動に加えて、当時重視されるようになっていた「社会政策」的性格を持つ部局、あるいは「建築警察」など都市特有の問題を扱う部局が警察に存在したことであるが、この動きには当時の米騒動後の時代背景と、原敬政友会内閣のもとで警視総監の地位にあった岡喜七郎の「民衆との調和」を目指す姿勢が大きく影響している(14)。

大正期から昭和期にかけての政党内閣時代には政友会と憲政会・立憲民政党の間での政権交代が相次いだが、選挙取締を通じて選挙結果に大きな影響を与えうる高等警察は政党勢力にとって最重要部門であった[15]。与党勢力は選挙運動取締や選挙情勢の情報収集において警察機構を最大限に利用して次期選挙での勝利を有利に進めるために、自由任用対象の内務次官、内務省警保局長、警視総監をはじめ、各府県知事及び警察部長、さらに警察署長に至るまで大規模な異動を行った。

このような警察行政における「政党化」の動きと更迭人事は政権交代のたびに繰り返されたが、とくに昭和期の政友会田中義一内閣による男子普通選挙実施を念頭に置いた更迭人事において、その傾向は顕著となったとされる。休職規定濫用などにより本来資格任用の対象となる官僚層までこの動きは波及するとともに、政友会と対立する憲政会・立憲民政党陣営によっても行われたため、府県によっては政党・選挙取締関係事務を担当した高等警察を中心に、警察署長や駐在所の巡査までが政変によって更迭・休職となった例も多数存在した。このような「警察の政党化」の常態化に及んで、内務官僚とくに「警察畑」官僚には、保身のため特定政党勢力に便宜を図ることを余儀なくされる事例も多々みられ、選挙取締において政治的中立性が保持できないという弊害が深刻化した[16]。

このような「一党一派の警察」の弊害がとくに顕著となった高等警察は、昭和七年（一九三二年）の五・一五事件で犬養毅内閣が倒れて政党内閣期が終焉すると、その存在意義が薄れたとして昭和一〇年（一九三五年）に警保局および各府県の高等課は廃止され、高等警察は消滅した。

一方、わが国でも明治三〇年代に入ると各種の「社会運動」が積極化をみせたが、特に明治四三年（一九一〇年）の大逆事件などを転機として、左翼および右翼運動の高揚とそれらの「国際化」に対処すべく、国家体制の変革・破壊を図る過激運動の取締のための新たな部局として、特別高等警察（特高）が整備されるようになった。明治四四年（一九一一年）に、初の独立した一課として警視庁に特別高等課が設置されたが、この動きは大正期に入ると大阪府を皮切りに北海道、長野県などの道府県にも波及し、昭和期には全府県に特高課が設置されるに至った。この特高警察は大正一四年（一九二五年）の治安維持法成立によりその機能が拡充され、また昭和初期に国家主義運動が高揚して共産主義運動とともに重要な治安対象となってきたことにより、一層その機能が重視されるようになった。

このような社会運動の様相の変化を受け、昭和七年（一九三二年）、警視庁では特高課を部に格上げして特別高等警察部が新設され、各府県警察部においても特別警察課が設置されるようになった。警察行政において最重要部門とされた特高警察の組織運営については、きわめて強力な中央統制が存在した。特高警察に関わる内務省からの指令、地方からの報告など中央・地方間の連絡はきわめて密接に行われ、また府県における特高課設置、特高課長人事などの決定事項はすべて内務省警保局の指示を必要としており、他の部門において存在したような地方長官の裁量の余地はなかったとされる。(17)

このように特高部門が機能強化される一方、警察行政はいわゆる「大正デモクラシー」期以降の政党内閣による「政党化」、また警察官の職権濫用や腐敗・汚職行為の多発による一般市民からの信頼低下という大きな課題を抱えていた。しかし前述のように五・一五事件での犬養政友会内閣崩壊によって政党内閣は途絶え、続く斎藤実内閣以降は官界・政党・軍部の勢力均衡のうえに成立する内閣が続くこととなる。また、この時期の内務省内には高等警察を中心とした警察行政の政党化に伴う混乱傾向に対して、政党勢力の影響力排除を目指す「新官僚」の台頭がみられた。

このような政治状況の変化を反映し、斎藤内閣期以降には内務省・警察行政からの「政党色」排除を目的として、従来不安定であった警察官身分保障の強化(18)、さらに「陛下の警察官」として不偏不党の警察への回帰を目指し、一般市民との関係改善を図る警察精神作興運動が実施されるなど、警察行政には新たな動きがみられた。このような動きの中心となったのは、松井茂や同内閣で警保局長を務めた松本学であった。自らも静岡県知事時代に田中政友会内閣によって対立する憲政会系であるとして「左遷」された経験を有し、また「警察が政治に携わることはよくない」(19)としていた松本局長の在任期には、警保局内からの政党系官僚の排除を目的とした抜擢人事や、警察精神作興運動の一環としての改正警察操典の公布、殉職者慰霊のための警察招魂祭などが実施されている。これらの動きを契機として、警察はその活動領域を積極的に拡大し当時の経済恐慌を背景に頻発していた労働争議や小作争議への介入傾向を強めていった。

斎藤内閣は帝人事件で倒れたが、続く岡田啓介内閣でも警察行政からの政党色排除の動きは引き継がれ、警察内部からの改革運動の成果としての特高警察強化や、昭和一〇年府県会議員選挙および昭和一一・一二年衆院議員選挙を対象とした、厳正公平な選挙取締の徹底を図る「選挙粛正」活動が行われた。各道府県単位での知事を会長とする「選挙粛正委員会」設置、新聞・ラジオなどの媒体による広報などにより、政党色を排除した中立的な選挙取締の実施を通じた買収、供応、戸別訪問など選挙違反の摘発強化が図られた。

日中戦争以降のいわゆる戦時「総力戦体制」下における、国家総動員法を中心とした戦時統制経済への移行に、警察行政は大きな役割を果たした。労働者を組織化・統制して軍需産業に従事させる「産業報国運動」や経済統制の実施、防空活動（地域住民組織であった消防組を再編した防空・防火組織である警防団、警察が統制）など、警察行政は総力戦体制の中心的存在として、その権限をさらに拡大させた。反面、本来治安維持を主な任務とすべき警察行政の「肥大化」は、必然的に事務負担の増大をもたらしたため、内務省・警察内部では多岐にわたるようになった警察事務の整理・縮小を必要視する動きも存在した。このため、昭和一八年の地方制度改正により、衛生・建築取締など警察権限の一部が縮小され、他の行政機関に事務移管されている。[20]

3　戦後占領改革による警察行政の変容

太平洋戦争が昭和二〇年（一九四五年）八月に終結し、敗戦に伴う軍隊、憲兵の解体・消滅により日本警察は治安維持の全責任を負う立場となったが、戦時中の軍への召集などにより当時の警察力は質量ともに低下していた。このため、政府は「警察整備拡充要綱」を閣議決定して警察定員の増加、警備隊設置等を図った。しかし、連合国軍による日本進駐の中心であった米軍は「降伏後における米国の初期の対日方針」に基づき、「秘密警察組織」の解体、警察制度民主化を日本側に要求することになる。

同年一〇月、D・マッカーサー元帥を最高司令官として東京に設置された連合国軍最高司令官総司令部（GHQ／SCAP、以下GHQと略記）は、日本民主化のための占領改革の手始めとして、東久邇稔彦内閣に対し「政治的、公民的及び宗教的自由制限の除去に関する覚書」による、いわゆる「人権指令」を発した。これは治安維持法などの言論・思想弾圧法令の廃止、政治犯の釈放、特高警察など「秘密警察機関」廃止、さらに内務大臣、警保局長、警視総監など警察首脳、および中央・地方の特高警察職員の罷免を日本政府に命じたものであった。これにより、内務省・地方庁の警察幹部百名余、さらに地方庁の特高警察関係者約四八〇〇人が一斉罷免となり、ここに特高警察は消滅した。

GHQは日本占領にあたり日本側の行政機構を利用した「間接統治」方式をとり、また陸海軍解散に伴い警察のみが治安維持を担う状況であったため、占領当初の特高解体・廃止とそれに続く内務省警保局公安課、各府県警察警備課の新設以外には、内務省・警察行政機構の大きな変更はなされなかった(21)。

特高解体・廃止をめぐるGHQとの折衝を契機に、内務省は昭和二〇年末頃からアメリカ警察制度を調査するなど警察改革の検討作業を進めていた(22)。その焦点は、国家警察存続と自治体警察創設の可否といった警察行政の地方分権化であった。翌昭和二一年七月公表の「警察制度改革試案」では、新たな地方自治制度に対応すべく従来の警察行政における過度の中央集権性を是正し、地方自治体も一部の警察事務を担当するものとされていたが、この日本側改革案では、内相は引続き強力な人事権や地方警察への指揮監督権を有するなど、警察行政に関する国家的統制が依然として存在した。

一方、日本側の警察改革案検討とは別に、GHQでは新憲法下での地方制度大改革に伴い、新たな地方制度に対応する内務省及び警察行政の民主化・地方分権化改革案作成を行っていた。GHQ内で最高司令官、参謀長の補佐機関として諜報、保安、検閲などを担当した参謀第二部（以下G2と表記）の民間諜報局（CIS）公安課（PSD）は、昭和二一年三月に米から元ニューヨーク市警察局長ヴァレンタインを団長とする都市警察改革企画団、またミシガン州警察部長オランダーを委員長とする地方警察企画委員会を調査団として招き、日本警察の調査を依頼した。同年六月に概要が公表された「ヴァレンタイン報告」では、警察行政の地方分権化（人口五万人以上の都市への自治体警察設置構想など）、厚生・衛生等に関わる権限の整理、警察官の待遇改善などを提言していた。一方、七月に公表された「オランダー報告」では地方部での警察行政事務を「国家地方警察」の担当とすること、また適正な警察業務と言い難い「余分の仕事」を他の行政機関に委譲すること、などが主張されていた。

ヴァレンタイン・オランダー両調査団による警察改革案の公表、さらに地方自治法制定に伴い内務省が作成していた警察制度改革案は再検討を余儀なくされた。地方自治法では都道府県は完全自治体とされ、従来の官選知事制が公選知事制に改められるなど、わが国地方制度は大変革を遂げつつあったが、内務省が特に憂慮したのは昭和二二年五月の同法施行後、府県警察部は公選知事の指揮監督下に入ると規定されていた点であった(23)。

同年一〇月設置の警察制度審議会に対し、内相は新憲法下の新たな地方制度に伴う警察改革方針について諮問した。一二月の同審議会答申を受けて、警保局は警察法案作成に着手した。翌昭和二二年二月、日本政府から「日本警察改革及び増員並びにその暫定措置に関する件」がＧＨＱに示されたが、その背後には当時の混乱した治安状況に鑑みたＧ２の二段階の改革方針、つまり警察機構の急進的分権化を避けて国家警察を当面維持し、新たな自治制度が定着して治安が安定した段階で改めて警察機構を地方分権化し、都市部の自治体に「都市警察」を設置しようという方針が存在した(24)。

しかしこのようなＧ２の「漸進的」改革方針は、ＧＨＱ幕僚部（Special Staff Section）において政治・行政面での民主化改革を担当した民政局（Government Section 以下ＧＳと表記）の激しい反発に遭遇する。ＧＳはＧ２等他の部局に比べて理想主義的であったとされ、日本社会のあらゆる分野について、徹底的な「民主化」改革を目指していた(25)。

特に昭和二二年四月の総選挙で社会党が衆院第一党となり、第一次吉田茂内閣が退陣し社会党中心の片山哲連立内閣へ移行すると、ＧＳは内務省解体を念頭に警察行政の徹底的地方分権化を即時実行するよう主張し、それまでＧ２主導だった警察改革案作成過程に介入した。ＧＳは片山内閣に働きかけて、警察改革案再検討のため同年七月に閣内に司法警察制度改革委員会を設置させ、国家警察の大幅縮小と各府県および六大市（東京、大阪、京都、横浜、名古屋、神戸）への即時分権化を骨子とする警察改革案をＧＳに提出させた。

このような警察民主化改革をめぐるＧＨＱの内部対立に際し、片山首相はマッカーサーに折衷案の提示を求めた。これに応えて同年九月に片山首相に送られたマッカーサー書簡により、都市での自治体警察創設、地方での治安維持のための国家地方警察創設を柱とする即時分権化実行が、ＧＨＱ側の警察改革の基本方針として日本側に示された。これに基づいて作成された警察法案が同年一二月に国会で成立し、警察法（以降「旧警察法」と表記）として公布された。この旧警察法により、従来の中央集権的な「国家警察」である内務省を中心とする警察機構は解体・分権化され、市及び人口五〇〇〇人（ＧＳの主張が通る）以上の「市街的」町村には自治体警察（市町村警察）が、また自治体警察が設置されない地方部での治安維持のための「国家地方警察」が、それぞれ創設された。国家地方警察、市町村警察は対等関係とされ捜査上の相互協力義務が規定された。ただし警察通信施設、犯罪鑑識、警察教養施設などの維持管理は国家地方警察の役割とされ、また国家的非常事態に限り、国家地方警察は市町村警察を指揮するものとされた。このような地方分権化改革により、戦後直後の日本警察は、国家地方警察の「警察官」と市町村警察の「警察吏員」とが並存して両者は制服等も明確に区別されるというように、いわゆる「二本建て」制度へと移行した[26]。

また、新生警察は行政委員会の「運営管理」下におかれることとなり、国・都道府県・市町村の各層に公安委員会が新設された。国家公安委員会、都道府県公安委員会は国家地方警察を、市町村公安委員会は市町村警察の「運営管理」を担当する一方で、政府の警察に対する関与は国家地方警察の人事・組織・予算など「行政管理」のみに制限された。

国家公安委員会は首相が国会の同意を得て任命する五名の委員で構成され、国家地方警察の長官人事権をもつなど、その運営管理を担当した。また都道府県公安委員会は知事が都道府県議会の同意を得て任命する三名の委員で構成され、都道府県国警の運営管理を担当した。市町村公安委員会は、市町村長が市町村議会の同意を得て任命する三名の委員で構成され、市町村警察への行政管理、運営管理を担当した[27]。このような旧警察法による警察改革に伴い、昭和二三～二四年にかけて警察官職務執行法（職務質問、武器使用などを規定し警察権限の濫用を制限）、刑事訴訟法（警察官は、戦前の検察官による犯罪捜査の補助的地位から独立）などが制定・施行されるなど、警察関連法制も大転換を遂げた。

昭和二二年（一九四七年）前後から、米ソ冷戦の開始など国際情勢の変化、また米国内政治状況の変化を反映して、当初ＧＨＱ主導で行われた初期占領改革は修正を迫られることとなった。朝鮮戦争勃発を契機に国内警察力を補うため昭和二五年に設置された警察予備隊はその一例であるが、朝鮮戦争での作戦面で本国と対立したマッカーサー司令官がトルーマン米大統領によって解任されると、後継のリッジウェイ司令官により初期占領改革の再検討を認める声明が出された。これにより初期占領改革に対する「見直し」の動きが本格化し、吉田茂首相の私的諮問機関として政令諮問委員会が発足した。初期占領改革のなかでも、とくに旧警察法による第一次警察改革は米主導で短期間に実行され、その決定過程では日本側の意見が反映されることは少なかった。このため、旧警察法の施行当初から、法案作成に関わっていた内務・警察官僚などを中心にその「欠陥」が指摘されていた(28)。

具体的には、まず市町村警察の財源問題が挙げられる。旧警察法では、本来市町村が負担すべき市町村警察に要する費用につき、地方自治財政が確立されるまで国・都道府県が暫定的に負担すると規定されていた(附則第八条)。しかしこの方針は貫徹されず、むしろ地方財政法が市町村警察の費用につき「当該自治体が全額負担」と規定したことにより、市町村警察はその発足当初から財源不足に直面した。この傾向は、小規模な町村警察のみならず、たとえば横浜市のような大都市警察でも同様であった。したがって、市町村警察の運営は警察後援会など市民からの寄付に依存せざるを得ず、出資者たる地域有力者と警察との癒着傾向が大きな弊害となった(29)。

また、市町村警察を設置すべき都市自治体の最少「人口規模」について、たとえば先述のヴァレンタイン報告では「五万人」とされていた。しかし、警察行政の徹底的分権化を目指すGSの主張により、結局旧警察法においては市町村警察の最少単位は人口五〇〇〇人に大幅に引き下げられ、また最少五人の警察職員を配置すべきこととされていた。やはりこの点についても旧警察法の施行当初より、自治体警察を維持する単位として過小であるとの懸念が存在した(30)。

このような旧警察法の「弊害」を解消し警察行政を効率化するためとして、昭和二六年の同法改正により住民投票による市町村警察廃止が可能とされた。これにより、発足時約一六〇〇ほど存在した市町村警察は、新警察法施行直前には約四〇〇まで激減することとなる。このような財政力の貧弱な町村警察に関わる改正に続き、翌二七年には国の治安責任、とくに首都東京の治安維持に対する内閣の責任を明確化するための改正が行われ、国家地方警察本部長官、警視総監の任命につき総理大臣の意見を反映するための規定などが設けられた。その後昭和二八年にも、吉田首相の意向により国家公安委員会に代えて国家監理会を置くなどの改正を目指した旧警察法改正案が国会に提出されるが、これはいわゆる「バカヤロー解散」により成立せず、廃案となった[31]。

翌昭和二九年七月、現行の「新警察法」が制定された。市町村警察は国家地方警察とともに全廃されて都道府県警察に一元化され、警察行政は都道府県による団体事務となった。これに伴い東京都を除く各道府県には道府県警察本部が新設された。都道府県警察を指揮監督する中央官庁として警察庁が新設され、国家公安委員会の管理下におかれた。このように、新警察法のもとでわが国の警察機構は中央集権性を強め、国家警察と自治体警察を折衷した構成となった。旧警察法で新設された公安委員会制度については、市町村公安委員会の全廃、また国家公安委員会の委員長には国務大臣をあて閣僚として、内閣・公安委員会との間の意思の疎通を図るという変革はあったものの、制度自体は存続することとなった[32]。

おわりに

以上、明治期〜戦後占領改革期の警察行政の形成・発展過程について概観したが、戦前の内務省警察の「歴史的特性」については、①「大陸型」警察の流れによる「中央集権性」と「政治的機能」(高等警察、特高警察)の重視、②大正期以降の政党勢力の伸張に伴う「政党化」の拡大、③警察権限の拡大傾向と一般行政との「一体性」などの点を挙げることができよう。このような戦前日本警察のあり方は、戦後占領改革の一環としての「警察民主化」による国家警察否定と地方分権化・権限縮小、また行政委員会制度の導入による政治的中立化などの措置により変化を遂げた。

しかしながら、ＧＨＱ内で警察行政の徹底した地方分権化を企図したＧＳと治安維持機能を重視したＧ２・内務省との意見対立を反映して、旧警察法においても戦前からの国家的治安体系・国家警察機能が一部存続していた。具体的には、国家地方警察における警備部局の存在・公安警察の発足や、国家的非常時における市町村警察に対する統制権限などが挙げられるが、米流の市町村警察が特に小規模町村の行財政能力に比して過重負担となり定着しなかったこともあり、この点はその後の新警察法制定による再集権化への途を開いたといえよう[33]。

注

（1）戒能通孝『警察権』（岩波書店、一九六〇年）は、この大陸型警察について「第一に市民の警察、自治体の警察ではなしに、政府の警察であることに特色をもっている。従ってその警察は第二番目の特色として市民に対する犯罪を除去するよりも、政府に対する犯罪とみられること、すなわち政府ないし政府の特定政策に反対する行動を予防し、鎮圧することに過度の熱心さを示すのが常である」と述べている（四九頁）。

（2）大霞会編『内務省史』第二巻（原書房、一九七一年）、五八四頁。

（3）同前、五六三頁。

（4）同前、五七七頁以降を参照。

（5）仏警察の影響、行政警察と司法警察の区分については、大日方純夫『日本近代国家の成立と警察』（校倉書房、一九九二年）、六〇頁以降などを参照。

（6）明治一四年の警察改革については、大日方『日本近代国家の成立と警察』のほかに笠原英彦『明治国家と官僚制』（芦書房、一九九一年）、福沢真一「自由民権期における国事警察の形成と展開」『法学政治学論究』三三五号（一九九七年）などを参照。

（7）大日方『日本近代国家の成立と警察』、一四二頁。日本警察がドイツを模範とするようになった経緯について、警視庁巡査から大正四年高文試験に合格して内務省入りし、警保局警務課長、警務部長などを歴任して警察行政に携わった後に香川県知事となった高橋雄豺は、明治初期の警察行政は当初英、ついで仏をモデルとしていたが、明治七〜八年に陸軍がドイツ式に変わるとともに、警察行政もその前後からドイツ式へ移行したとしている。高橋はその原因について「山県（有朋）さんがドイツ好き」であったためとし、その後の日本では憲法や行政方式なども「ずっとドイツに変わっちゃった」と述べている（内政史研究会『高橋雄豺

氏談話速記録』内政史研究資料第一二集、一九六四年、四〇頁)。
(8) この点について前掲『内務省史』は仏・独の警察は「一部には自治体警察をとり入れたものもあり、わが国のように徹底した国家警察ではない」(五八四頁)として、大陸型警察が「国家警察を主体としながらも、なお、部分的には自治体警察を採用する制度」であったのに対し、わが国の警察行政は「制度そのものは自治体警察の部分を除き、主として仏独の制度を採用」(五六四頁)し、日本警察は仏・独に比しても徹底した中央集権的・国家警察中心主義をとったとしている。
(9) 大日方『日本近代国家の成立と警察』、一四八―一四九頁によれば、ヘーンによる戸長への警察権委任案は、内務省側には受け入れられず双方の方針の折衷案として駐在所制度が採用されたとされる。
(10) 大日方純夫『近代日本の警察と地域社会』(筑摩書房、二〇〇〇年)、三一頁。
(11) 大日方『日本近代国家の成立と警察』、一二四四頁。
(12) 前掲『内務省史』、七四六頁以降を参照。
(13) 同前、五六三頁および六一二頁以降を参照。
(14) 大日方『近代日本の警察と地域社会』、一二四頁以降を参照。
(15) 前掲『内務省史』、七四八頁。明治四二年に内務省に入り、大正六年に警保局図書課長、その後は都市計画局長、土木局長、復興局長官、東京市長などを歴任し戦後幣原内閣で内相となった堀切善次郎は、与党勢力の影響下での警察による選挙干渉について、警官の尾行による対立勢力候補者の選挙運動妨害や、警察署長→府県警察部長→内務省警保局長という経路での各選挙区での選挙情勢の中央への伝達などを挙げている(内政史研究会『堀切善次郎氏談話速記録』内政史研究資料 第七〜十集、一九六三〜六四年)。
(16) 大日方『近代日本の警察と地域社会』、一二四九頁。周知のように、府県知事人事への政党勢力の介入はかねてから存在し、「政党色」を帯びた知事は存在した。しかし、大正末から昭和初期になるとその動きはさらに各府県の警察部長以下、地方警察機構の末端レベルまで浸透するようになった。大正一〇年に内務省に入り、主に土木行政に携わった新居善太郎は「政変があると、一等風当たりするのが警察」として、内務省警保局長、警視総監、各府県警察部長など中央・府県の警察首脳人事のみならず、「ひどいのは巡査まで代わる」こともあったとしている(内政史研究会『新居善太郎氏談話第一二回速記録』内政史研究資料第一二集、一九七七年、三七頁)。また、大正一四年に内務省に入り地方局を中心に地方行政に携わったのち昭和一九年小磯内閣で警保局長、戦後東久邇内閣で内務次官となった古井喜実も政党内閣期の政権交代によって各府県では「知事はおろか、警察部長も大半首になったり……ひどい県になると、もっと下の警察署長から交番の巡査に至るまで変わったですな」(内政史研究会『古井喜実氏談話第一回速記録』一九六六年、一一頁）と述べている。このような田中、浜口、犬養内閣期の政友会・民政党間での政権交代に伴う各府県警察官僚更迭人事について言及した文献としては、たとえば福井県警察本部警務部秘書課編『福井県警察史』（一九五九年、一五六頁以降を参照）や浜口民政党内閣時代の松本学知事による署長罷免と犬養政友会内閣でのそれらの復活人事について触れた福岡県警察史編さん委員会編『福岡県警察史』（昭和前編、一九八〇年、三―七頁）など各府県警察史による記述や、兵庫県警察部高等課、特高課などの経歴を有する高井五市の『高等警察時代十九年の想い出』（一九五七年）、や当時沖縄県警察部・警察署勤務であった具志堅宗精や仲村兼信による著作（沖縄タイムス社編『私の戦後史　第二集』一九八〇年、四六頁および仲村兼信『沖縄警察とともに』一九八三年、二二―三〇頁を参照）などが存在する。

(17) 前掲『内務省史』、七四九―七五二頁などを参照。

(18) 明治以来巡査については「待遇官吏」とされ、身分保障規定が存在しなかった。このためその更迭は容易であり、文官分限令による休職処分も頻繁にみられた。この点に鑑みた昭和七年文官分限令改正及び昭和八年巡査分限令制定などによる巡査の身分保障強化により、政党勢力による警察人事への介入は著しく制限された。これにより、たとえば昭和八～九年の群馬県では警察からの休職者が存在しなかった。この点については、群馬県警察史編さん委員会編『群馬県警察史』（第二巻、一九八一年、五六―七三頁）などを参照。

(19) 内政史研究会『松本学氏談話速記録』内政史研究資料第五八集、一九六七年、一二〇頁。松本学や斎藤内閣期以降の新官僚の動向、また当時の警察機構改革や警察精神作興運動については、同書に加えて小田部雄次「日本ファシズムの形成と『新官僚』」日本現代史研究会編『日本ファシズム（一）国家と社会』（大月書店、一九八一年）、山田英彦「一九三〇年代の警察改革」内務省史研究会編『内務省と国民』（文献出版、一九九八年）、水谷三公『日本の近代　13　官僚の風貌』（中央公論新社、一九九九年）、二四四頁以降、大日方『近代日本の警察と地域社会』、二三〇頁以降などを参照。

(20) 大正一四年に内務省に入り、昭和九年斎藤内閣期に警視庁警務課長、のち佐賀県警察部長、茨城県知事などを歴任した今井久は、戦前警察の「広い権限」について疑問を感じており、外国の警察のように「本来の警察をやるのがいいのか」と考えていたと述べている。今井は特に戦時中の警察行政は「便利屋的存在」であったとして、治安維持という警察本来の任務からみて「一体いいのかどうか」疑問であったとしている（内政史研究会『今井久氏談話第三回速記録』内政史研究資料第三六集、一九六七年、一三一―一三二頁）。また、大正五年に内務省に入り昭和四年浜口内閣期に警保局保安課長を務め、のち地方局長などを経て近衛内閣で文相、内相となった安井英二は、自身の大阪府知事時代に発足した経済警察について「商工省その他で困って警察へおしつけて」きた業務であったとして、これらを警察行政に「取り込むことは愚かなこと」と批判的に述べている。さらに、太平洋戦争開戦後の警察の「縄張り」拡大について「本来の警察の任務はどうなるだろうと心配」した経験から、戦後の警察改革における権限縮小について「いろいろ取りこんだものは終戦後離れたのは当然」としている（内政史研究会『安井英二氏談話第二回速記録』内政史研究資料第一五集、一九六四年、二六頁）。

(21) 戦前の特高警察と戦後の公安警察の関係については、その機能・人事面などで一定の「連続性」が存在するとされる。この点については、たとえば荻野富士夫『戦後治安体制の確立』（岩波書店、一九九九年）、二一頁などを参照。

(22)「現行警察法制定二十年の回顧と展望」『警察研究』一九七四年七月号、一六、一九頁および大日方『近代日本の警察と地域社会』、三四六頁以降を参照。

(23) 小倉祐児「マッカーサーと47年警察改革」『経済系』第一八八集（一九九六年七月）。

(24) 大日方『近代日本の警察と地域社会』、三四六頁。

(25)「現行警察法制定二十年の回顧と展望」『警察研究』一九七四年七月号、八、一八頁および大日方『近代日本の警察と地域社会』、三四七頁以降を参照。

(26) 広中俊雄『戦後日本の警察』（岩波書店、一九六八年）、五九頁。

(27) 広中『戦後日本の警察』、五八頁、「現行警察法制定二十年の回顧と展望」『警察研究』一九七四年七月号、一五頁、大日方『近代日本の警察と地域社会』、三四八頁などを参照。

(28) 星野安三郎「警察制度の改革」東京大学社会科学研究所編『戦後改革　三』（東京大学出版会、一九七四年）、二八八頁および三〇六頁。広中『戦後日本の警察』によれば、旧警察法に対する「侵食」は昭和二四年段階で進行していたとされ、その具体例として政府による斉藤昇国警本部長官更迭の動きや、東京都条例の改正による都公安委員会権限の警視総監への委任などの「公安委員会が棚上げされる傾向」が挙げられている（八九頁以降を参照）。ただし、その一方で自治体警察や公安委員会制度の「利点」として「役人の側から市民に近づくという姿勢」がみられるようになったとの積極的評価も存在した（「現行警察法制定二十年の回顧と展望」、二四頁）。

(29) 広中『戦後日本の警察』、大日方『近代日本の警察と地域社会』および水昭仁「地方分権下における警察行政――戦後改革期における市町村自治体警察を題材として」『地方財務』二〇〇五年四月号、五月号を参照。

(30)「現行警察法制定二十年の回顧と展望」、一一、一四、二〇―二一頁。

(31) 昭和二六年以降の旧警察法改正については、星野「警察制度の改革」、二八九頁、及び「現行警察法制定二十年の回顧と展望」、二三頁を参照。

(32) 新警察法制定については、大日方『近代日本の警察と地域社会』、三四九頁、水「地方分権下における警察行政」、二七四頁を参照。また、公安委員会制度が存続した背景には、その機能、とくに警察行政の政治的中立性確保の面で一定の評価が存在したことが挙げられる。この点については、「現行警察法制定二十年の回顧と展望」、三〇、四〇、五二頁を参照。
(33) 平野孝『内務省解体史論』(法律文化社、一九九〇年)、一八二頁及び荻野『戦後治安体制の確立』、六三頁などを参照。

第9章 参考文献一覧

大霞会編『内務省史』第二巻、原書房、一九七一年
内政史研究会『高橋雄豺氏談話速記録』、一九六四年
内政史研究会『堀切善次郎氏談話速記録』、一九六三〜六四年
内政史研究会『新居善太郎氏談話速記録』、一九七七年
内政史研究会『古井喜実氏談話速記録』、一九六六年
内政史研究会『松本学氏談話速記録』、一九六七年
内政史研究会『今井久氏談話速記録』、一九六七年
内政史研究会『安井英二氏談話速記録』、一九六四年
福井県警察本部警務部秘書課編『福井県警察史』一九五九年
山口県警察史編さん委員会編『山口県警察史』上巻、一九七八年
群馬県警察史編さん委員会編『群馬県警察史』第二巻、一九八一年
沖縄タイムス社編『私の戦後史　第二集』一九八〇年
小田部雄次「日本ファシズムの形成と『新官僚』」日本現代史研究会編『日本ファシズム(一)国家と社会』大月書店、一九八一年
荻野富士夫『戦後治安体制の確立』岩波書店、一九九九年
大日方純夫『日本近代国家の成立と警察』校倉書房、一九九二年

大日方純夫『近代日本の警察と地域社会』筑摩書房、二〇〇〇年
戒能通孝『警察権』岩波書店、一九六〇年
笠原英彦『明治国家と官僚制』芦書房、一九九一年
高井五市『高等警察時代十九年の想い出』一九五七年
仲村兼信『沖縄警察とともに』一九八三年
平野孝『内務省解体史論』法律文化社、一九九〇年
広中俊雄『戦後日本の警察』岩波書店、一九六八年
星野安三郎「警察制度の改革」東京大学社会科学研究所編『戦後改革　三』東京大学出版会、一九七四年
水谷三公『日本の近代　13　官僚の風貌』中央公論新社、一九九九年
山田英彦「一九三〇年代の警察改革」内務省史研究会編『内務省と国民』文献出版、一九九八年
「現行警察法制定二十年の回顧と展望」『警察研究』一九七四年七月号
小倉祐児「マッカーサーと47年警察改革」『経済系』第一八八集、一九九六年七月
福沢真一「自由民権期における国事警察の形成と展開」『法学政治学論究』三五号、一九九七年
福沢真一「占領改革と警察権限の縮小――昭和二二年警察改革の政治過程を中心に」『政治経済史学』三九九号、一九九九年
福沢真一「近代日本における建築規制・都市計画行政の形成と展開――大正八年市街地建築物法の制定と『建築警察』」笠原英彦編『近代日本の政治意識』慶應義塾大学出版会、二〇〇七年
水昭仁「地方分権下における警察行政――戦後改革期における市町村自治体警察を題材として」『地方財務』二〇〇五年四月号、五月号

福沢　真一

第10章 衛生行政史

はじめに

長与専斎が欧州の地において近代衛生行政に開眼しその導入を本格化させようとした時、その行く手に大きな課題として登場したのがコレラであった。コレラは安政年間にも流行をみせたが、維新以降では明治一〇年のそれが最初である。コレラはこれ以後もたびたび流行をくり返した。その特筆すべきは、なんといってもその被害の大きさであった。たとえば明治一二年のコレラの流行では、一六万人以上の患者を出し、一〇万人以上の人命を鬼籍へと追いやったのである。さらに明治一〇年代、二〇年代を通じ被害をもたらしたのはなにもひとりコレラのみでなく赤痢やチフスの被害も大きかった。色川大吉氏はこうした伝染病の被害の大きさに着目して次のように指摘している。(1)

明治十九年(一八八六)、この一年間に、わずか四種の伝染病(コレラ、天然痘、腸チフス、赤痢―筆者注)だけで、日本はじつに十四万六千人以上の尊い人命を失った計算になる。人民にしてみれば日露戦争をひとつやったほどの深い悲しみ、大きな惨害であった。……（中略）……その後も、明治二十三年、二十六年、二十八年とコレラ・天然痘などは猛威をふるい、明治十年代、二十年代のわずか二十年間に八十万人をこえる死者をだすにいたった（そのうち、十二年、十九年、二十六年の三年間だけで、四種伝染病による死者三十万八千八百余人をかぞえる）。これは明治時代四十四年間におこなわれた五回の対外出兵、二度の大戦争の死者の総計よりもはるかに大きかったのである。

伝染病の被害が大きかったことは色川氏の指摘に明快である。そしてわれわれは近代日本を語るとき、こうした事実から目を背けてはならない。近代日本の建設にあたって明治維新や自由民権運動、さらには大日本帝国憲法の制定やしばしば引き起こされたいくつかの戦争の影響、あるいは「富国強兵」といった国是が重要であったことは否定しないが、一方で何十万人という犠牲者を出した伝染病の流行やこれに対処した政府や官僚の行動を跡づけることなしに近代そしてそれに連なる現代の日本が存在することはない。そしてまた日本行政のあゆみの解明を求めるのならば、内閣制度や公務員制度を取り上げると同時に、住民が直接抱えた、歴史的に見過ごすことのできない課題に対して如何に行政がその役割を果たそうとしたのか、そしてそうした行政を裏打ちする価値や文化とはなんであったのかについても論じなければならない。

伝染病の襲来は住民を塗炭の苦しみへと押しやった。この伝染病、とりわけ明治初期から中期にかけてのコレラの流行に対して内務省衛生局は対策を求められ、繁忙を極めた。そしてこの時警察も重要な役割を担っていた。この警察の役割に注目するならば、明治一九年には地方の衛生行政が警察の所管とされることとなったことに触れなければならない。こうした警察行政への移管に対して川上武氏は「警察行政に従属した衛生行政の官僚化は、やがて日本医療の宿痾となり、衛生行政そのものをも停滞させる重大な要因となっていった」[2]と指摘した。川上氏の指摘は一面において日本のこれまでの衛生行政研究を象徴的に示すものであるが、これまでの研究では、伝染病対策を警察行政との対抗から位置づけることがしばしばなされてきたのである。その構図は比較的簡明であり、明治初期に導入された近代衛生行政はコレラなどの伝染病の流行により警察の介入を招来し、やがて警察の所管へと移行する。コレラ対策の初期から観られた避病院への隔離政策も警察主導によって実施され、住民を追い込む、というものである。衛生や伝染病の構造がいまだ住民に知られていない、あるいは伝染病対策に向けて住民の協力が得られにくい[3]段階では警察による対処がなされなければならなかったことも認める必要がある。しかし、こうした構図の中だけで衛生行政が終始していたわけでもないこともこれまた見過ごせない事実である。近代衛生行政を紹介した長与やその腹心、後藤新平をはじめとする衛生官僚たちの衛生行政論、内務省衛生局の置かれていた状況、欧米諸国の思想と衛生行政、準戦時体制から戦時体制にかけての社会構造の変容と衛生行政、戦後の民主化と衛生行政、高度経済成長と衛生行政、少子高齢化の進展と衛生行政など、今後衛生行政研究に求められる視点は広がりをもっており、歴史学的方法論の立場からは、実証的に考察が進められなければならない。

衛生の問題に関してはこれまでもたとえば、岡田晴恵氏[4]や多田羅浩三氏[5]らの医学・衛生史や小林丈広氏[6]や立川昭二氏[7]らの社会史、あるいは福田眞人氏[8]や小野芳朗氏[9]らの文化史等において扱われてきた。こうした研究に触れるにつけそれぞれに興味を禁じ得ないが、ここではそうした研究には還元しない。本章では、ドロシー・ポーターの指摘にあるように、衛生行政は「世界的な流行病や産業化によってもたらされる破壊への自然発生的な対応として形成されるものではなかった」[10]との見解に配慮しながら、そして笠原英彦氏[11]や谷口直人氏[12]らの研究に触発されながら、健康と国家の関係性に注目した衛生行政史を意識して議論を行うことを予定する。

1　「養生」

人々の健康に対する啓蒙書として現在でもよく知られるところとなっている『養生訓』が著されたのは徳川時代の中期のことであった。この中で著者はまさに「養生」の大切さを説いている。「養生」とは、飲食、洗浴、病気の時の心得・薬の用い方などに配慮しながら、自らの健康を自ら管理することである[13]。こうした考え方は、明治維新以降でも『虎列刺病養生の心得』などにも紹介されているし[14]、さらに大日本私立衛生会の発会式での演説でも長与専斎の言葉に「各自衛生」、「自愛心」としてあらわされるものである[15]。人々の健康にとって養生や摂生が重要なことは言をまたないが、仮にこうした「養生」といった考え方に従い健康が保障され促進されるのであれば、衛生行政あるいは近代衛生行政を意識する必要はなくなる。ところが衛生史の古典とも称される *"A History of Public Health"* の著者ジョージ・ローゼンが、国民の衛生や福祉の保護や促進は、近代国家の最も大切な役割の一つであると指摘するように[16]、時代は近代衛生行政を必要とし、近代国家を模索する明治政府にも導入が図られることとなったのである。

2　長与専斎と近代衛生行政

冒頭でも触れたとおり、長与専斎と近代衛生行政の関係は深い。長与はそもそも地元大村では蘭学の影響を受けながら教育を受け、大阪に出たのちは緒方洪庵の適塾に学び、そこでは福沢諭吉が担っていた塾頭も引き継いだ人物である。その長与が近代衛生行政に開眼するのは明治四年の岩倉遣外使節団に随行した際である。当初は西欧の医学教育制度の調査を目的にしての随行であり、調査を進める中で、「サニタリー」（sanitary）、「ヘルス」（health）、「ゲズンドハイツプレーゲ」（Gesundheitspflege）等の言葉を耳にするも直ちにその真意を解することはなかったが、ドイツの地にいたりようやくその意味するものを得た模様である。[17] これらは単に「健康保護」といった単純なものをさすのではなく、長与にしてこれは「人生の危害を除き国家の福祉を完うする所以の仕組」に基づいた健康保護の事業を意味するものと理解された。そしてその事業遂行のため西欧諸国には「国民一般の健康保護を担当する特殊の行政組織」が存在することに気付いたことを強調するのである。これこそまさに近代衛生行政の特徴を示すものとして注目するべき指摘であり、ここには好むと好まざるとにかかわらず人々の健康に対する国家の関与が招来されることとなる。長与は「東洋には尚ほ其名称さへもなく全く創新の事業」であることから容易な取り組みではないと判断するも、「其の本源は医学に資れるもの」であるため、医家出身の自分がその任に付くことを決心し、帰国後、この事業の創設に奔走することとなるのである。

米欧の調査より帰国した長与には文部省医務局長の椅子が用意され、しばしば「医療憲法」としても紹介される医制の制定に関与する。[18] 医制は医学教育制度と衛生行政を軸に構想されており、このうち後者は明治八年には新設された内務省に移管された。同省には衛生局が設けられ、初代の局長の座を占めたのは長与専斎であった。長与は明治九年には再び渡米の機会を得た。そこで米国の衛生行政に関する見聞を広めたらしく、帰国後、時の内務卿、大久保利通に提出したのが笠原英彦氏によって詳細な紹介がなされている「衛生意見」である。[19] この意見書において長与は「介達衛生法」と「直達衛生法」の視点から衛生行政を整理している。[20] 前者は、医師、病院、薬補等よりなり、後者は伝染病対策、環境衛生等からなっていた。今日「衛生」というと公衆衛生領域の課題を想起しがちであるが、長与の衛生行政論はこれにとどまるものではなかったことはこの意見書でも明らかである。ここでは伝染病対策や上・下水道の完備等、いわゆる衛生行政の中核的な構想が述べられているのはもちろんであるが、医師や薬補の整備など今日の医療行政に通じる論点が含まれていたことも注目されなければならないのである。伝染病等の疾病対策は衛生行政の対象ではあるが、個々にそれらへの対策をもって衛生行政が完結するのではないことも忘れることはできない。

3　伝染病との格闘

長与が岩倉遣外使節団の派遣に伴う調査から帰国し、その後医制が制定された時、衛生事務は文部省の所管であったが、明治八年には内務省に移管され、衛生局（当初第七局）が創設されることとなった。長与は欧州の地にあって近代衛生行政に開眼した際、その仕組みは「極めて錯綜したる仕組みにて、或は警察の事務に連なり、或は地方行政に繋か」るものであったと述懐しているが[21]、当該行政が地方行政と警察行政を所管する内務省に移管されたことは、長与にとっても好都合であったのかもしれない。長与は新設された衛生局を足場に近代衛生行政の構想を練ることとなったのである。しかしその最中、長与や新設の衛生局を襲ったのがコレラであった。コレラは安政年間にも被害をもたらしていたが、衛生局との関係に注目するならば明治一〇年を初出とする。

すでに触れたとおり、明治期住民の生活を脅かした一つの要因が伝染病、とりわけコレラをはじめとする急性のものであった。衛生局は明治一〇年、上海の地にてコレラ流行の兆し明らかなる情報を入手すると、国内のコレラ対策の一環として虎列刺病予防法心得を編成した。これにより、まずは海港検疫の必要性が指摘され、一方交通遮断、便所・芥溜・下水溝渠などの清潔方、さらには医師によるコレラ患者の届出などが求められることとなった[22]。ところでこの年、明治新政府は西郷軍を破ることに成功した。これは反政府勢力に対して政府への軍事的抵抗の限界を印象づけることとなり、その正当性を知らしめることとなった。そして西南戦争に勝利したこの新政府の凱旋兵は喜び勇み東進を続けた。ところがこの凱旋兵の中にはすでにコレラに感染した者も含まれており、それらの兵士と共に全国にコレラ患者は拡大することとなってしまった。この年のコレラの流行では一万人以上の患者が数えられた。

明治一〇年の流行が終熄したのもつかの間、明治一二年には再びコレラの流行が始まった。コレラの甚大な被害を眼前に控え、内務省は急遽、虎列剌病予防仮規則を制定・布告した。内務省は明治一二年のコレラの流行が始まる前より、伝染病に対する総合的法制の準備を進めていたが、猛烈な被害をもたらすコレラを前にして、この仮規則を打ち出すにいたったのである。この時の流行に対しては、警察官、郡吏町村吏、衛生委員等による総掛かりの体制で対策にあたったと長与は回想するが[23]、結果的に一六万人以上の患者を出し、一〇万人以上の人命を鬼籍へと追いやったと当時の統計は物語る。この年のコレラの流行に際しては新たな組織として中央衛生会が創設された。後には地方衛生会も組織されることとなり、そして恒久的な存在となった。また明治一二年の末には各府県には衛生課、各町村には衛生委員が置かれることとなった。明治一二年のコレラの流行がようやくおさまると、翌年には伝染病予防規則の制定がいよいよ実現した。明治一三年七月の伝染病予防規則ではコレラ、腸チフス、赤痢、ジフテリア、発疹チフス、痘瘡の六種が伝染病として指定された[24]。これに関して『医制百年史』では「近代的伝染病予防法規がようやく成立するに至ったものとして、予防史上重要な意義を有する」とされ、次の点に注目している[25]。

① 伝染病をコレラ、赤痢、ジフテリア、発疹チフス、痘瘡及び地方官が内務省の許可を得て定める疾病とする。

② 六種伝染病の全部について医師の届出、避病院の設置、患者の収容、患家の標示に関する規定を設ける。

③ 各伝染病ごとに排泄物等の焼却、埋却等、死体の埋葬方法、未消毒衣服器具等の使用授与販売の禁止、河流水道厠圊芥溜下水等の掃除清潔、船舶の検査、検疫委員の設置、群集の禁止等に関して規定を設ける。

この伝染病予防規則は明治三〇年に伝染病予防法に取って代わられるまで、改正も踏まえながら伝染病予防の基本的な枠組みを提供することとなる。加えて同規則の制定より遅れること約二カ月後には、伝染病予防法心得書も制定された。これを明治一三年の心得書という。同心得書は各伝染病に対して清潔法、摂生法、隔離法、消毒法の励行を求めるものであった。そして明治一六年には「全国民の健康を保持増進するの方法を討議講明し一には衛生上の知識を普及し一には衛生上の施政を翼賛する」ことを目指すにあたり大日本私立衛生会が設立された。設立時の会頭は佐野常民、副会頭は長与専斎、幹事は永井久一郎、高木兼寛、三宅秀、長谷川泰、後藤新平、石黒忠悳らであった。

一方、西洋医学の文脈ではたとえばマーク・ハリソンの整理を参照したとしても、一九世紀後半から二〇世紀の前半には医学に新たな時代が到来し実験室医学が主流となっていた(26)。コッホがコレラ菌を発見するのもこの時期である。日本国内でも明治一八年には後にコッホの弟子としてドイツで研究に励むこととなる北里柴三郎によりコレラ菌が発見された。

細菌学の進展により医学の知見も衛生行政に徐々に応用できるようになるかに見えたこの時期、政府では太政官制が廃止され内閣制に移行した。これに伴い各省官制も制定され、地方行政に関しては地方官官制が制定された。この地方官官制では衛生事務は内務部の所管とされると同時に、同三一条では警察の所管の中に衛生事務が位置づけられた。同官制を受けて長与が「十九年の頓挫」として歎いたことはあまりにも有名である。ただし長与は警察の衛生行政への介入を単に批判したわけではなく、「一切巡査の持切り」となる、「警察一手持」の衛生行政を批判した点は注意を要する。また地方官官制は明治二六年にも改正され、長与が「二十六年に至り地方の衛生事務は悉皆復た警察官吏の管掌に帰することとはなれり」と落胆するとおり(27)、衛生行政における警察の役割が強調されることとなるのであるが、同官制改革以後においても、内務省内では衛生行政は警察の所管するところであるとの見解で一致していたわけではなかった。確かに内務省の方針としては衛生行政における警察の役割は重要であるとの見解に相違はなかった。しかし内務省の見解としては、「行政自治の町村吏員に至る迄均しく力を合わせてやりませぬければ全き事は得らるる筈もない」との指摘からも明らかなように、衛生の事は警察の行為のみでとどまる訳ではないとの考えもあり、「行政自治」への配慮も意識されていたのである(28)。

長与は明治二三年の伝染病予防及消毒心得書を受けて自治の視点から衛生行政の進展に期待しつつも、その翌年には衛生局長の職を辞し、その後、中央衛生会長、大日本私立衛生会会頭等の職責を果たすこととなった。『内務省史』は、長与はわが国の医学教育制度の確立、医師試験の改善、日本薬局方の制定、コレラ防疫等伝染病予防体系の確立、市町村衛生組合の設立、英人ウィリアム・バルトンらをして上下水道の改善案を立案させるなど、明治初期から中期までの衛生行政の進展は長与の功によるところが多大であったとしている。また、後藤新平、北里柴三郎らの人材を多数養成し、大日本私立衛生会を創立するなど、たんに衛生局長としての仕事だけでなく、わが国の公衆衛生の水準を高めた功績も忘れることはできない、として高い評価と賛辞を惜しまない[29]。この長与に見出された後藤は、長与の局長在任中「懐刀」と称されるまで信頼を得、活躍した。後藤は岩手県水沢市出身で、福島の地にあって医学に励み、長与に見出されたときには愛知県立病院長の職にあった。板垣退助が岐阜の地で難に遭ったとき駆けつけたのも後藤である。後藤が長与に見出される契機は彼が単に医師としての職務のみに邁進していたわけではなく、住民の病気の予防・健康増進にも関心を持っていたからであった。内務省に出仕するようになると、命を受け新潟県や長野県などに現地調査に出かけるなど精力的な働きをした。さらに明治二二年には『国家衛生原理』、翌明治二三年には『衛生制度論』を著すなどその活動は精力的であった。これらは「わが国最初の衛生行政に関する体系的著作」として紹介されるものである[30]。後藤はドイツへの留学も実現し、シュタインの薫陶を受けたことでも知られる。帰国した後藤は、荒川邦蔵衛生局長のあとを受け第三代衛生局長として就任することとなった。この時、長与や慶應義塾の福沢諭吉らと伝染病研究所（伝研）の設立にも尽力した。明治二五年に設立された伝研の運営にあたっては、北里柴三郎の能力にも期待が寄せられていた。伝研は後来記憶に留められる幾人もの研究者が輩出したことでも知られ、たとえば、赤痢菌の発見で知られる志賀潔や梅毒の治療剤サルバルサン発見への貢献で知られる秦佐八郎などがいた。伝研は当初大日本私立衛生会の付属機関として出発したが、明治三二年には内務省所管となり、さらに大正三年には文部省に移管された。北里は東京帝国大学出身であるが、文部省に集う帝国大学医学部系統とは折り合いが悪く、内務省の長与系に属していた。ドイツへの留学も長与の計らいが大きかった。そのため後に伝研が文部省に移管されることが決まると抗議の意味も込めて辞職し、私立の北里研究所を設立した。先の志賀や秦もこの時行動を共にした一門であった。

4　慢性伝染病対策

コレラの流行による被害はすさまじいものがあったが、被害をもたらしたのはひとりコレラのみでなく、明治二〇年代以降になると赤痢対策も焦眉の急となった。この中で伝染病対策の法制化も進み明治三〇年には伝染病予防法が制定される。[31] 同法は百年の歳月を経た平成一〇年（一九九八年）、「感染症の予防および感染症の患者に対する医療に関する法律」（翌年四月より施行）に変わるまでその名を残すこととなる。この明治三〇年の伝染病予防法ではコレラを始め、赤痢、チフス、ペストなどの伝染病が法定され、その対策の枠組みが示された。ただし伝染病対策はここに終結を観たわけではない。明治末年から大正、昭和と時代が下るにしたがって性病や結核、らいといった慢性の伝染病に対する対策もそれまで以上に注目されるようになるのである。

性病に関しては、明治の初期、花柳病が無視できなくなっていたが、対策はそれほど進むことはなかった。こうした中、医学の分野から貢献したのが伝研で活躍した秦佐八郎である。彼は欧州留学中、化学療法の研究に従事した際、梅毒の治療剤サルバルサンをエーリッヒとともに発見したことで知られる。『内務省史』によると、サルバルサンは世界における最初の化学療法剤であり、これによって梅毒をはじめ、スピロヘータを病原とする疾病が治癒するに至り、これをもって秦はエーリッヒとともに化学療法の始祖とたたえられることとなる。[32] 明治四三年、帰国した秦は、伝研で化学療法の研究等を引き続き行っていたが、すでに触れたとおり北里と行動を共にすると、その後には、北里研究所副所長、慶應義塾大学医学部細菌学教授なども歴任し、研究や教育に従事した。性病対策は戦後ＧＨＱの関心の的ともなる。

結核に関しては、明治一五年、コッホが結核菌を発見したが、このころからわが国においても肺病死亡者の調査が実施され始める。[33]明治二二年には兵庫県須磨浦にわが国最初のものとして紹介される結核療養所が設けられ、その後、鎌倉病院、恵風園と整えられていった。明治三〇年代ともなると、たとえば長谷川泰衛生局長の時代には、肺結核死亡数の全国調査も実施されるなどし、その結果、結核対策の必要性は強められた。明治三四年には畜牛結核予防法が制定され、結核に感染した牛の撲殺が求められた。その三年後には「肺結核予防ニ関スル件」とする内務省令がだされ、公衆の集合する場所における痰壺の設置と痰の消毒、結核患者の居住した部屋、所有した物品の消毒等が命ぜられた。明治四一年にはコッホも来日した。この時、かつて彼の下に学んだ北里柴三郎は、衛生行政に理解ある金杉英五郎や北島多一らと結核予防事業の必要性を提起した。こうした機運は大正時代になっても引き継がれ、日本結核予防協会の設立も実現をみるようになる。ここでの中心人物は北里であったが、財団法人となった後には渋沢栄一も会頭として関わるようになり、結核予防思想の普及等が行われた。結核対策の必要性が叫ばれる中、コッホ来日の少し後、明治四四年には明治天皇の下賜金等を基にして恩賜財団済生会が設立され、施薬救療事業に乗り出したことも記憶されるべきであろう。大正中期ともなるといよいよ結核の被害も無視できなくなり、大正八年、結核予防法が制定されることとなった。同法の制定を受けて、①結核菌に汚染した家屋物件の消毒、②旅館・理髪店の従業員等に対する健康診断の励行と結核患者に対する従業禁止、③学校・病院等公設施設への痰壺の設置その他の必要な施設整備、④人口五万以上の市またはとくに必要と認める地方公共団体に対し結核療養所の設置を命ずること、⑤結核を伝染させるおそれのある患者で療養の途のない者を療養所に入所せしめること、⑥地方公共団体及び公益法人の結核療養所に対し国庫補助を行うこと、⑦従業禁止または命令入所によって生活できない者に対して、その生活費を補給することと等が求められることとなった。[34]昭和期にはいると、安達謙蔵内務大臣のもと結核予防相談所も設けられ、後藤文夫内務大臣の下では、結核予防国民運動なども企画された。この企画は岡田文秀衛生局長、高野六郎予防課長などにより進められ、『内務省史』ではこの事業を「科学と行政とのタイアップを実現しようとする基盤ともなり、結核予防行政に歴史的な役割を果たした」ものとしている。[35] 結核は昭和一〇年代、さらには戦後に至っても被害をもたらし続けることとなり、結核患者への対応は戦前・戦後期の保健所の重要な仕事の一つであったが、ここにとどまらずさらに抗生物質の使用が当たり前のようになった二一世紀においても、患者は絶えないうえ、発見が遅れれば命に関わる病気として注意の目を背けることはできない。

らい予防も明治後半になってくるとその法制化が進む。明治三八年には渋沢栄一らにより「癩予防相談会」が催され、熊本県のらい患者の収容施設、回春病院を開設したハンナ・リデルやその一生を救らい事業やらい医学に捧げたことで紹介されることもある光田健輔らの講演も行われ、明治四〇年にはいわゆる「癩予防ニ関スル法律」が出されることとなった。[36] 昭和六年に長島愛生園が開設されると初代園長を命ぜられたのが光田であった。ところでらいはらい菌によって引き起こされる病気であることは、ノルウェーの医学者ハンセンによって明らかにされていたが、その一方で長きにわたり続いた社会からの差別が問題となる。戦後、『砂の器』が松本清張により世に問われるが、そこではらい患者の痛ましいストーリーが描かれることとなった。

このほか、脚気対策の中からは栄養の問題が提起された。明治の初期においては、脚気についての知見は少なく暗中模索の時代であったが、明治中期ともなると海軍の高木兼寛の見事な才覚にも救われ脚気と栄養問題の相関性に注目が集まった。大正期になると国立の栄養研究所が設立され、教育・研究機関にあっても慶應義塾大学には食用研究所が設けられるなど、栄養の問題が科学され始めるのである。

慢性の伝染病対策がより意識的に進められるようになった明治末年から大正期にかけて人々の健康や衛生行政と関わりの深い行政組織といえば、大正五年の保健衛生調査会であろう。これは「国民の健康状態、国民の健康を損う原因及びその除去に必要な事項並びに健康の保持増進に必要な事項を統計的学術的に調査研究」するために設けられたものであって、[37]『医制八十年史』では「わが国における従来の伝染病予防を主とする消極的衛生行政が国民の健康増進を目的とする積極行政へと進展していく端緒をなすものとして深い意義を有する」としている。[38]同調査会は会長に内務次官をもってあて、関係各庁高等官及び学識経験者をもって組織された。当初の調査項目は①乳児、幼児、学令児童及び青年、②結核、③花柳病、④らい、⑤精神病、⑥衣食住、⑦農村衛生状態、⑧統計であった。またこの時期は内務省の衛生行政機構にも手が加えられ、大正一〇年には予防課及び調査課が設けられることとなり、保健課、防疫課、医務課とあわせて五課体制となった。主な所管事項は以下のとおりであった。

保健課…①飲料水及び水道、②飲食物その他栄養、③屠畜及び屠場、④下水道、汚物掃除その他清潔保持、⑤毒物、劇物その他有害物、⑥売薬部外品、⑦公園、鉱泉場、海水浴場、療養地等、⑧工場・劇場その他多衆集合する場所の衛生、⑨小児及び婦女の一般衛生

予防課…①結核、トラホーム、らい、花柳病その他慢性伝染病、②寄生虫病、原虫病及び地方病、③精神病、④恩賜財団済生会その他救療

防疫課…①急性伝染病、②海港検疫、③痘苗血清その他細菌学的予防治療品

医務課…①医師、歯科医師、産婆及び療俗、②薬剤師、製薬者及び薬種商、③医師会、歯科医師会及び薬剤師会、④薬品及び売薬、⑤薬草栽培及び製薬奨励、⑥普通病院

調査課…①保健衛生調査、②衛生統計、③衛生思想普及

5 昭和戦前期の衛生行政

(1) 厚生省の創設

明治後半から大正期にかけて、諸外国の諸思想が紹介され、政党政治も進展し、普通選挙制度も求められるようになった。吉野作造の民本主義が唱えられるのもこの時期である。労働者に対する立法も工場法が制定されるなど徐々に整備されていく。学術界においては社会政策学会が立ち上げられた。後藤新平や窪田静太郎らの疾病保険構想も打ち出された。大正一一年には内務省の外局として社会局も創設された。この社会局には当時「先進的」な思想をもった官僚が集結したことでも知られている。日本社会は一面では政治的にも文化的にも爛熟期を迎え、これまでの経験や成果を謳歌するかに見えた。ところが満州事変を迎える頃には、徐々に戦時色を強めていくことを余儀なくされるのである。

準戦時体制から戦時体制へと移行していく中で国民の体位の低下を憂えていた陸軍は、健康な国民、ひいては健康な兵士のために、国民の健康を管理する独立した新省の必要性を感じるようになっていた。一方、内務省の衛生局や社会局も内務省内の一つの局ではなく、両局の独立、そして新省の創設を歓迎する向きがあった。厚生省創設にかかわった内務省衛生局長狭間茂の回想によると[39]、この当時の衛生局のスローガンは、「治療から予防へ」といったものになっていたとのことであり、加えて内務省衛生局では、保健衛生の主管大臣が閣議に出て、「主管行政について堂々の論陣を張る」ことも求められていたようである。治療や予防との関連では、近代衛生行政が導入された際、長与の指摘からも明らかなように衛生とは国民の健康保護に重点が置かれるものであったため、衛生と治療や予防といった概念は相互に相性は決して悪くないのであるが、狭間の時代ともなると、衛生という言葉に加えて保健といった言葉がしばしば使われるようになっていた。狭間の回想の中にも保健という視点から、国民保健の積極的指導を任務とする保健所の必要性が指摘されている。さらに彼の回想からは、保健衛生の問題をめぐり、「視野を広げ、幅広く考える」とするならば、いわゆる社会事業・社会政策分野の福祉行政、保護行政、社会保険行政などに関しても、一般衛生行政と分離して考えることは適当ではないといった風潮があったこともうかがい知ることができる。そしてこの時期、保健衛生問題を「積極的」に進めたい内務省衛生局や社会局と国民の体位を憂う陸軍の思惑が一致することとなり、昭和一三年、厚生省の創設の実現をみることとなったのである。厚生省は陸軍の後押しで出来た側面を否定することはできない。しかし、陸軍の意向で、戦争のために創設されたという見方はあまりにも一面的であり、同省創設の過程においては内務省衛生局や社会局の官僚たちの努力や彼らの意向もまた無視することはできない。

(2) 保健所の創設

明治期に行われたコレラをはじめとする急性の伝染病対策を中心とした衛生行政は大正期になると既に触れたように保健衛生調査会の活動にもみられるように慢性伝染病対策にも目が向けられるようになっていた。さらに時局の変遷にしたがって国民体位への関心が高まると保健指導の必要性も求められるようになり、保健衛生上必要な指導を総合的に実施するために昭和一一年には保健所法が制定された。翌年には衛生行政は内務省から厚生省の所管となるが、この新しくできた役所の下で、保健所の開設がすすめられ、衛生行政の第一線機関として期待されていくこととなった。この時期の保健所の業務としては、①衛生思想の普及に関すること、②栄養の改善及び飲食物の衛生に関すること、③衣服・住宅・その他環境衛生に関すること、④妊産婦及び乳幼児の衛生に関すること、⑤疾病の予防及びその他健康増進に関することがあった。

6　GHQの民主化政策と衛生行政

満州事変から日米開戦を通じて世界大の戦争に参戦した日本の戦後はポツダム宣言を受諾することでスタートを切った。同宣言を受諾した日本政府は、サンフランシスコ講和条約の締結によりその独立が承認されるまで、GHQの間接統治の下に置かれ、民主化の道を歩むこととなった。そこでは日本の軍国主義的色彩の払拭が求められ、「日本国国民ノ間ニ於ケル民主主義的傾向ノ復活強化ニ対スル一切ノ障礙ヲ除去」し、「言論、宗教及思想ノ自由並ニ基本的人権ノ尊重」を確立することが目指された[40]。GHQを指揮したのはマッカーサーであり財閥の解体、男女平等、労働組合の奨励等を求めた。そして新しい憲法も制定された。新憲法が制定されたことであらためて人権に対する見直しがなされ、衛生行政の関係でいえばとりわけ憲法二五条によって生存権が規定され、憲法の中に社会保障や社会福祉、公衆衛生の向上・増進が盛り込まれた。戦前とは異なり、戦後の衛生行政は新憲法の人権規定とも関係し、その分析視角の中に権利性の視点が取り上げられることともなるのである。国民の健康問題に関する国家の関わりは、この憲法を見ても大きく変化したといえよう。

GHQの民主化政策の下に衛生行政機構の再編も進められ、昭和二〇年九月には覚書「公衆衛生対策ニ関スル件」が発せられた。これは「終戦後の公衆衛生活動の最初の規範」であり[41]、当時のGHQの「保健医療政策を集約したもの」として紹介されることもある[42]。翌年には覚書「日本政府ノ保健及ビ厚生行政機構改正ニ関スル件」が発せられ、それまでの厚生省の衛生局及び医療局は廃止され、新たに公衆保健局（調査、保健、栄養の三課）、医務局（医務、薬務、製薬、病院、療養の五課）及び予防局（予防、防疫、検疫の三課）の三局が設置された。昭和二二年には児童の健全な育成が求められ、児童局も設けられた。労働行政関連の事務も整理されていったが、これに関しては昭和二二年九月、新憲法の人権規定を基調とした勤労権の確保や勤労者の団結権の保障等の労働行政を所管するために新設された労働省に移管された。地方行政では衛生部と民生部の設置が進められた。厚生省や地方行政庁のみでなく保健所も新しく捉え直されることとなった。そしてこの時期、衛生行政や福祉行政の文脈においてその民主化を進める際に指導的役割を果したのが公衆衛生福祉局（Section of Public Health and Welfare＝ＳＰＨＷ）のクロフォード・サムスであった。

サムスの回想によると[43]、戦前の保健所の基本的機能は、衛生教育を促進させること、結核患者の診断・治療を行い、母子衛生相談所としての役割を果たすことであったが、基本的には診療所でしかなかった。サムスによるとこうした保健所は、一九二〇年代の米国のそれと類似していたという。しかし政府の行政組織の一部でもある保健所には近代的概念に基づく基本的サービスのいくつかを提供する責任があるとの考えから保健所を見直し、法律の施行とサービスを徹底するために、日本ではアメリカの保健所の六種類のサービスをさらに細分化して、一二種、すなわち保健婦、母子衛生、衛生統計、衛生試験、歯科衛生、栄養、食品および獣疫衛生、衛生教育、防疫、医務、性病予防（診断と治療など）、結核予防の責任を負わせることを予定した、とのことである。昭和二一年九月には、新しい保健所を実現するために保健所法が改正、新保健所法が制定される運びとなった。同法が制定された翌年一月には、ＧＨＱからは各都道府県に理想的な保健所を一か所設けることが指示され、これを受けた厚生省は、保健所の規格を打ち出し、いわゆる「モデル保健所」の設置にとりかかった。昭和二三年六月には厚生事務次官より都道府県知事あてに「衛生事務に関する権限委任に関する件」が通達され、保健所長へ委任することが適当と認められる権限事項が具体的に示された。これは保健所を指導事業主体の営造物的性格の機関から行政庁的性格を有する責任ある機関へと発展させることを目的の一つとするものであったと『厚生省五十年史』は振り返る[44]。また戦後の日本の衛生環境は海外からの引揚者等への対策も必要とされる一方、昭和二一年には久方ぶりのコレラの流行が観られ、さらには発疹チフスや日本脳炎の流行も観られるようになるなど予断を許さなかった。ＧＨＱは性病対策にも関心を寄せていた。民主化や伝染病対策が求められる中で、衛生行政はその役割を担わなければならなかったのである。

7 「五五年体制」と衛生行政

GHQの間接統治の中で厚生省や保健所のあり方に再編が求められるなど、衛生行政も戦後の体制を整えることとなった。また昭和二五年には社会保障制度審議会の勧告がだされ、社会保障制度における公衆衛生の必要性も認められた。そして保健所の役割も拡大していく。昭和二六年三月には新たに結核予防法が制定され、保健所には結核審査協議会が置かれることとなった。同じ年六月には児童福祉法の一部が改正され、保健所の役割の中に、児童の保健をめぐる衛生思想の普及、児童の健康診査・保健指導、身体に障害のある児童の療育指導、児童福祉施設に対する栄養改善指導等が定められた。これを受けて当面、各都道府県には一か所の療育指導保健所が設けられることとなった。その他保健所の業務には、覚せい剤取締、栄養改善、清掃、水道等における事務の処理などが含められた。政界では、昭和三〇年、日本社会党が左右の合同により誕生し、一方、保守陣営では自由民主党が誕生した。この時、日本の二大政党制の実現も期待されたが、実際には自民党が政権を担い続ける「五五年体制」を迎えることとなる。自民党が約三八年間にわたり政権を担い続けたのは、一つには良好な経済のパフォーマンスが要因としてあり、池田勇人内閣の所得倍増計画に象徴されるように、日本は高度経済成長を経験することとなる。

「五五年体制」が誕生した昭和三〇年には結核予防法が改正されたことで健康診断の対象も未就学児童を除く全国民とされた。保健所の業務もこれにあわせ増大した。また昭和三三年七月には「保健所における医療社会事業の業務指針」が通知され、医療や保健と社会科学の連携も模索されるようになっていった。さらに昭和三八年一月、公衆衛生局、環境衛生局、社会局、児童局の四局長連名により、「社会福祉施設と保健所との連携について」が通知され、保健所は福祉施設の衛生管理業務なども期待されるようになり、社会福祉との関係ももつことが求められるようにもなった。このように国民の健康にまつわる保健所の業務が拡大していく一方、同時並行的に昭和三二年四月には行政管理庁から「保健所に関連する公衆衛生行政観察結果」に基づく勧告が行われ、広範な公衆衛生行政が無統制にならないよう指摘されることにもなった。これを受けて厚生省は、保健所の再編成に着手し、従来全国画一的に行われてきた保健所運営を改めて、地域の実情に即した保健所運営を推進することとした。昭和三五年八月一六日には「保健所の運営の改善について」（事務次官通知）、同年九月二日には「保健所の運営について」（公衆衛生局長通知）が立て続けに発せられ、従来のA、B、Cの規格基準を廃止し、原則として都市の保健所（U型）、農産漁村の保健所（R型）、中間型（UR型）及び人口希薄な地域の保健所（L型）の四型に分け、さらにそれぞれを所管人口数により分類することを打ち出した。(45)

衛生行政に課された業務は昭和三〇年代から四〇年代前半を通じ、保健所業務の拡大にも明らかなように増大した。この高度経済成長の時期の衛生行政には、単に疾病予防にとどまらない積極的な健康増進対策も必要とされる一方、精神障害者問題や成人病問題、公害問題などがその課題としてのしかかるようになるのである。

8　少子高齢化と衛生行政

高度経済成長を謳歌した日本の社会も二度の石油危機を経験し、徐々に安定成長の時代を迎える一方、社会構造も成熟していった。昭和四五年には六五歳以上人口が七パーセントを超え高齢化社会を迎えた。これ以降、昭和四八年には老人医療費無料化制度の実施も実現したが、昭和五七年には老人保健法に基づいた対策へとシフトすることとなった。そこでは総合的な老人保健対策の必要性も求められていた。しかし急速な人口の高齢化はとどまるところを知らず、高齢化社会を実現したわずか二四年後には六五歳以上人口は一四パーセントを超え、高齢社会を迎えることとなった。高齢社会段階へと突入した平成六年（一九九四年）には保健所法も改正され、地域保健法とその名称を新たにした。同法によりこれまで進められてきた市町村保健センターが法定されるなどした。そして平成八年の公衆衛生審議会では従来の成人病概念にかわり、生活習慣病を用いることが提起された。また平成一二年度からは「二一世紀における国民健康づくり運動（健康日本二一）」が開始された。さらに平成一四年には「健康日本二一」を中核とする国民の健康づくり・疾病予防を積極的に推進することを目的として健康増進法も提起された。人口の高齢化を目の当たりにし、国民の健康に対する国家の関心は高まっていくのである。ただここにみられる「健康日本二一」では医学的観点からであろうか一日の目標摂取カロリーなども細かく数値で示されるなどしたが、この点に関して行政学の立場から新藤宗幸氏は「『健康日本二一』は摂取栄養指標と摂取量まで謳っているが、視野の狭窄を免れない」と辛口のコメントを行っている。[46]

一方、保健所を健康危機管理センターの視点から位置づけ直そうとする議論も登場している。厚生省の進める健康危機管理とは感染症、医薬品、食中毒、飲料水等何らかの原因により生ずる国民の生命、健康の安全を脅かす事態に対して行われる健康被害の発生予防、拡大防止、治療などに関する業務であるとされる。[47]平成一七年（二〇〇五年）五月、地域保健対策検討会（座長・林謙治国立保健医療科学院次長）は中間報告をまとめ、この中で今後の地域保健対策として、健康危機管理及び生活習慣病対策等の重要性を指摘した。[48]住民の健康に有益な保健所の業務の再編、さらには衛生行政の役割の検証については国家による国民の健康が求められる限り終わることはないであろう。

おわりに

わが国の近代衛生行政は明治期、長与専斎らの努力によって創設された。われわれの健康を考える際、「養生」といったことも重要であるが、近代衛生行政は国家が住民の健康問題に、「特殊の行政組織」を備えて介入する点を特徴とする。すなわち長与によって紹介された近代衛生行政を通じ、健康と国家との関わりが本格化することとなったのである。

一方、伝染病は住民の健康を脅かし、甚大な被害をもたらした。特に、明治初期にはコレラをはじめとする急性伝染病が、その後には結核等の慢性伝染病が住民の健康を脅かした。そうした問題に対しては、中央・地方衛生会の創設や伝染病予防規則の制定等、国家的施策が要請された。その間、医学の側では経験医学から実験室医学へと移行していった。この結果もたらされたコレラ菌や結核菌の発見などは、内務省の衛生行政にも少なからぬ影響を及ぼすこととなり、衛生行政における「科学と行政とのタイアップ」にもつながっていくこととなった。ただし、近代衛生行政は伝染病などの発生を契機として自然発生的に制度化されたわけではなく、もちろん伝染病の影響がないわけではないが、そこには国家的な判断が伴うことも忘れてはならない。

戦後、ＧＨＱの間接統治の下で民主化が進められたが、衛生行政も例外ではなかった。戦後復興の後には高度経済成長を経験し、高齢化社会を実現した。その二四年後には高齢社会を迎えることとなった。社会が成熟する一方、国民の健康は損なわれ、生活習慣病対策が求められるようにもなった。国家と国民の健康に関する問題は終わりをみることはない。国民の健康が求められる今日、近代衛生行政が紹介され、創設が試みられた経緯を振りかえり、わが国の衛生行政とはいったい何であるのかを改めて確認する必要がある。それを踏まえることで衛生行政の新たな可能性を模索する準備が始まることとなるといえよう。

注

(1) 色川大吉『日本の歴史(21) 近代国家の出発』(中公文庫、二〇〇六年)、一一六—一一八頁。
(2) 明治一八年の衛生委員制度の廃止や翌年の地方官官制の制定による地方衛生行政に対する警察行政の介入の強化に対して川上氏は「『医制八十年史』は委員の人選難と区町村の経費難をあげているが、これこそ皮相な見解だといわざるをえない。委員の人選難は、明治政府が住民の意思を抑圧した結果であり、区町村の経費難はコレラ流行にともなう費用を地方自治体に全面的におしつけてしまった必然的な帰結であった。たしかに、現象としては委員の人選難と区町村の経費難が表面にあらわれていたかもしれないが、衛生行政の頓挫の本質は明治政府の官僚統制の強化の意図にある。」として厳しく批判した(川上武『現代日本医療史——開業医制の変遷』勁草書房、一九六五年、一三六—一三七頁)。近年の研究ではたとえば鈴木健太郎氏は従来の研究を見直し予算の視点から批判的に検討を加えている(鈴木健太郎「明治前期衛生行政における地方政策構想の転換」『日本歴史』(二〇〇九年四月号))。なお、長与の指摘した「十九年の頓挫」を再考する試みとして笠原英彦「近代日本における衛生行政の変容——『十九年の頓挫』の実相」『法学研究』七三巻四号(二〇〇〇年)がある。
(3) 近年竹原氏などにより、衛生行政に対する住民の協力に関しては、住民の「利害関係」等の視点から再検討されている(竹原万雄「明治一〇年代におけるコレラ予防と地域社会」『日本歴史』(平成一七年二月号))。
(4) 『人類vs感染症』(岩波ジュニア新書、二〇〇四年)、『感染症は世界史を動かす』(ちくま新書、二〇〇六年)、等。
(5) 多田羅浩三『公衆衛生の思想——歴史からの教訓』(医学書院、二〇〇〇年)。
(6) 小林丈広『近代日本と公衆衛生——都市社会史の試み』(雄山閣出版、二〇〇一年)。
(7) 立川昭二『病気の社会史』(NHKブックス、一九九三年)。
(8) 福田眞人『結核の文化史』(名古屋大学出版会、一九九五年)など。
(9) 小野芳朗『清潔の近代——「衛生唱歌」から「抗菌グッズ」へ』(講談社、一九九七年)。
(10) Dorothy Porter (ed.), *The History of Public Health and the Modern State* (Amsterdam and Atlanta: Rodopi, 1994) p. 24.
(11) 笠原英彦「近代日本における衛生行政論の展開——長与専斎と後藤新平」『法学研究』六九巻一号(一九九六年)、同「明治十年代における衛生行政——後藤新平と『日本的』衛生概念の形成」『法学研究』七〇巻八号(一九九七年)など。
(12) 谷口氏の立場は鹿野政直や色川大吉など従来の研究において重視されてきた隔離優先の近代日本の衛生行政に力点を置きながら伝染病予防法の制定過程に接近を試みるものである(谷口直人「『伝染病予防法』の制定過程——内務省公衆衛生行政の構想と展開」内務省史研究会編『内務省と国民』(文献出版、一九九八年))。

（13）貝原益軒（石川謙校訂）『養生訓・和俗童子訓』（岩波文庫、二〇〇五年）。
（14）陸軍一等軍医正石黒忠先生口授『虎列刺病養生の心得』、一八七九年。
（15）長与専斎「発会祝詞」『大日本私立衛生会雑誌』（一号）、八―一二頁。
（16）ローゼンはここでの近代国家の役割は、政治的、経済的、社会的、倫理的配慮に基づいた公共政策の具現化であるとする（George Rosen, *A History of Public Health -Expanded Edition-*（Baltimore and London: The Johns Hopkins University Press, 1993）, p. lxxxix.）。
（17）長与専斎『松香私志（上）』（明治三五年）、五四―五七頁。
（18）笠原英彦「医制制定と医学教育行政の確立」『法学研究』七二巻六号（一九九九年）。
（19）笠原「近代日本における衛生行政論の展開」、笠原英彦「長与専斎の医療改革とアメリカ衛生行政」『法学研究』七四巻一〇号（二〇〇一年）等を参照。
（20）国立国会図書館所蔵「衛生意見」『大久保利通文書』。
（21）長与専斎『松香私志（上）』（明治三五年）、五七頁。
（22）この間の状況に関しては、小島和貴「コレラ予防の『心得書』と長與專齋」『法学研究』八二巻二号（二〇〇九年）参照。
（23）『大日本私立衛生会雑誌』（明治二三年七月号）、四二頁。
（24）小高健『伝染病研究所――近代医学開拓の道のり』（学会出版センター、一九九二年）、六頁。
（25）厚生省医務局編『医制百年史（記述編）』（ぎょうせい、一九七六年）、一三〇―一三二頁。
（26）Mark Harrison, *Disease and the Modern World -1500 to the present Day-*（Cambridge and Malden: Polity Press, 2005）, pp. 118-119.
（27）長与専斎『松香私志（下）』（明治三五年）、三一―三四頁。
（28）小島和貴「明治二六年地方官官制改革以後の内務省衛生行政と岐阜県――基本方針と課題」寺崎修・玉井清編『戦前日本の政治と市民意識』（慶應義塾大学出版会、二〇〇五年）。
（29）大霞会編『内務省史』（第三巻）（原書房、一九八一年）、二四一―二四三頁。
（30）前掲『内務省史』（第三巻）、二四四頁。
（31）尾崎耕司「『伝染病予防法』考――市町村自治と機関委任事務に関する一考察」京都民科歴史部会『新しい歴史学のために』（二一二号）、笠原英彦「伝染病予防法までの道のり――医療・衛生行政の変転」『法学研究』八十巻一二号（二〇〇七年）などを参照。
（32）前掲『内務省史』（三巻）、二四八―二四九頁。

(33) 前掲『内務省史』（三巻）、一九〇頁。
(34) 前掲『内務省史』（三巻）、一九二頁、前掲『医制百年史（記述編）』、二三四頁、厚生省五十年史編集委員会編『厚生省五十年史（記述編）』（厚生問題研究会、一九八八年）、二〇一頁、等。
(35) 前掲『内務省史』（三巻）、一九三頁。
(36) 前掲『厚生省五十年史（記述編）』、二〇三―二〇四頁。
(37) 厚生省医務局編『医制百年史（記述編）』（ぎょうせい、一九七六年）、一九〇―一九一頁。
(38) 厚生省医務局編『医制八十年史』（印刷局朝陽会、一九五五年）、九二頁。
(39) 前掲『内務省史』（三巻）、二二三―二二五頁。
(40) 前掲『医制八十年史』、六〇頁。
(41) 前掲『厚生省五十年史』、七二二頁。
(42) 野村拓『医療と国民生活――昭和医療史』（青木書店、一九八一年）、一二〇頁。
(43) C・F・サムス（竹前栄治編訳）『DDT革命――占領期の医療福祉政策を回想する』（岩波書店、一九八七年）、二一三―二一七頁。なおサムスの回想に関しては、Crawford F. Sams, *Medic: The mission of an American military doctor in occupied Japan and war-torn Korea*, ed. Zabelle Zakarian (Armonk, NY: M. E. Sharp, 1998), pp. 70-72 も参照のこと。
(44) 前掲『厚生省五十年史』、七二一―七二五頁。
(45) 前掲『厚生省五十年史』、一一一四―一一一五頁。
(46) 新藤宗幸、阿部斉『概説日本の地方自治（第二版）』（東京大学出版会、二〇〇六年）、一三二頁。
(47) 『厚生白書』（平成一〇年版）。
(48) 保健所の危機管理センター構想に関しては、「『保健所は危機管理センター』地域保健法改正も視野」（日本公衆衛生協会『公衆衛生情報』（二〇〇五年八月号）、一七頁）等も参照。

第10章　参考文献一覧

厚生省医務局編『医制八十年史』印刷局朝陽会、一九五五年
厚生省医務局編『医制百年史』ぎょうせい、一九七六年
厚生省五十年史編集委員会編『厚生省五十年史』厚生問題研究会、一九八八年
大霞会編『内務省史』（全四巻）原書房、一九八一年
笠原英彦『日本の医療行政──その歴史と課題』慶應義塾大学出版会、一九九九年
新村拓編『日本医療史』吉川弘文館、二〇〇六年
菅谷章『日本医療制度史』原書房、一九七六年
菅谷章『日本の病院──その歩みと問題点』中公新書、一九八一年
杉山章子『占領期の医療改革』勁草書房、一九九五年
杉山章子訳・解説『GHQ日本占領史（第二二巻）公衆衛生』日本図書センター、一九九六年
C・F・サムス（竹前栄治編訳）『DDT革命──占領期の医療福祉政策を回想する』岩波書店、一九八七年
副田義也『内務省の社会史』東京大学出版会、二〇〇七年
百瀬孝『日本福祉制度史──古代から現代まで』ミネルヴァ書房、一九九七年
百瀬孝『内務省──名門官庁はなぜ解体されたか』PHP新書、二〇〇一年
外山幹夫『医療・福祉の祖　長与専斎』思文閣出版、二〇〇二年
伴忠康『適塾と長与専斎──衛生学と松香私志』創元社、一九八七年
長与善郎『わが心の遍歴』筑摩書房、一九五九年
鶴見祐輔『後藤新平』（全四巻）勁草書房、一九六五─一九六七年
北岡伸一『後藤新平──外交とヴィジョン』中公新書、一九九八年
福田眞人『北里柴三郎──熱と誠があれば』ミネルヴァ書房、二〇〇八年
村上陽一郎『医療──高齢社会へ向かって』読売新聞社、一九九六年
山本俊一『日本コレラ史』東京大学出版会、一九八二年
溝入茂『明治日本のごみ対策──汚物掃除法はどのようにして成立したか』リサイクル文化社、二〇〇七年

波平恵美子『医療人類学入門』朝日新聞社、一九九四年
Dorothy Porter ed. *The History of Public Health and the Modern State*. Amsterdam and Atlanta: Rodopi, 1994.

小島　和貴

第11章 宗教行政史

はじめに

近代日本における宗教行政は、明治政府の発足と歩調を合わせるようにして、出発している。慶応三年（一八六七年）一二月、王政復古大号令が渙発され、「諸事神武創業ノ始ニ原キ」統治を行うことが宣言された。「神武創業」の文言は国学者・玉松操の意見によって挿入されたもので、神武天皇が天神地祇や皇霊を祀り、神々の霊威に助けられて国家建設を行ったという認識に裏付けられていた。実際、翌年三月には、「神武創業」に基づいて諸事一新し、祭政一致の制度を回復したとして、神祇官の復興と神社・神官の神祇官附属を命じる布告が発せられる。「祭」と「政」を一致して統治を行うことが宣言されたわけであり、それを象徴するように、布告の翌日には明治政府の統治綱領というべき五箇条の誓文を、明治天皇が天地神明に誓った。

神祇官・神社による祭祀によって支えられた政治運営を行っていくにあたり、まず解消が企図されたのは、古代以来継続していた神仏習合の解消であった。仏語を神号とすることや仏像を神体とすることが禁止され、神社からは梵鐘・仏具などが撤去、神社に仕えていた社僧は還俗や神社への奉仕を迫られた。天皇など皇族の霊は平安時代以来、宮中のお黒戸に置かれた位牌によって祀られ、その葬儀も仏式で行われていたが、葬儀は神式に改められ、位牌も撤去される。その一方で、無檀、無住寺院は廃止、氏子調制が導入されて宗門人別帳は廃止された。神社の社格整備も進められ、明治二年（一八六九年）にはペリー来航以来国事に斃れた人々を祀る東京招魂社が設置される。

こうしたなか、廃仏的神道思想が流布していた地域や、その信奉者が統治権を握っていた地域を中心として、廃仏毀釈が顕在化する。津和野、富山、鹿児島、隠岐、佐渡、松本などが代表的な地域で、神葬祭化や寺院・仏像等の破壊、寺院の統廃合が進められた。これに対し、浄土真宗を中心とする仏教側が抗議活動を展開し、その結果、明治政府は地方庁の判断で廃仏毀釈を行うことを禁止したが、それ以降も廃仏毀釈はしばらく収まらなかった。

一方明治政府は明治二年七月、「惟神の道を宣揚」するためとして、「宣教使に命し天下に布教」することを布告し、宣教使による布教活動によって国民教化を進め、開国政策によって流入が懸念されていたキリスト教の防御を目指すこととなった。しかし、布教内容が不明確である上に、地方の藩などでは十分な準備体制を整えられず戸惑いがみられ、教化の実績は上がらず、結局、神祇官は神祇省に格下げされる。

かくして、政府側としては、神道国教化を目指して仏教冷遇政策や布教政策を推し進めつつも、廃仏毀釈に対する仏教側の反発や布教活動自体の停滞という現実に直面し、また仏教側としては、江戸時代に享受していた地位を失い、むしろ破壊や統廃合の打撃を受けたことで、政府による保護を希求することになった。ここに、政府の教化政策に仏教が参加することで、これを立て直すという構図が展開されることになる。

1 民衆教化政策の展開と信教自由・政教分離原則

明治五年（一八七二年）、神祇官の後を受けて宗教行政を担当していた神祇省が廃止されて教部省が設置され、新たな教化理念として三条教則を発布、教化の担い手として教導職が設置されて神官や僧侶がこれに任じられることとなる。この仏教側の教導職育成のために設立が企図されたのが、大教院である。仏教各宗は明治五年、教師育成と民衆教化の実践のために大教院の設立を建議し、その認可を得るが、所管官庁であった教部省に神道重視の傾向の強い薩摩閥官僚が進出してきたことで、次第にその体裁を変化させていく。仏教側の教師養成機関として企画された大教院は、まず「神仏合同」の機関となり、さらにその講堂には神殿が設置されて神式の儀礼が執り行われるなど、「神主仏従」の色彩を強めていく。

明治六年に開院した大教院は、その開院の祭典において神官が祝詞を上げ、僧侶が神上げの儀式を執り行い、さらに三条教則を説き、袈裟姿で神前に魚鳥を捧げるなど、神仏混交著しい様相を呈していた。以後、大教院は神殿儀式や講堂での説教とともに、試験や教義研究、テキスト編纂を中心とした教導職の育成や、各府県に設けられた中教院や神社・寺院などの小教院、信徒結社たる講社の管理といった教化指導にあたることとなる。江戸時代の神仏習合においては仏教が優位に立っていたが、明治に入って神道を国教化する政策が執られ、さらに神道優位型の神仏習合へと立ち至ったとみることができよう(1)。

こうした民衆教化政策は、思ったように進展しなかった(2)。教化理念の中心となった三条教則は、敬神愛国・天理人道・皇上奉戴の三条からなっていたが、そもそも、僧侶にはなじみの浅い内容である。当時、教導職に補任されていた南条文雄は、「三条の教則といつて、これをうまく説きこなした者を教導職にするといふことになつた。それで諸国の僧侶を大教院に集めて試験の説教をさせて見るが、全然仏教に関係のない三カ条である上に少しでも仏教の教義を混ぜたら落第になるので甚だ難題(3)」であったと回想している。神官僧侶を教導職とする手続きははかどらず、明治五年には神官はすべて教導職とすることを通達し、さらに僧侶は教導職試補にならなければ説教ができず、住職にもなれないといった規定を設けたが、明治七年末段階で神官僧侶のうち教導職に補任されていたのは神官が約四三パーセント、僧侶は約二・六パーセントに過ぎなかった(4)。

大教院の主要任務であった教育機能も、資金不足と政府の教育重視策によって蹉跌した。大教院は官費を仰がず、寺院等が自力で資金を集めて運営していたが、廃仏毀釈などによる仏教の疲弊に加えて、大教院自体が周知徹底されておらず、その資金不足は構造的欠陥となっていた。また、木戸孝允や田中不二麻呂が岩倉使節団で洋行した経験から、実用教育の重要性と宗教・教育の分離の必要性を感じるようになり、帰国後、彼等が文部行政を担うようになると、教育と教化を分離し、前者を優先させる政策が打ち出され、教院へは学校の余暇に通うこと、教義の講説は学科時間外のみに認めること、宗教学校に公金を支出することを禁止することなどが命じられた。

教化理念には三条教則に加えて、「十一兼題」と「十七兼題」が追加され、次第にその内容を宗教的なものから文明開化的なものに変質させていくが、これらを解説する説教は、混乱していた。当時の法令や新聞報道などをみると、神官が仏教批判を行ったり、僧侶が三条教則と矛盾する説教をしたり、神官は神徳皇恩を説くが僧侶は仏説を説く、といった状態で、聴衆はあきらかに困惑していたことがわかる。たとえば『東京日々新聞』は、大教院での説教の模様を次のように伝えている。「甲ハ三神造化ノ道理ヲ説キ乙ハ道各自業ノ因縁ヲ語リ丙ハ法華ノ得道ヲ勧メ丁ハ念仏ノ功得ヲ談ズ哉ハ右へ誘ヒアル哉ハ左へ導クコレ人ヲシテ岐ニ迷ヒ方ヲ失ハシムル者ニシテ如何ソ人心ノ皈向ヲ安定セシム可ケンヤ(5)」。

こうした停滞・混乱に加え、政府内外から教部省・大教院に対する強い反対運動が巻き起こることで、民衆教化政策は挫折をみることとなる。

批判の主体となったのは、木戸、伊藤博文をはじめとする長州閥政治家と、彼等と親密な関係にあった浄土真宗本願寺派の僧侶、島地黙雷であった。洋行経験を持つ島地は、政府が三条教則を教義として布教させるという政策に対し、信教自由と政教分離の観点から批判を加えた。島地は明治五年、欧州で日本国内の宗教行政について耳にし、「三条教則批判建白書」を起草する。政教分離の立場から、三条教則の「敬神」は宗教であり「愛国」は政治であるとして、その混乱を批判し、さらに神道は八百万の神を拝する未開なものとして排斥、教部省による民衆教化政策は宗教を造成して強制するものだとして、信教自由の立場からも攻撃を加えた。その意味で、島地の論理は近代性を帯びてはいたものの、彼の信教自由はキリスト教を含んだ普遍的権利ではなく、また宗教としての神道を排除しつつも、皇室の祖宗や祖先・名臣への敬意を表現するという意味での神道を非宗教として肯定し、その経緯の表現としての神社での幣帛の捧呈も認めるものであった。この宗教としての神道批判から非宗教としての神道の肯定という論理展開に、のちの国家神道や靖国神社国家護持論の原型が見出せると指摘されている(6)。

島地は帰国後、大教院に対する攻勢を強め、浄土真宗の大教院からの分離を主張し、明治六年には「大教院分離建白書」を提出する。そこでは、民衆教化による政治への貢献は認めつつ、三条教則を教義として教化に用いるのは宗教を廃滅させるものだと批判し、大教院からの分離、さらにはその解体と所管官庁たる教部省の廃止を訴えた。島地は山口県の出身で、木戸や伊藤ときわめて親密な関係にあり、木戸と伊藤は島地に協力して信教自由の実現や大教院分離、教部省廃止のために運動していく。かくして明治八年、大教院は解体され、信教自由の口達が発せられて、明治一〇年には行政改革の一環として教部省が廃止、その業務は内務省社寺局へと引き継がれた。この口達は、信教の自由を認めて宗教に行政上の保護を与える以上、宗教側は政府の妨害をせず人民を善導し、統治を翼賛する義務がある、と規定していた。すでに宗教による政府への貢献を肯定していた島地は、当然これを受け入れることとなり、自ら教導職に就任する。

以後、明治一〇年代から二〇年代にかけて、神社・神官と宗教とを切り離し、神社を非宗教として取り扱いつつ、宗教には一定の自治権を賦与する政策が執られていく。それまで、神官はすべて教導職となること、そして教導職でなければ葬儀を執り行えないとされていたが、これでは神官が宗教行為に関与することとなるため、まず神官と教導職とが分離され、明治一七年には教導職自体が廃止された。神社は「国家の祭祀」として宗教の枠の外に位置づけられる一方で、宗教は一定の自治を認められ、教導職の廃止に伴って住職の任免や教師の等級進退については管長に委任しつつ、宗制や寺法などの「条規」を定めて内務卿の認可を受けるよう定めた(7)。明治憲法ではその第二八条において、「日本臣民ハ安寧秩序ヲ妨ケス及ヒ臣民タルノ義務ニ背カサル限リニ於テ信教ノ自由ヲ有ス」と規定され、安寧秩序と臣民の義務とが、信教自由の「条件」として設定された。明治三二年には、神道に近い議員や神職などによって進められてきた神祇官復興運動の結果として、内務省に神社局が設置されて社寺局は宗教局となり（のちに文部省に移管）、「神社と宗教の分離」が行政組織的に確認されることとなった。

2　明治憲法下における神社・宗教行政の展開

神社局の設置を受けて、神社の地位向上を求める声が高まり、日露戦争を経て、こうした声は制度へと反映されていった。明治三〇年代から大正初年にかけて、勅令や内務省令などによって国家神道の整備が進められていく。神職は国家の礼典に則り、国家の宗旨に従うべきだと明文化した「官国幣社以下神社神職奉務規則」をはじめ、官国幣社経費の国庫共進制度、府県社以下への神饌幣帛料共進が制度化され、神社財産の登録や、神社祭式行事作法、神社祭祀令、神宮皇學館の設置などが定められた。日露戦争後は、地方改良運動の一環として神社整理政策が推進され、内務官僚のなかでも、神社を統廃合してこれを地域住民の精神的統合の核とし、欧米流の田園都市・模範農村を構築しようという構想が生まれる。そこでは、国民に道徳的な感化を行い、農村の精神的紐帯を高める神社と、神と人間との仲介となる神職の役割が期待されていたが、実際には、人材の不足や慣習・祭礼の消滅によって、逆に農村の精神的紐帯は希薄化したと指摘されている(8)。

もっとも、この時期は、日露戦争や明治天皇の崩御、明治神宮の創建、大正天皇の即位と大嘗祭、そして第一次世界大戦といった国家的事業が次々と起こり、それに伴って「敬神崇祖」精神が普及し、内務省も、その中心としての神社の重要性を強調していく時代にあたっていた。第一次大戦への参戦にあたっては、神宮・靖国神社をはじめ、各官国幣社に勅使が派遣されて宣戦奉告祭が催された。もっとも、神職や議会の間では、神社は国民の中に確固たる地位を築けていないという認識も強く、そのため議会では神社に関する特別官衙を設置し、神社行政の統一強化を求める建言が提出されている。こうした運動の結果、大正九年（一九二〇年）に神社制度調査会が設置されるが、それは宗教法案の審議にあたり、速やかに法律を制定して神社の本質をあきらかにし、神社と宗教を区別すべきであると政府側が認識したためであった。

ここでいう宗教法案が最初に帝国議会に提出されたのは、明治三二年のことであった。明治二七年に締結された日英通商航海条約に伴って日本は外国人の内地雑居を実施することとなり、外国人の宗教の自由も認めたことから、キリスト教を正式に宗教として承認する必要が生じ、内務省は明治三二年、省令第四一号を発してキリスト教を公認する。西郷従道内相はこれによって宗教の「有形」の施設の管理を行うとし、「無形」の信徒団体については結社法および宗教法によって取り締まると述べていた。かくして提出された宗教法案の提出理由について、山県有朋首相は貴族院で、信教の自由は憲法が保障している以上国家は「信仰ノ内部」には干渉しないとしながらも、寺院・教会の設立や教規・宗則といった「外部ニ現ル、所ノ行為」については、「国家ハ之ヲ監督シテ社会ノ秩序安寧ヲ妨ゲズ又臣民ノ義務ニ背カナイヤウニ致スト申スコトハ是レ国家ノ義務デアル」と述べ、「宗教法案ハ……社会ノ風教ヲ維持スル上ニ於テ一層ノ便利ヲ与ヘタモノデアリマス[9]」と語っている。明治憲法二八条をふまえた発言であることはいうまでもない。こうした宗教の統治における「有用性」への着目は戦前の宗教行政に一貫してみられる特徴だが、すでにみたように、法案は内地雑居に伴うキリスト教の公認・取締という意図も含んでいた。

宗教法案では、宗教団体が法人となりうることや租税の不課税を規定する一方で、寺、教会の設立には主務官庁の許可が必要であるとし、教会、教派、宗派などの宗教団体を主務官庁が監督し、事務報告の徴集や事務検査、その他必要な命令を行うことができるとしていた。「教師」は政治上の運動を禁じられ、宗教上の集会にも届出が必要とされたが、これに対し、仏教側がキリスト教と同等に扱われることなどに反発し、結局法案は貴族院で否決された。

大正一五年に文部省の宗教制度調査会において宗教法が審議・立案され、昭和二年（一九二七年）、政府は再び宗教法案を提出する。この時、所管の岡田良平文相は提出理由を「各宗教教化ノ発揚ト云フモノハ、国家社会ノ為メ必要デゴザイマスルガ故ニ、宗教団体等ニ対シマシテ相当ノ保護ヲ与ヘマシテ、其教化活動ニ便ゼシムルコトハ、監督ノ方法ト相俟ッテ極メテ緊要ノコトト存ズル[10]」と語っている。法案では、寺院、教会の監督は第一次に地方長官、第二次に文部大臣が行い、監督官庁は宗教団体に対して報告を課し、検査、その他必要な処分を行うことができるほか、宗教団体の成規・秩序を維持するため必要な処分をすることができるとした。これに対しては、監督権限が強すぎるという反発が巻き起こり、審議未了のまま廃案となった。なお、法案提出の前には出口王仁三郎等が検挙される大本教事件が発生しており、法案にはこうした「淫祠邪教」を排除して既成宗教を保護する意図があったとも指摘されている。第一次大戦以降、資本主義化に伴って新たな政治社会思想が流入し、既成の道徳や宗教を否定する声も強まっており、大本教のような新興宗教の登場も、そうした文脈に位置づけられるものであった。政府としては既成の宗教団体を組織化し、教化に動員しようとしたわけである[11]。

この二年後、政府は改めて宗教団体法案を提出する。その理由に就いて勝田主計文相は「近来物質文明ノ余弊ガ著シク顕著ニ相成リマシテ、此結果ト致シマシテ、或ハ思想ノ善導、国民精神ノ作興ト云フ如キ事柄ガ、朝野諸君ノ殆ド一致シタル議論ニ相成ッテ居ル」との認識を示した上で、「此法案ノ大体ノ趣意ハ、宗教団体ヲ保護シテ国民ノ教化ニ便ナラシメ、又此宗教団体ガ自治的発達ヲ十分ニ致ス」と説明している。[12] やはり思想の「善導」や国民の「教化」に対して宗教を貢献させようとする趣旨が読み取れるが、具体的背景としては、天理研究会不敬事件によって宗教団体への統制徹底が求められたこと、また昭和天皇の即位大典記念日本宗教大会が開催されて政府の思想善導に呼応する姿勢を示していたこと、などが指摘されている。[13] 法案は、宗教団体の結成は地方長官への事後届出制とし、宗教法案にあった「その他必要なる処分」を削除するなど、主務大臣の監督権を制限した。[14] 宗教側は歓迎する姿勢をみせ、法案は成立するかにみえたが、張作霖爆殺事件をめぐる田中義一内閣の信用失墜などによって審議未了、廃案となった。

宗教団体法がようやく成立するのは、昭和一四年のことである。それまで政府側に一貫して流れていた宗教の統治上の有益性という観点が、時局の緊迫化によって強化されて生まれた法案である。提出理由について荒木貞夫文相は「宗教ガ国民精神ノ振作、国民精神ノ啓導ニ重大ナル関係ヲ有スルコトハ言ヲ俟タヌ所デアリマスルガ、特ニ現下ノ非常時局ニ際シマシテハ、人心ノ感化、社会宗教ノ上ニ甚大ナル影響ヲ斉ス宗教ノ健全ナル発達コソ緊要デアル……宗教団体ニ対スル国家ノ保護監督ノ適正ヲ得ルト共ニ、他面宗教教化活動ニ便益多カラシムルハ、最モ必要ナルコトト思考スルノデアリマス」[15] と語っている。法案は、「宗教結社」の設立は事後届出でよいとしたものの、「宗教団体」については設立、規則変更、法人化、合併、解散に文部大臣または地方長官の認可が必要であるとし、文部大臣が儀式・行事の制限・禁止、教師の業務停止、宗教団体の設立許可の取り消し権を持つと規定していた。その代わり、宗教団体は宗教結社にはない特典（免税・財産の差押禁止など）を与えられることになった。同法案は昭和一四年四月に可決・成立し、翌年四月に施行された。同法には神社神道についての規定がなかったため、非宗教としての国家神道の確立を法的に確認する格好となった。貴族院議員の山岡萬之輔（法学博士）は、「此ノ法律カラ見タ解釈ノ結果トシテ、神社ガ宗教デナイト云フコトガハッキリ致スノデアリマス、……神社ハ国体ト一体不可分デアリマシテ、国民総テガ崇敬セナケレバナラヌ所ノモノデアリマスルガ故ニ、宗教ノ如ク単純ニ自由ヲ以テ考フル訳ニハ参ラヌ[16]」と発言している。

すでにこの四年前には、岡田啓介内閣によって国体明徴声明が出されていた。大正天皇の崩御や昭和天皇の即位などを経て、「敬神崇祖」の観念は広まってきており、小学生の神社参拝が定例化し、神社参拝は事実上「義務化」されていく。昭和四年には文部省教化局が中心となって教化総動員が実施され、宗教団体や青年団、教育会などを教化団体と位置づけ、国民精神の作興と経済生活の改善が運動目標として設定された。昭和一二年からは国民精神総動員運動が展開されて神社・皇陵への参拝が奨励されるようになり、内務省当局者の中からは、神社崇敬を認めないものは憲法第二八条違反として取り締まるべきだといった声が公にされた。政府は宗教法によって規制の大枠を定めてこれを統制し、それに漏れるものを治安維持法で規制するという体制を敷いた[17]。文部省教学局によって『国体の本義』『臣民の道』『大東亜戦争とわれら』などの書物や、「教学叢書」「日本精神叢書」などのシリーズが刊行されて、敬神思想の普及が図られていく。内務省神社局は皇紀二六〇〇年を迎えた昭和一五年に神祇院となって内務大臣が総裁を兼任し、神社・神職関連事項に加えて、敬神思想の普及を担うこととなった。その実践のため、たとえば「敬神思想普及資料」と題するシリーズで、『王政復古の指導精神』『古典講話』『神道思想史』『神祇教育と訓練』『精忠の祠官』といった書籍が神祇院から刊行されている。

満州事変が勃発すると、宗教団体による戦争協力が様々な形で行われていった。報国会の結成、戦時生活指導、戦勝祈願、慰霊、留守家族援護、慰問団や大陸布教使、勤労奉仕隊の派遣、僧侶の勤労動員、軍費献納運動などが、これである。「戦時体制と行政の中央集権化」の章で述べるように、国家総動員の重要な要素として「思想動員」が位置づけられており、その一環として宗教による国民教化が期待されるようになっていた。昭和一九年には「宗教教化活動強化方策要綱」が策定され、寺院・教会による檀徒・信者に対する「国民思想」指導や、宗教家の勤労動員・模範的実践などが盛り込まれた。戦前の宗教行政の特色は、宗教団体の監督統制と保護育成、そして教化への動員に見出せるが[18]、戦時下の動員は、こうした傾向が最も顕著に現れた例であったといえよう。この方策立案に携わった河和田唯賢（当時文部省教化局宗教課勤務）は、「この頃になりますと、仕事は地方に出張して宗教団体を督励して、士気の高揚を図ることになりました」と回想している[19]。

3　占領政策と宗教行政の転換

神社の国家管理と宗教団体の法人化という戦前の宗教行政は、敗戦によって大転換を迫られ、占領下において戦後日本の宗教行政が再構築されることとなる。

宗教行政に関わるＧＨＱの指令は矢継ぎ早に発せられた。昭和二〇年一〇月四日には、「政治的、市民的及び信教自由に対する制限の撤廃に対する制限除去の件」、いわゆる人権指令が発令され、治安維持法、宗教団体法などの廃止が命じられ、文部省教学局も廃止されることとなった。さらにこの二日後、ヴィンセント国務省極東局長が、神道は日本の国教として廃止されるとラジオで発言したことが日本に伝えられ、一三日にはバーンズ国務長官がＧＨＱに対し、日本の軍国主義的・超国家主義的イデオロギーの宣布は完全に禁止され、日本政府は国家神道体制の財政的その他の支援を停止するよう命じられるであろう、と伝えてきた。

一〇月中旬以降、ＧＨＱのバンス・民間情報教育局（ＣＩＥ）宗教課長、岸本英夫・東大助教授などによって神道に対する指令作成のための検討が開始された。バンスはのちに、右の国務長官の意を受けて、「ダイク准将は私に、神道に関する研究を開始して、スタッフの研究成果をまとめるよう命じました。そしてこれをもとにして、日本政府に対する指令の覚え書きを起草しようということになりました」と述べ、「ケン・ダイク氏は神道についての知識は何もなかったのですが、驚くほどこの問題に関心を持っていました」と証言している[20]。かくして一二月一五日、「国家神道、神社神道に対する政府の保障・支援・保全・監督並に弘布の廃止に関する件」、いわゆる神道指令が発令される。これによって、神社神道に対する国家の後援、支持、保全、管理、布教の禁止、公文書における国家神道的用語の使用禁止、公人の神社参拝、祝典、例祭への参加禁止、公の教育機関での神道教育・儀礼の廃止、神祇院の廃止などが命じられた。翌年一月に宗教法人令が改正され、神宮や神社は宗教法人とみなされることになり、規則や主管者の氏名、住所の提出が求められた。

なお、宗教団体法は人権指令によって一旦廃止が命じられたため、文部省側は団体を保護するための勅令の発令を検討したが、これはGHQ側の了解を得ることができずに挫折し、結局団体法に変わる法令ができるまで団体法の廃止は延期されることとなった。かくして文部省、CIE、宗教関係者間で折衝が重ねられた結果、一二月二八日に公布されたのが宗教法人令である。これによって宗教団体法が廃止され、宗教法人の設立は所轄官庁（文部省）への届出のみでよいこととなり、解散命令権も裁判所に与えられた。

宗教法人の設立規制が大幅に緩和された結果、宗教法人が激増し、運用実態がない団体がみられるなど、問題点も明らかになってきた。また、法人令は占領終了にともなって失効する性質のものであったため、あらたな恒久法の制定が期待されることとなる。かくして宗教法人法案の策定が文部省とCIEとの間で進められたが、両者の認識の溝はかなり深かったようである。文部省側から提示された法案について、CIE特別企画官だったウィリアム・P・ウッダードは「文部省原案は、第二次大戦中宗教を厳しく統制し、のち廃止された宗教団体法をそっくり倣ったものであった。信教の自由と政教分離の意味について文部省と宗教文化資源課との間には合意がまったく欠如」していたと回想している。[21]「宗教に関与する権利と義務があるという日本政府の見解からして、すでに難問だった」[22]（ウッダード）のであり、バンス宗教課長は宗教を所管する政府機関は不要であるとの認識さえ示していた。これに対し、監督権限を維持したい文部省はもとより、政府による優遇措置や支援、公認を期待した既存の宗教団体からも反対の声があがった。監督権限の維持、宗教法人の分派の抑制、そして文部省による一元管理を求める文部省側に対し、監督権限の抑制、宗教法人の分派の促進、そして地方自治を尊重した都道府県による分割管理を求めるＣＩＥとが対立し、ＣＩＥは監督権限を文部省から他官庁に移すことも検討したようである。ＧＨＱ側の検討資料には、「過去の歴史的問題を鑑みて、私は宗教法人の監督権を他の官庁に移管することを奨める。文部省が宗教団体の監督権をもつ歴史的な必然性はない。……文部省からその一機能を取り去っても、何ら問題はないはずだ。なぜ、法務庁を用いないのか」[23]という記述もみられる。文部省側はその原案において、宗教組織の教義・儀式の目的として、「公共の福祉」への貢献を揚げていたが、ウッダードはこれを信教の自由に反するとして批判した。

こうした折衝の結果、国会に提出された宗教法人法案は、所轄庁を都道府県知事とするものの、他の都道府県で活動する宗教法人を包括する宗教法人は文部大臣とするという折衷案でまとまり、また法人の設立については所轄庁が規則や手続が適当かを「認証」すること、強制的な解散命令は裁判所が発令すること、税制上の優遇措置（宗教上の財産の非課税、収益事業における減免措置など）を賦与することなどが規定され、財産処分、合併、解散などについての信者・利害関係人への公告義務が課された。「公共の福祉」については、宗教団体が「公共の福祉」に反した場合、宗教法人法は他の法令が適用されることを妨げるものではない、という形で規定された。政府原案は昭和二六年三月に衆参両院を通過、翌月に公布・施行された。

4　日本国憲法下における宗教行政の展開

日本国憲法は第二〇条第一項において、「信教の自由は、何人に対してもこれを保障する。いかなる宗教団体も、国から特権を受け、又は政治上の権力を行使してはならない」と信教自由・政教分離を規定し、さらに第二項において「何人も、宗教上の行為、祝典、儀式又は行事に参加することを強制されない」こと、第三項において「国及びその機関は、宗教教育その他いかなる宗教的活動もしてはならない」ことを定めている。また、第八九条は、「公金その他の公の財産は、宗教上の組織若しくは団体の使用、便益若しくは維持のため、又は公の支配に属しない慈善、教育若しくは博愛の事業に対し、これを支出し、又はその利用に供してはならない」と政教分離を規定している。バンスは憲法草案の討議に参加し、憲法二〇条と八九条についても、神道指令の骨子を引き継いだものだと語っていたという(24)。憲法は指令の趣旨を継承して政教の完全分離主義をとっているという見解には疑問も呈されているが(25)、バンスのような認識は文部省側も共有していたようで、文部省宗務課長の福田繁は、「新憲法第二十条及び第八十九条の規定は、何れの宗教をも平等に取り扱わなければならないという根本原則を表明したものと解する。平等に取り扱う以上、従来の神社の如く国教的の特権を与えることは出来ない。……神道指令の精神も一貫して新憲法に引き継がれており、何等の矛盾も認められない」と述べている(26)。

いずれにせよ、戦後の宗教行政は、憲法上の信教自由・政教分離原則のもと、宗教法人法の運用を中心として運用されていくこととなった。その主な内容としては、法人設立の認証業務や裁判所に対する解散命令請求などがあるが、不認証の決定や設立の取り消し、公益事業以外の事業の停止命令などは宗教法人審議会に諮問して意見を聴かなければならないこととなっている。現実に直面している問題としては、不活動法人への対応が挙げられる。宗教法人が税制上の非課税措置を受けることから、その法人格を悪用して別活動を行う法人への対応が問題となっているわけであり、現在のところ、全国一八万四〇〇〇の宗教法人のうち、二〜三パーセントが不活動状態にあるといわれている。東京都の場合、宗教法人の名をかたった開発業者による利益本意の墓地経営が増加しており、その対処が課題となってきた。こうした不活動法人に対し、平成一〇年の一年間で合併が二一五件、任意解散が八五件、解散命令請求が六五件実施されている。

宗教法人法は宗教団体法に比して宗教法人の活動の自由度を大幅に拡充したが、この「自由」に修正を迫ったのが、オウム真理教によるサリン事件であった。同事件を受け、「所轄庁が都道府県知事では、他の都道府県での宗教法人活動に対する適切な対応が不可能ではないか」「所轄庁は、公益事業以外の事業の停止命令、認証の取り消し、解散命令請求を行うための必要な情報を収集する権限がない」といった問題点が提起され、平成七年（一九九五年）四月から宗教法人審議会が開催されて九月に「宗教法人制度の改正について」と題する報告がまとめられ、これをもとに文化庁が宗教法人法改正案を立案した(27)。政府側は、信教自由・政教分離原則を維持しつつ、宗教法人の活動の透明度を高める上で最低限の改正を加えるという立場をとっており、村山富市首相は、「宗教法人法が監督、取り締まるという法律でなくて、何よりも信教の自由というものを大事にする、あるいは政教分離の原則をしっかり守っていこうと、こういう前提に立って、自主的に宗教団体が公益法人としての活動ができるような物的基礎を保障していこうと、こういう性格のものである」と述べた上で、改正は宗教法人の活動の透明度を高めるための最低限の措置であると説明している(28)。法案では、二以上の都道府県に境内建物を持つ宗教法人の所轄庁は文部大臣にすること、一定の書類（役員名簿・財産目録・収支計算書・貸借対象行など）の写しを毎年所轄庁に提出すること、信者その他の利害関係人は、正当な利益のある場合、宗教法人の書類等を閲覧できること、宗教法人が公益事業以外の事業によって得た収入を当該宗教法人等のために使用している疑いがあった場合等は、宗教法人審議会に諮問して意見を聞いた上で、業務や事業の管理運営について所轄庁は宗教法人に報告を求められることなどを定めていた。

この改正については、「宗教法人の透明性、自立性を高めるための最小限の手直し」（棚橋政行・青山学院大教授）、「公権力の宗教への介入を未然に防止するための自衛措置」（北野弘久・日大教授）、「自民党内での宗教法人法の改正論議は、先の「戦前の宗教統制の時代に逆行するもの」（家正治・神戸市外大教授）、といった賛成意見がある一方、参議院議員選挙において野党・新進党を支持した一宗教団体である創価学会に対する政治的意図を持ったそれであることが一目瞭然」（藤田尚則・創価大学教授）といった反対意見も出され、そこには戦前の宗教行政への回帰への警戒感や、当時野党だった新進党の支持団体・創価学会攻撃とみる見方が反映されていた[29]。実際、自民党内からは、憲法第二〇条の解釈について「宗教団体の政治上の権力の公使とは、宗教による政治への介入と理解すべきだ」として、宗教団体の政治行動は排除しないとする政府解釈を変更するよう要求する声や、創価学会会長・名誉会長の参考人招致を求める意見などが出されるなど、政争の感が強かった[30]。

結局、平成七年一二月、宗教法人法改正案は可決・成立した。これを受け、『朝日新聞』は「宗教界は自らの重みに照らして不信解消と自己改革に努めなければならない」と提唱したが[31]、実際の改正後の状況をみると、改正によって文部大臣所管の宗教法人が増大し、平成七年末段階で三七二法人だったものが平成一三年一〇月段階で一〇〇〇法人となった。義務化された書類の提出状況は文部大臣所管で九七・八パーセント（平成一二年度）、都道府県知事所管で九五・九パーセント（平成一〇年度）となっており、平成一〇年末段階で所轄庁による報告徴集・質問や適用例は報告されていない。

5　戦後日本の政教分離原則と「国家と宗教」をめぐる諸問題

戦後の政教分離原則のもと、政府要人や行政機関が宗教行為に関与することが問題視される事態が発生してきた。

代表的なのが、いわゆる靖国問題であろう。戦前、神社は国家の祭祀であり宗教ではないという立場から、靖国神社において国家的責任・業務として戦没者慰霊・顕彰を行うことは問題視されなかったが、戦後、靖国神社が「宗教法人」となったことで、ここに政府要人が参拝することや行政機関が合祀に関与することなどが政教分離の観点から問題とされることになった。その打開策として提起されてきたのが、国家護持法案や国立追悼施設設置案などである。

靖国神社は戦前、陸海軍が所管していたが、戦後は厚生省が合祀の窓口になっていた。平成一九年に国立国会図書館が公開した『新編　靖国神社問題資料集』によると、厚生省と靖国神社の協力関係は昭和三一年の「旧陸軍関係靖国神社合祀事務協力要綱（案）」において、大枠が決定されている。そこには、「復員関係諸機関は、大東亜戦争戦没者の靖国神社合祀を今後概ね三年間に完了することを目途として、その合祀事務に協力する。……都道府県は神社の通知に基づいて合祀済者一切を原簿に登録して整理する。都道府県は原簿につき、毎年春秋二季の合祀予定者の一定数を選考し、引揚援護局に報告する。引揚援護局は都道府県の報告を審査して合祀者を決定し靖国神社に通報する。神社は援護局の通報に基づいて合祀の祭典を行いその遺族に合祀通知状を発する。右通知状は都道府県を経由して遺族に送達する」と合祀手順が規定されている。翌月には引揚援護局次長が各地方復員部長に「旧海軍関係靖国神社合祀事務について」と題する通牒を発し、海軍関係の合祀事務も陸軍と同様の手続きを取ることが定められた。以後、合祀対象者について厚生省と靖国神社側との間で交渉が続けられ、昭和三四年にはBC級戦犯の「祭神名票」が、昭和四一年にはA級戦犯の「祭神名票」が、それぞれ厚生省から靖国神社に送付されている[32]。A級戦犯の合祀について神社側は、世論の反発が予測されるとして、その時期は国民感情を考慮して定めるとしていたが、昭和五三年、松平永芳の宮司就任に伴って合祀が実施されることとなる。松平は、「いわゆるA級戦犯合祀のことですが、私は就任前から、『すべて日本が悪い』という東京裁判史観を否定しない限り、日本の精神的復興はできないと考えておりました」と述べ、この年の合祀祭に「思い切って、十四柱をお入れしたわけです」と説明している。東京裁判は国際法上認められず、また、戦犯受刑者はすでに国内法上他の戦死者と同様の扱いをされている以上、「合祀するのに何の不都合もない」というのが、松平の理解であった[33]。

靖国神社については、国会議員の中に、「宗教から抜け出ていかなければ、たくさんのもののうちの一つだという考え方では、ほんとうに国をあげての崇拝の対象にはならない[34]」といった意見が根強く存在しており、こうした声を反映する形で、昭和四四年、靖国神社法案が提出される。「靖国神社は、戦没者及び国事に殉じた人々の英霊に対する国民の尊崇の念を表すため、その遺徳をしのび、これを慰め、その事績をたたえる儀式行事等を行ない、もってその偉業を永遠に伝えることを目的」とし、神社の名称は維持するものの、非宗教の法人として宗教活動は禁止し、国家や地方公共団体が経費を支出することを規定していた。法案には仏教界やキリスト教、野党が反対し、結局法案は多数を得ることができずに廃案となり、その後も昭和四九年まで計五回提出されているが、すべて廃案となった。

首相による靖国神社参拝が問題となったのは、この翌年のことである。昭和五〇年、三木武夫首相が参拝した際に、これが「私的か公的か」という論議が巻き起こり、公用車を使わず、玉串料を私費で払い、記帳には肩書きを使わず、公職者を随行させなければ「私的」であるという政府見解が出された。昭和五三年に福田赳夫首相が参拝した際には官房長官以下を伴って公用車を使い、「内閣総理大臣」の肩書きで参拝したが、政府見解自体が修正されて、これを追認している。翌年、鈴木善幸首相が参拝するが、野党側からの批判を受けて参拝を自粛することとなり、以後しばらく首相の参拝は途絶えるが、昭和六〇年に中曽根康弘首相が参拝し、「公式」であることを表明、中国政府からもA級戦犯を合祀している神社の参拝は問題だとして批判を受けた。自民党はA級戦犯の分祀について靖国神社と交渉したが、断られている。結局、翌年以降の終戦記念日の参拝は、周辺諸国への配慮を理由にとりやめられた。平成八年には橋本龍太郎首相が参拝し、「公私」については言明を避けたが、やはり中国から非難を受けた。平成一三年に小泉純一郎首相が参拝すると、以後、毎年一回参拝し、そのたびに外交問題が発生し、国内世論は賛否両論に分裂する、といった現象が起きた。打開策として国立追悼施設設立案やA級戦犯の分祀も模索されたが、靖国神社や神社本庁側は、分祀は不可能という立場をとった。

小泉首相の靖国参拝をめぐっては、その違憲性を問う訴訟が全国各地で起こされている。戦後、行政の宗教行事への関与の是非をめぐる裁判の嚆矢となったのは津市地鎮祭訴訟で、最高裁は、地鎮祭は習俗的行事であるとして違憲ではないと判断したが、その際、「国家が宗教とのかかわり合いをもたらす行為の目的及び効果」が、「宗教への援助、助長、促進又は圧迫、干渉になるような行為」にあたる場合は違憲と判断するという「目的効果基準」を示した。以後、この基準に照らして合憲性を判断することが通例となり、岩手県が靖国神社例大祭の玉串料と御霊祭献灯料を公費から支出した問題について裁判では、一審は目的効果基準から問題なしと判断し、二審も控訴を棄却したものの、その判決理由で、靖国神社の参拝は宗教行為にあたり、天皇と首相の公式参拝は違憲であると述べた。また、愛媛県が靖国神社例大祭玉串料と遺族会供物料を公費から支出した問題では、一審が目的効果基準から問題ありと判断し、二審は判決を覆したものの、最高裁大法廷の判決では、公費支出を違憲とし、目的効果基準を厳格に適用して、玉串料支出には社会的儀礼の側面があったとしても宗教的意義が否定できない以上これは許されないと判断した。

なお、小泉首相の靖国神社参拝をめぐる訴訟については、大阪高裁での裁判で、原告側が「政教分離原則を定めた憲法に違反した参拝により、精神的苦痛を受けた」として、小泉首相らに賠償を求めたが、判決は首相の参拝は「公務」に当たると指摘した上で、「極めて宗教的意義の深い行為で、特定の宗教に対する助長・促進になるから、政教分離を定めた憲法に反する」と判断しつつ、原告には損害を与えていないとして請求を棄却している。福岡地裁も違憲判決を出しており、いずれも原告側は上訴せずに判決が確定した。これに対して松山地裁や高松高裁、東京地裁などは憲法判断をせずに請求を棄却しており、最高裁まで持ち込まれた上告においても、最高裁はこれらを棄却している。このほかの裁判でも最高裁は憲法判断をせずに上告を棄却しており、平成二〇年一〇月現在、最高裁は合憲性についての見解を示していない。激しい政治的対立がある分野では最高裁は憲法判断に踏み込まない傾向があり、これもその結果と思われるが、今後の裁判でもし憲法判断に踏み込んだ場合、その影響はきわめて大きく、動向が注目されるところである。(35)

おわりに

最後に、近現代の宗教行政史を通観した上で見出される連続性と非連続性について言及しておきたい。政府は、戦前から戦後にかけて、継続して靖国神社への戦没者合祀に関与した。首相の参拝も戦前には普通に行われていたことから考えると、そこには連続性が見出せるといえよう。しかし、戦前は「非宗教」だった靖国神社は戦後「宗教」となったという意味で、そこにはあきらかに非連続性が存在しており、その連続性と非連続性の狭間で、首相の神社参拝や玉串料への公費支出の合憲性が問われる形になっている。解決策として提示された靖国神社国家護持法案は、いわば靖国神社の「非宗教」性を回復して「連続性」を実現することで、問題の解決を図ったものといえよう。もっとも、目的効果基準に照らした政教分離裁判の判決に揺れがみられるように、「社会的儀礼」か「宗教行為」かを判断することは困難であり、そのことが、行政が地鎮祭や靖国神社の行事に関与することの難しさを生んでいる。

宗教団体法体制から宗教法人法体制へと移行する中で、宗教法人の設立が所轄庁の「許可」が「認証」になったことは、大きな変化である。憲法上も、明治憲法における「安寧秩序ヲ妨ケス及ヒ臣民タルノ義務ニ背カサル限リ」といった制約は消え、基本的人権としての信教の自由が認められるようになり、戦前に比して宗教法人の活動は大幅に自由化された。しかし、宗教団体によるテロ行為によって、その自由は修正を迫られることとなり、その「修正」

は、戦前の厳しい行政管理との「連続性」を想起させ、宗教界から強い反発を呼んだ。

戦前の宗教行政に一貫して流れ、太平洋戦争期に頂点に達した思考、すなわち宗教の統治上における「有用性」への着目と利用は、戦後の宗教法人法制定過程においても、「公共の福祉への貢献」という形で提起されたが、結局、GHQ側の批判を受けて大幅に後退することになった。しかし、行政当局者間の認識においては「連続性」がすぐに断たれることはなく、昭和二六年の衆議院文部委員会において篠原義雄文部省総務課長は「社会公共の福祉に寄与するという面において、信教の自由が確保されている関係もございます」と発言している。(36)現在では、あくまで「宗教法人制度は、信教の自由と政教分離の原則を基本とし、宗教法人の責任を明確にすると共に、その公共性に配慮し、公告制度などによってその自主性・公共性を担保するとしている(37)が、こうした認識に到達するまでには、しばらくの時間を要したというべきであろう。

注

(1) 末木文美士『近代日本の思想・再考Ⅰ　明治思想家論』(トランスビュー、二〇〇四年)、二三―二五頁。

(2) 以下、大教院の実態やその崩壊過程については、小川原正道『大教院の研究――明治初期宗教行政の展開と挫折』(慶應義塾大学出版会、二〇〇四年)、参照。

(3) 南条文雄『懐旧録』(大勇閣、一九二二年)、七七頁。

(4) 教導職は最上級の大教正から最下級の権訓導まで一四の等級に分かれており、各宗の管長が神官・僧侶を「教導職試補」に任じた上、試験を受けさせて等級を定め、これを受けて補任されることになっていた。この統計には、試補は含まれていないが、試験合格を要する権訓導以上の補任が特に僧侶において著しく少ないのは事実であった(小川原『大教院の研究』、四九―五一頁)。

(5) 『東京日々新聞』明治八年四月二三日付。

(6) 末木『明治思想家論』、三五―三六頁。

(7) 太政官達第一九号(内閣官報局『法令全書』明治一七年)、一四二頁。

（8）藤本頼生「明治末期における神社整理と井上友一――内務官僚と「神社中心説」をめぐって」阪本是丸編『国家神道再考――祭政一致国家の形成と展開』（弘文堂、二〇〇六年）、二六九―二七四頁。
（9）『帝国議会貴族院議事速記録』一六（東京大学出版会、一九八〇年）、九二頁。
（10）『帝国議会貴族院議事速記録』四九（東京大学出版会、一九八三年）、一五五頁。
（11）奥平康弘・斉藤小百合「宗教団体法制定への動き（上）」『時の法令』一五三六号（一九九六年）、六三―六四頁、赤澤史朗『近代日本の思想動員と宗教統制』（校倉書房、一九八五年）、一〇八―一一四頁。
（12）『帝国議会貴族院議事速記録』五二（東京大学出版会、一九八三年）、三三一―三三二頁。
（13）赤澤『近代日本の思想動員と宗教統制』、一四四―一四六頁。
（14）ただこれは、設立認可の際に取り締まるより、結社を届出によって把握した上で、治安警察法によって取り締まる方が効率的だと考えたためだと指摘されている（奥平康弘・斉藤小百合「宗教団体法制定への動き（下）」『時の法令』一五三八号（一九九七年）、五九頁）。
（15）『帝国議会貴族院議事速記録』六五（東京大学出版会、一九八〇年）、三八頁。
（16）同前、一四三―一四四頁。
（17）阪本是丸「国家神道体制の成立と展開」井門富二夫編『占領と日本宗教』（未來社、一九九三年）、一六五―一九一頁。
（18）古賀和則「占領期における宗教行政の変容――文部省宗務課とCIE宗教課」『宗教法研究』一一輯（一九九二年）、四―五頁。
（19）「宗教行政の中から――河和田唯賢氏に聞く」井門『占領と日本宗教』、四三七頁。
（20）W・バンス「神道指令と宗教政策」竹前栄治『日本占領――GHQ高官の証言』（中央公論社、一九八八年）、一九八―二〇四頁。
（21）ウィリアム・P・ウッダード（古賀和則訳）「宗教法人法成立過程に関する資料（二）　宗教法人法の研究」『宗教法研究』一一輯（一九九二年）、八九頁。
（22）ウィリアム・P・ウッダード（阿部美哉訳）『天皇と神道――GHQの宗教政策』（サイマル出版会、一九七二年）、一一一頁。
（23）GHQ/SCAP RECORDS Box No.5940 "Comments on Proposed Law for Incorporation of Religious Organizations."
（24）阿部美哉「占領軍による国家神道の解体と天皇の人間化」井門『占領と日本宗教』、一〇五頁。
（25）大原康男『神道指令の研究』（原書房、一九九三年）、三三七―三四〇頁。

(26) 福田繁「新憲法と宗教」『宗教時報』一巻一号（一九四七年）、一〇―一一頁。
(27) 高口努「宗教法人法の一部を改正する法律」『法令解説資料総覧』一七八号（一九九六年）、五四―五五頁。
(28) 「国会会議録」（参議院「宗教法人等に関する特別委員会」、一九九五年一一月二九日）。
(29) 棚村政行「宗教法人法改正への視点」『法律時報』六八巻一号、（一九九七年）、二―五頁、北野弘久「宗教法人法改正問題の論点」『法学セミナー』四九四号（一九九七年）、四四―四七頁、家正治「憂慮すべき公権力による宗教支配」『自由』三七巻一一号（一九九五年）、五八―六二頁、藤田尚則「特定の政治的意図持つ『改正』の狙い」（同前）、六三―七〇頁。
(30) 『毎日新聞』一九九五年一二月九日付朝刊、『日本経済新聞』一九九五年一二月九日付夕刊。
(31) 『朝日新聞』一九九五年一二月九日付社説。
(32) 国立国会図書館調査及び立法考査局編『新編　靖国神社問題資料集』（国立国会図書館、二〇〇七年）、一九五―三〇二頁、『読売新聞』二〇〇七年三月二九日付。
(33) 松平永芳「『靖国』奉仕十四年の無念」『諸君』（一九九二年一二月号）、一六六―一六七頁。昭和二七年に遺族援護法と恩給法が改正され、極東軍事裁判における戦犯の刑死者・獄死者を公務死と認めて援護の対象としたほか、刑死・獄死した者の遺族や受刑者本人への扶助料や恩給が支給できることになっていた（小川原正道「靖国神社問題の過去と現在」寺崎修編『近代日本の政治』（法律文化社、二〇〇四年）、二四七頁）。
(34) 「国会会議録」（衆議院「海外同胞引揚及び遺家族援護に関する調査特別委員会」一九五五年七月二三日）、民主党・山本勝市議員の発言。
(35) 『読売新聞』二〇〇五年一〇月一三日付、二〇〇五年一〇月一八日付、二〇〇六年六月二三日付夕刊、二〇〇六年六月二八日・二九日付、二〇〇七年三月二三日付、二〇〇七年四月六日付。
(36) 「国会会議録」（衆議院「文部委員会」一九四六年三月一七日）。
(37) 文化庁文化部宗務課「宗教法人制度の概要について」『文化庁月報』三九九号（二〇〇一年）、一四頁。

第11章　参考文献一覧

赤澤史朗『近代日本の思想動員と宗教統制』校倉書房、一九八五年

洗健、田中滋監修『国家と宗教――宗教から見る近現代日本』上・下、法藏館、二〇〇八年
井上恵行『宗教法人法の基礎的研究』第一書房、一九六九年
井門富二夫編『占領と日本宗教』未來社、一九九三年
ウィリアム・P・ウッダード（阿部美哉訳）『天皇と神道――GHQの宗教政策』サイマル出版会、一九七二年
大原康男『神道指令の研究』原書房、一九九三年
小川原正道『大教院の研究――明治初期宗教行政の展開と挫折』（慶應義塾大学出版会、二〇〇四年
小川原正道「靖国神社問題の過去と現在」寺崎修編『近代日本の政治』法律文化社、二〇〇六年
小川原正道「明治期における内地雑居問題とキリスト教対策」寺崎修・玉井清編『戦前日本の政治と市民意識』慶應義塾大学出版会、二〇〇五年
国際宗教研究所編『宗教法人法はどこが問題か』弘文堂、一九九六年
阪本是丸『近世・近代神道論考』弘文堂、二〇〇七年
阪本是丸編『国家神道再考』弘文堂、二〇〇六年
阪本是丸『近代の神社神道』弘文堂、二〇〇五年
阪本是丸・井上順孝編著『日本型政教関係の誕生』第一書房、一九八七年
阪本是丸『国家神道形成過程の研究』岩波書店、一九九四年
佐藤孝治・木下毅編『現代国家と宗教団体』岩波書店、一九九二年
末木文美士『近代日本の思想・再考Ⅰ　明治思想家論』トランスビュー、二〇〇四年
新田均『近代政教関係の基礎的研究』大明堂、一九九七年
羽賀祥二『明治維新と宗教』筑摩書房、一九九三年
文化庁文化部宗務課編『明治以降宗教制度百年史』原書房、一九八三年
山口輝臣『明治国家と宗教』東京大学出版会、一九九九年
安丸良夫『神々の明治維新――神仏分離と廃仏毀釈』岩波新書、一九七九年
阿部美哉「占領軍の対日宗教政策」『宗教研究』二一〇号、一九七四年
ウィリアム・P・ウッダード（古賀和則訳）「宗教法人法成立過程に関する資料（一一）　宗教法人法の研究」『宗教法研究』

一一輯、一九九二年
大石眞「宗教団体と宗教法人制度」『ジュリスト』一〇八一号、一九九五年
奥平康弘・斉藤小百合「宗教団体法制定への動き（上・下）」『時の法令』一五三六・一五三八号、一九九六年・一九九七年
奥平康弘・斉藤小百合「宗教法人法の成立（上・下）」『時の法令』第一五五四・一五五六号、一九九七年
古賀和則「占領期における宗教行政の変容――文部省宗務課とCIE宗教課」『宗教法研究』一一輯、一九九二年
清水節「占領下の宗教制度改革――宗教法人令の起草過程を中心に」『日本歴史』六百七五号、二〇〇四年
高口努「宗教法人法の一部を改正する法律」『法令解説資料総覧』一七八号、一九九七年
東京都生活文化局都民協働部市民活動推進課「東京都における宗務行政の課題」『文化庁月報』、二〇〇一年一二月
中野毅「占領と日本宗教制度の改革――戦後日本の世俗化過程の一考察」『東洋学術研究』二六巻一号、一九八七年
平野武「憲法と宗教法人法」『ジュリスト』一〇八一号、一九九五年
文化庁文化部宗務課「改正宗教法人法の施行状況」『文化庁月報』、一九九八年一二月
文化庁文化部宗務課「不活動法人への対応」『文化庁月報』、一九九八年一二月
文化庁文化部宗務課「宗教法人制度の概要」『文化庁月報』、一九九九年一二月
文化庁文化部宗務課「最近の宗務行政について」『文化庁月報』、一九九九年一二月

小川原正道

第12章 国土交通行政史

はじめに

平成一三年（二〇〇一年）、建設省・運輸省・国土庁・北海道開発庁が統合して国土交通省が発足した。同省誕生の意味は、複数の官庁に分散していた国土行政や交通行政の一元化にあって、たとえば当時の扇千景国土交通大臣は次のように語っている(1)。

……結節がうまくいっていないから、港で荷物を揚げても高速道路に乗せるまで時間がかかる。駅へ持っていったり飛行場へ持っていくのに時間がかかる。そのために、物流コストが世界で恥ずかしいぐらい高くなっている。……これでは世界に伍していけないということで、あらゆる点で二十一世紀型の国土交通省としての交通体系を図らなければ、世界に取り残される日本になる。……四省庁を統合したメリットを生かした交通体系を構築しよう……

すなわち、交通行政についての各省縦割りの弊害が物流コストを高いものにしているのであり、関係省庁を一体化した国土交通省でその改善を図れるという主張であった。この発言だけを見ると、この分野における縦割り問題が近年出てきた歴史の浅いもののように見えるが、実は、これと同じ論調の批判が戦前の議会でもなされていたのであった。昭和一三年（一九三八年）三月八日の衆議院陸上交通事業調整法案委員会における田中好議員の発言である。(2)

……現在ノ交通行政ハ、実際陸上交通ト言ハズ、水上交通ト言ハズ、全ク乱立シテ居ルヤウナ状態デゴザイマシテ、其弊害ハ図リ知ルベカラザルモノガアルト思フノデゴザイマス……内務大臣ハ港湾ヲ築造スル、所ガ之ニ必要ナル所ノ臨港鉄道ハ港湾ノ完成ト同時ニ竣工シナイ、或ハ鉄道省停車場ヲ築造致シマシテモ、是ガ後方ト連絡スル道路施設ガ遅レテ居ルト云フヤウナ状態ヲ、各地ニ於テ見ルノデゴザイマス……各省ニ分離シテ居ル所ノ交通行政ヲ統一スルト云フコトハ、如何ナル見地カラ見マシテモ必要デアラウト存ズルノデアリマス……

田中は、交通行政が各省で乱立している状況の弊害を指摘し、その統合を主張していた。このように国土交通省設立時における問題点は歴史的には根の深い問題だったのである。セクショナリズムは、国土交通分野に限らず多くの行政領域で見られるが、上記の例からすれば、この分野においてその弊害が歴史的な特徴と化していると言えよう。二一世紀になって登場した国土交通省の行政史を検討するのに、明治まで遡って追究する所以である。

そして、この国土交通省のもう一つの特徴は、技官が大きな力を持っていることである。近年の技官研究がいずれも指摘する点であり、大森彌氏も、専門性を背景とする彼らが上記の縦割り問題にも密接に関わっていると言及して

いる。(3)

よって、本章は、維新期から現代までの国土交通行政史について、縦割り問題というテーマを中心に、技術官僚という主役に焦点を絞って、その変遷や実態について検討していく。なお、行政史研究に政策展開への言及は不可欠だが、膨大な国土交通行政の全管轄に関する政策史を追うことは紙幅の関係上不可能であり、かつ既に個別政策については夥しい数の研究も存在しているから、本章では土木・交通を中心に上記課題に関連する政策を取り上げるにとどめたい。

1　工部省と初期技術官僚の登場

明治維新期の日本では様々な分野で近代化が進められたが、それを進める「行政」自体もその例外ではなかった。現在に至るまでその名を残す外務省を始めとして、各行政機関の源流が形成され、その中で国土交通省の源流たる工部省も設立されたのであった。

工部省は、鉄道、鉱山、電信、製鉄など当時の先端技術や欧米流の産業を担当とする官庁として、明治三年（一八七〇年）閏十月に設置された。その設置過程は、山尾庸三を中心とする勢力によって主導されていた。山尾は、長州藩出身で幕末にイギリスに密航、造船技術を学んで帰国し、明治政府には造船担当の役人として出仕していた。かかる経歴の山尾は、同省設立後も十年以上その中心であり続け、彼の周囲には、同じように欧米に洋行経験を持ち、西洋流を学んできた者や知識をもって欧米から輸入した諸事業に維新当初より従事してきた者が多く集まっていた。いわば技術官僚の原形であり、彼らが工部省を動かしていたのである。もちろん、彼らは、本格的な理系知識を得ていたわけではないから、厳密には今日的技官とは異なる存在だが、当時貴重な西洋性や事業に通暁しているという特性などの「専門性」を背景に政策決定に影響を及ぼす存在でもあった。本章では、かかる性格を重視し、彼らを「初期技術官僚」と位置づけたい(4)。

この工部省により、諸事業が推進され、日本の近代化の基礎が築かれた。明治五年後半には鉄道や電信が既に一部区間で開業し、引き続き全国拡大に向けて工事が進められたほか、諸鉱山の開発や近代的な灯台の新設が進展していた。セメントや造船、さらに初期の一時期には土木まで担当して、一八年の廃省まで殖産興業政策を実現していったのである。

そして、その間の大部分は、初期技術官僚が同省の実質的中心に位置していたことも指摘できる。すなわち、上述の山尾は、開省以来、一四年一〇月に工部卿(長官)を辞任するまで、事実上省務を見続けており、その後も鉄道担当の初期技術官僚井上勝が工部大輔(次官)として、政治家の長官を支えていた(5)。その意味で、同省における技術官僚の地位は高く、政策決定への影響力も強かったのである。もちろん、吉井正澄・福原恭輔・吉井友実ら事務系官僚や伊藤博文・佐々木高行などの工部卿(政治家)も登場しており、技術官僚と事務官・政治家の枠組の源流が形成されていたほか、当初、御雇外国人に依存していた各事業では、海外留学や実地研修に加え、部門別の専門養成所などを通じて技術者養成も積極的に行われ、より高いレベルの理系知識を教授する工部大学校も設立されていた。現代に連なるような理系知識・技術を背景とする本格的な技術官僚を生み出す基盤をも用意していたのであった。現に逢坂山トンネル工事など、御雇外国人から自立して、成果を収める事例も出てきていた(6)。

このように、工部省は当時における様々な新規産業や先端事業を一手に担う省として存在していたが、見方を変えれば、永井秀夫氏などが指摘するとおり、各事業の寄せ集めという性格を帯びていたことにもなる。それは国土交通行政分野で草創期からセクショナリズムが内在していたことを窺わせるものでもある。

しかし、一方で、それを総合調整する動きもまた存在していた。長期間同省の中心であり続けた山尾が調整する役割を担っていたのである。確かに、山尾が事実上のトップであった明治初年には、工部省予算が局レベルでのインクリメンタリズムに陥ることはなかったし、各事業を有機的に結びつける発想の建議もなされていたのである[(7)]。

このような工部省は、明治一〇年代後半になり、各事業が徐々に定着し、殖産興業の基盤が出来始めると、その役割を終えることとなり、官業払下げが進められ、民間で企業が設立されるのと並行して、一八年に廃止されることとなった。縦割りを象徴するかのように、各事業は、複数の官庁へと移管され、もちろん工部系技術官僚も分散して継承されていった。鉄道部門については、京浜、京阪神間の鉄道などの工部省の残した成果と共に、内閣鉄道局へ移管されることとなった。

2 内務省の河川・道路政策と技術官僚の役割

国土交通省管轄のうち、土木部門の源流もやはり明治維新期に既に登場している。それらは何も近代になって登場したものではないから当然とも言える。ただし、政府全体の機構の基礎がしっかりとは定まっていなかったため、土木担当セクションもまた頻繁に所属組織を変えていく。新政府発足直後は、内国事務総督民政役所が担当し、以降民部官、民部省、工部省、大蔵省と管轄官庁が変遷したのである。そのような激動の時期にも、自然災害は無関係に各地を襲う。土木政策は絶えず対応していかねばならなかった。明治六年には「河港道路修築規則」が制定され、河川などの区分や工事費の負担割合が定められている[(8)]。全国各地にある河川について、きわめて有限な財源を用いていかに対処していくのかは、政府にとって不可避の課題であったが、まずこれに一応の方針を示したのであった。

そして、翌年一月に内務省が実質開業すると、土木寮も移され、土木組織がようやく安定し、土木行政も本格的に展開されていった。土木頭（局長）林友幸らは早速「水政ヲ更正スル議」を提出し、舟運を運輸の機軸とし、治水事業において低水工事を中心とする方針を打ち出した。以降、河川行政は、低水工事を実際に進めながら、主たる管轄や、財政負担の分担をめぐって議論が続けられることとなるが、結局この時期は河川のみならず港湾道路共に統一的法制未整備の状態のまま、現実に対応していく形で事業のみが展開していった。

事業が継続していけば、その事業に西洋知識や技術が導入されてくるのは、当時として当然のことである。そのような知識や技術を専門的に有する官僚として、土木部門でも技術官僚が登場してきた。すなわち、石井省一郎や中村孝禧など内務省開省前から土木分野に関係してきた官僚を中心に、御雇外国人を駆使しながら事業を展開する体制から、実際に西洋知識・技術を有した本格的技術官僚が中心となる体制へと移行していったのである。明治一四年頃から准奏任御用掛として古市公威、山田寅吉らが採用され、事業を現場レベルで指揮するようになり、彼らの意見で、明治一九年には全国各ブロックに土木監督署が設置され、三八年に土木出張所になってゆく。

明治中期になると、治水事業は低水工事から高水工事中心へと軸足を移していったが、そのような中で、日本初の工学博士となった技術官僚の古市が、明治二三年には本格的技術官僚として初めて土木局長に就任した。同二七年からは技術官僚の最高ポストとして新設された技監となり、二九年から再度土木局長を兼任するなど、名実共に土木部門のトップとして君臨した。その背後には、山県有朋とのつながりもあったようである(9)。

その間、明治二九年には河川全体を包括する統一法制として、河川法を制定した。同法は、同二三年より帝国議会で議論され、高水工事は原則地方管轄だが、国直轄工事も一部で認め、国庫補助についても定めたものであった。三〇年には砂防法を成立させ、さらに成立には至らなかったが、道路に関する統一法制についても、二三年に「道路法案」、二八年には「公共道路法案」を作成するなど、その動きを活発化させ、最終的に大正八年（一九一九年）の道路法制定へ結実させていった。

土木部門では、この大正八年までに港湾を除き統一的法制を整備し、各分野で数度の整備改良計画の策定と実行をしながら、河川、道路、港湾、砂防などの整備・開発を進めていった。その過程は、国直轄と国庫補助対象の拡大でもあった。また、昭和期には現代にも通じるような、各事業が不況対策（時局匡救事業）の色彩を帯びることも既にあった。

このように事業が発展・拡大していけば、当然同じように拡大展開している他省の管轄と重なる部分も多くなる。それは、縦割り行政の問題を顕在化させることとなった。たとえば、内務省土木局は、砂防行政をめぐり農商務省と、利水をめぐって逓信省と、踏切改良については鉄道省と対立し、調整が難航することもしばしばであった。戦前の土木部門でもセクショナリズムの問題が、大きく横たわっていたのである[10]。

以上の展開を遂げてきた土木政策の実質的中心を担ったのは技術官僚であった。特に同省土木技術官僚は、一つの現場で長期間工事に携わるのが特徴であったが、かかる役割は時代が下ってもしっかりと果たし続けていた[11]。一方で、技術官僚の立場には変化があり、文官任用制度確立によって古市以後の土木局長が原則事務官となった結果、技術官僚は局内技術系課長にとどまることとなった。技術官僚が銓衡により採用されたために、法科エリートの壁が立ちふさがったのである[12]。明治四四年以降土木局内に技監（土木系技術官僚の統括役）が再置されたが、一般に事務官に比べ冷遇されていた。原則として、技術官僚の多くがスタッフに徹していたとも言えよう。ただし、政策実現のために工事も議会答弁も担当し、予算獲得に全力を挙げる彼らは、その地位に比べて政策決定に強い影響力を有していたのでもあった[13]。

現代にも指摘されるかかるねじれは、既に戦前から始まっていたのであった。そのような中で、時に事務官と技術官僚の対立に発展することもあり、昭和一一年には岡田文秀土木局長（事務官）が技術官僚人事を刷新したことに対し、技術官僚幹部が辞表を突き付け抗議したこともあった[14]。

したがって、古市公威、宮本武之輔など、技術官僚の中でも抜きん出たリーダーシップを発揮できる人材が出てくると、その人物を核に技術官僚の地位向上運動が展開された。そして、彼らの不満は、各省に点在する技術官僚との連携をも促すこととなった。彼らは、工政会、日本技術協会、七省技術者協議会などを組織し、連携していた。先述のとおり、各省との縦割り問題は深刻化していったが、そのような中で技術官僚は戦時下を中心として各省・局間の連携や調整を図る役割を担ったのである。たとえば、技監青山士による利水行政をめぐる対立調整の事例も存在しているし、宮本武之輔の土木省構想などもその例として挙げられよう(15)。

明治期中盤から本格的に登場した技術官僚は、事務官に比して冷遇されていたが、そうであっても土木政策を着実に実行するエンジンの役割を果たし続け、基本的にスタッフという立場に徹していた。また不満を持つ勢力は、他省技術官僚との連携を深めることで地位向上を図りつつ、既に大きな問題となっていたセクショナリズムを総合調整する役割を果たすこともあったのである。

3　戦前鉄道行政と技術官僚の地位

前節で戦前の土木行政を概観してきたが、それでは工部省以降の鉄道（交通）行政の方はどのような展開を遂げて行ったのだろうか。

明治期に、この鉄道行政を語る上で欠かすことのできない人物は、初期技術官僚井上勝である。鉄道の父とも称される彼は、幕末にイギリスに密航留学した後、明治二年末の京浜間鉄道建設決定に際し通訳として立会い、その後明治四年から工部省鉄道頭に就任し、一〇年に同鉄道局長となって、京浜、京阪神間の鉄道開業を始めとする鉄道路線の拡充に尽力してきた。工部省廃止後は、内閣鉄道局長官となり、二三年内務省鉄道庁長官を経て、二六年に逓信省鉄道庁長官を退官した。時々の情勢に応じて鉄道組織は目まぐるしく変遷していたが、井上は、ほぼ一貫して鉄道組織のトップを占め続け、鉄道建設を指揮し続けたのであった[16]。

明治初年における鉄道は、工部省の官設官営方針が採られていたが、やがて民間企業の参入が認められてきたことは、日本鉄道会社設立の例を挙げるまでもないことである。ただ、井上は、小さな民間鉄道会社が幹線を構成することに否定的であり、その彼の方針を結実させたものが、明治二四年に提出された「鉄道政略ニ関スル議」であった。同建議で、井上は以後の建設計画に加え、公債発行による資金調達、幹線鉄道網上の私鉄買収という主張を展開する。これらは、品川弥二郎内相により鉄道公債法案、私設鉄道買収法案として第二議会提出されるも、議会内に鉄道会社に近い国有反対論の議員も存在したことから、共に未成立となった。二五年になって鉄道敷設法が成立することとなったが、同法案は、以後の建設計画を確立するものであったものの、井上の私鉄買収案を無視し、鉄道官設方針も骨抜きにしたものでもあった。同法により鉄道行政が新体制となる中で、結局井上は辞職をする[17]。

井上に代表される鉄道技術官僚は、一貫して地位は優遇されていたが、その主張を貫徹するような政策決定への影響力という点では、特に議会開設後、限定されていったと言えよう。地域の利便性に直結する鉄道は、政治家の介入を招きやすく、技術官僚だけで問題解決できるようなものではもはやなくなっていたのである。その後の展開も、大きく政治の側の影響に左右されてゆくこととなった。

明治三九年には鉄道国有法が成立し、二年間で一七私鉄を買収、全国鉄道路線の九一パーセントを国有とした。これは、一四年前に骨抜きにされた井上構想の実現であり、後に鉄道院副総裁となった野村龍太郎など技術官僚が強く推進した。この結果、四一年には、遂に独立組織として鉄道院が設置された。同院総裁には政治家が就任したが、副総裁ポストは技術官僚が押さえるなど、その地位に変化はなかった。

この時期大きな問題となったのは、改軌をめぐる問題であった。輸送量の増大や鉄道国有化を背景に、後藤新平、仙石貢らの鉄道広軌改築論が登場し、その後、憲政会・民政党系の方針となっていった。鉄道院副総裁古川阪次郎ら鉄道技術官僚もそれを援護していた。一方で、原敬ら政友会系は、狭軌のまま新規建設を優先するという建主改従論を主張し、技術官僚大村鋿太郎（鉄道省建設局長）が「狭軌論」を出して協力するなど、二つの方針が対立していた。それは、二大政党制下における両党の対立と重なるものであったと同時に、技術官僚同士でも見解の相違が存在していたことを示すものである。したがって、内閣によって方針が変更されていった。

政友会の原敬内閣は、上記の方針に則り、地方にも積極的に鉄道を建設し、鉄道網が順調に拡張されていった。四三年の軽便鉄道法、大正八年の地方鉄道法などは、それを後押しする法律制定となった。そのような状況を踏まえ、九年には鉄道院が鉄道省に昇格することとなった。「省」となっても工事中心の現業官庁という性格は変わるわけではなく、事務次官に技術官僚も就任しており、また、局長ポストを三つ以上も確保するなど、技術官僚が高位置という伝統は維持されていた[18]。一一年の改正鉄道敷設法には、技術官僚の石丸重美鉄道次官が協力していたのであった。ただし、全体を通じて、政党・軍部に影響を受けやすい分野であるだけに、その地位に比して政策決定は受動的であり、鉄道技術官僚も政党に協調的であったこともまた指摘できよう。

それでは、このような鉄道行政を縦割り行政の観点から見たとき、問題はなかったのであろうか。確かに鉄道省内に、政党の対立に対応する方針の違いが存在していたことは上記よりも窺えるが、基本的に、鉄道敷設法で定めた路線の着実な建設をするという役割をしっかりと果たしていたから、縦割りの弊害はあまり見られないようである。しかし、交通行政全体に視野を広げたとき、行政組織のあり方からして、既に縦割りであった。陸上交通は、鉄道省のほか、道路を管轄する内務省があり、海上交通は、逓信省が担当し、その陸上・海上交通の結節点である港湾は内務省が担当していた。かかる縦割りは、戦時下で問題化していった。本章冒頭で引用した田中好議員の指摘に表れている。

これらの縦割りに対して、戦時下の技術官僚は、前節でも見たように他省技術官僚と連携し、また日本技術協会国防委員会第五部会は交通省構想を打ち出すなど[19]、その総合調整を図る側に立っていた。にもかかわらず交通行政一元化が進まなかったのは、事務官が消極的であったことによるものだろう。結局昭和一八年に、逓信省に対して影響力を有した海軍の主張もあり、運輸通信省が設置され、陸海空の交通行政が一元化されたほか、通信行政も管轄に加えられた。同省においては、電気技術官僚飯田精太郎が次官に就任し、鉄道技術官僚は鉄道総局内の局長ポスト二つを占めるなどその立場はまだ維持され、二〇年に通信部門を分離して運輸省となってからもしばらく変わらなかった。

戦前の鉄道行政は、技術官僚が省内で高位置にある一方で、その政策決定への影響力は弱いというねじれた状態がかなり長く続いていたことが指摘できる。また、土木官僚同様、縦割りを助長するというよりはむしろ調整の方向に動くなど、専門性を背景としたセクショナリズムに陥らない実態もまた存在していたのであった。

4　建設省の設立と技官の躍進

内務省における土木行政は、戦中に同省組織再編で国土局管轄となっていたが、戦後になって内務省が解体されると、建設院、そして建設省へと引き継がれていった。すなわち、土木行政を主体とする一省へと躍進を遂げたのである。新たな建設省は、河川・道路・砂防のほか、都市整備や住宅などの建築行政や下水道整備などを担当して、各事業において長期事業計画を策定し、政策を着実に展開していった[20]。いわゆる「公共事業」の推進である。

たとえば、道路行政については、昭和二九年（一九五四年）の第一次道路整備五カ年計画以来、第一二次まで策定を継続し、それを根拠に予算を獲得し、道路局の方針に沿って道路整備を続けてきた。その上、道路整備の安定財源を確保すべく、二九年道路整備費等に関する臨時措置法などを定め、道路特定財源制度を創設するなど、道路整備体制をさらに磐石なものとしてきた。三一年には日本道路公団を発足させている。その路線上で現代に至るまで道路開発や整備が継続されてきて、そのあり方が厳しく問われる状況になっていった[21]。河川行政においても、同様に治水事業五カ年計画を元に各河川の整備やダムの建設が進められてきた。水害を予防するという方針から、環境との調和も考慮する方向に移っているが、道路整備と同じく、建設省主導のダム整備などにも批判の目が向けられることとなっていく。もちろん、この間、双方の基本法についても、道路法が昭和二七年に、河川法が三九年に新たに制定されるなど法整備が進められ、時代に合わせて適宜改正もされてきた。

このように、法整備を進めながら、計画を根拠に「公共事業」を推進して、各分野で一定の成果を挙げてきたのが建設省である。戦後復興から高度経済成長期にかけて、同省が果たしてきた役割は実に大きいといえよう。しかし、低成長の時代となり、経済が停滞して、財政問題が深刻化していく中でも、これまでと同じ路線上で、たとえばダムや道路整備を続けるなど、時代にそぐわない状況に陥っていると批判されることも少なくなくなった。特別会計を導入してきたことにも一因があるが、自らの担当分野の政策進展のみを追求する姿勢は、まさに縦割り行政の弊害が顕在化したものと指摘できるだろう。確かに、戦前にも見られた縦割り問題は、戦後もこの分野で消えてゆくことはなかったのである。戦後間もない時期でも、当時の田中角栄衆議院議員などが公共事業関係の行政一元化を盛んに主張していたが[22]、実行されることはなかった。また、長期間にわたり、公共事業関係予算の比率が、省庁毎に固定し、その事業毎にも固定的になっていたことからも明らかであろう[23]。

そして、この縦割りを強化・固定化しているのが、他ならぬ技官であると最近の研究は何れも指摘している。前章で見たように、戦前には縦割り調整に回ることもあった彼らが、縦割りの弊害の元凶と化していったのはなぜなのだろうか。戦後からの建設省技官の展開を追う中で検討してみよう。

戦中の昭和二〇年に、土木系技術官僚の岩沢忠恭が国土局長に就任した。古市以来局長ポストに就けなかった技術官僚にとって、大きな躍進であった。彼は、終戦後の土木行政の変遷を絶えずリードし、建設院技監を経て、遂に初代建設省事務次官兼技監に就任したのであった。局長にもなかなかなれなかった技術官僚にとって、この就任は実に大きな意味を持つこととなった。

この結果、建設省では事務官と交代で事務次官に就任できるようになった。また、技官ポストとして次官級の技監が常置され、局長クラスでも全六ポスト中、二・五ポスト（道路局長、河川局長、事務官と交互就任の住宅局長）を確保するに至った。岩沢の次官就任が同省における技官の地位を格段に向上させたのである。戦前に比べても、他省と比較しても優遇されることとなった。

このような建設省技官がラインをかけ上がる人事スタイルは、古市や岩沢など一部を除いて、トップに至るまでスタッフに徹していた戦前の技術官僚のあり方とは一線を画すものになった。ラインに上がれるようになった結果として、事務官との対抗意識も強化されていった。内務省技術官僚だった赤木正雄元参議院議員の「局長をして自分の位置を向上するということはとんでもないことで、これは末節のことであります。その点は徹底的に技術官の考えが違っておる」との発言は[24]、当時の技官の対抗意識を窺わせるものである。

また、これまで土木局が道路も河川も統括して多くの技術官僚もその双方に携わっていたのに対して、それぞれが局として拡大・独立した結果、技官人事も道路・河川・建築などの各系列内で基本的に異動を繰り返すものとなり、視野を狭めることとなった。この結果、技官は系列ごとの人事や結束を強化し、一省内での縦割りをも産み出すこととなった。この技官グループのタコツボ化が、縦割り行政を助長するものとなった。そして、事務官への対抗意識がこの傾向を強化したことも既に指摘されている[25]。

しかも、内務省という総合官庁の解体は、同省を中心とした中央官界に秩序も、それに基づく総合調整も失わせていくこととなったから[26]、復興・成長という大義名分で各省の独走を生ぜしめ、各省間の縦割りも助長することになった。それは、内務省下で統括・調整されてきた土木行政においても例外ではなく、技官もそのような戦後体制に順応して、それを支えてゆく存在となったのである。

上述の岩沢は、運輸省に移管されていた港湾部門を建設省に再移管しようと試みていたが、結局実現しなかった[27]。かかる行為は、旧内務省的な調整の延長にあったのかもしれない。他にも旧内務省のつながりで調整が行われていた事例は存在しているが[28]、時代が進むにつれて、旧内務省を知る官僚が減り、上記のような縦割りをさらに助長していくこととなったと考えられる。そして、その帰結が技官イコール縦割り問題の元凶と見る現代技官研究の通説である。


建設省各部門の長期事業計画による事業推進は、このような技官に支えられてきたから、省レベルでも局レベルでも縦割り問題が生じるのは当然の結果であった。しかも背後に、予算確保を目指す事務官と仕事量の確保を期待する業界とそれらを調整して選挙を有利にしたい族議員が結束する構造もあり、この傾向はさらに強められていったのである。このような縦割り問題は、復興・成長期には大きな問題とならなかったが、財政問題が大きく取り上げられる中で、問題として認識され、それにつらなる技官の問題もより顕在化したのである[29]。

この点は、村松岐夫氏がかつて指摘した、セクショナリズムという最大動員システムの逆機能化の一端と言えよう[30]。それは、民間に技術力が乏しかった時代に民間に技術移転をするための天下り、そしてその民間を育てるための談合といった、現代において最も批判される事柄に関しても同様かもしれない。時代にそぐわなくなったシステムの問題に人々が気付き、その元凶とも言える縦割りの問題が頻繁に指摘されるようになる中で、その問題を打開すべく、国土交通省設立へと向かったのである。

5　運輸省の展開と技官の立場

交通行政は、戦中に運輸通信省設置により一元化をみていたが、昭和二〇年に通信部門を分離して設立された運輸省管轄となって、戦後へと突入した。占領期に入ると、ＧＨＱの指令を中心にして交通行政が展開し、たとえば、航空部門が一時廃止されたり、運輸省現業部門の公社化が進められて国鉄分離がなされたりしたほか、運輸行政組織の民主化のために運輸審議会も設置された(31)。

特に、国鉄分離は同省の性格を大きく変化させ、現業官庁から許認可官庁の色彩を濃くしていったのである。もちろん、港湾局など一部で公共事業も推進していた。また、この港湾局は旧内務系であり、旧逓信系の海運・航空部門と並んで独立性が高く、運輸省発足後、既に局間で縦割り組織としての特徴も表れていた。

かかる体制で、戦後の交通政策が展開されてゆく。公共事業として、鉄道（新幹線）整備を進めたほか、五カ年計画により空港（第一～七次空港整備五カ年計画）や港湾（第一～九次港湾整備五カ年計画）なども整備され、交通インフラの充実が図られていった。国内における移動時間の短縮などは、その成果を実感させるものである。加えて同省の特徴でもある許認可行政も着実に実施し、船舶・自動車・航空機などの検査に代表されるようなチェック体制を充実させ、安全性や秩序を維持してきた。その果たして来た役割は大きいと言えるが、やはり時代状況に適合しなくなってきた。財政悪化の中、小さな政府論が叫ばれ、民間の活力を妨げるような規制には厳しい目が向けられることとなったのである(32)。

そのような中で同省はその取り巻く課題に適合すべく、二回の大きな組織変革を遂げていた。すなわち、上述したような同省の特徴とも言える縦割りは、総合交通政策立案や実施を難しくし、各部門の計画の総合調整を希薄にするという弊害をもたらすものであったから、まず昭和五九年に横割り型へ組織改革がなされたのであった。当時の官房審議官丹羽晟氏が回顧するように、「縦割りだからそれぞれのモードのことしか考えなくて、総合交通政策みたいなことはだれも考えない」との問題意識のもと、「運輸政策局を新設するほか、旅客担当の局とか貨物流通担当の局、国際問題担当の局というふうに横割りにしようと思って、半分ぐらい編成替え」が実施された。「既得権を持っている人たちにとってはマイナスになる話しですから、役所の内外から大変な反対が出ます」とも振り返っていたように、省内外の反対を押し切っての大胆な改革であった。

しかし、同氏が「壮大な失敗をしてしまった」と述べたことにも窺えるように、かかる横割り組織の体制は長くは続かなかった。その原因については、以下の如くであった。

……一般の人たちから見ると、どこで何をやっているのか分からないということでした。今までバスとトラックの仕事をしている人は自動車局へ行けば仕事が済んだのに、今度は隣の局へも行かなければならない。そういう評判の悪さと、もう一つは、省内でも局同士の境界線が分かりにくいということで、局際事項が山ほど増えてきました。したがって行政効率が悪くなるということでした……

効率化を目指す行革でかえって非効率が生じた上に、横割りが行き過ぎて、鉄道や自動車交通など交通機関毎の視点が失われたこともあり、平成三年に縦割り型へ再編されたのである。わずか七年での再編であった。

それでは、このような展開を経てきた運輸省において、技官はどのような立場で、いかなる影響をもたらす存在であったのだろうか。戦前鉄道省における彼らは、事務次官や局長など省内でトップクラスのポストを確保できる存在であったが、その立場が戦後も継続されたわけではなかった。確かに終戦直後においては、技術官僚下山定則が事務次官に就任することもあったが、国鉄分離に伴い、省内における技術官僚の地位も変化した。すなわち、分離以降、技官は、事務次官に就くことができなくなったばかりか、鉄道部門の局長ポストも事務官に奪われることとなり、彼らの省内における立場は後退したのであった。なお、国鉄総裁には三度技官出身者が就任していたから、戦前の鉄道省の技術官僚の立場は国鉄に引き継がれたと見ることもできよう。

一方で、同じ運輸省でも港湾や船舶部門では技官が局長ポストを確保できており、局長級を完全に奪われたわけではなく、棲み分けがなされていた。この人事慣行は現代にまで続いているが、鉄道省や戦後の建設省に比べればやはり「冷遇」されるようになったと言えよう。

この技官の立場が彼らの縄張り意識を助長し、各部門で専門性を根拠に整備事業予算や規制の権限を手放そうとしない姿勢を生んだとされ、各部門でタコツボ化（土木・機械・造船）が進んだ一因となっていったことはよく指摘されるところである[33]。元技官大島士郎元航空局技術部長の「運輸省では、たとえば一度船舶局とか自動車局に配属された技官は、ずっとそこに配属しながら、自分の基礎的な勉強をもとに、さらに造船技術や自動車技術などを吸収して職務を遂行し、基本的に異動しません」との発言からもわかるように、技官の本来求められている技術的役割とそれを反映した系列型の人事がその背景にあった。

このような技官のあり方は、縦割り行政の弊害に直結してゆくものであった。技官が、専門知識を背景に各部門で計画を立て、その政策の方向を定める役割を担う以上、当然のことであった[34]。上述の大幅な組織改革においても、技官がトップの港湾局は数課の調整のみに止まり、海上技術局（船舶局）は、五九年改革で船舶局・船員局合併がなされたものの、そのままの形で合併し、内部の組織に変更はなかった。事務官主導の組織改革に技官は消極的であったようにも見える。

平成八年にはこれまで局長止まりであった技官に、その上位ポストとして技術総括審議官が設置され、技官の不満緩和も図られていたが、基本的に冷遇は変わらず、タコツボ構造という専門性を背景とした縦割りを打破できない状態で、二一世紀が近づいていた。交通関係の他省との連携も不十分であった。[35] その結末が冒頭の扇大臣の発言ということになろう。結果として、国土交通省設立へ向かっていった。

なお、国土交通省構想に対して、後述のとおり、運輸省では交通通信省構想を提示して、反対の姿勢を示したと言われるが、正確なところは少し違うようである。この点は元航空局監理部長丸山博氏の発言が興味深い。

……一時、郵政省とくっつく運輸通信省という案と、国土交通省という案があって、運輸省の若い人は建設省とくっついた方がいいという人が多かったんだそうです。普段、仕事をやっていて、建設省と運輸省とのつながりが非常に大きいから、くっつくと仕事がスムーズにいくというのが若い人たちの意見です。逓信省から別れてきた旧い世代の人には、昔の親戚と一緒になった方がいいという意見が多かったということを聞きました。……局の筆頭補佐クラスで構成する企画官会議が一番下の会議ですが、ここではもう絶対建設省と一緒になるべきだという意見だったそうです。昔のことを知らない若い人たちは気質もだいぶん違ってきていて、目的的なんですね……

運輸省は、一部で縦割り打破の動きも見られたが、全体的には縦割り傾向が強かった。その運輸省内に省益よりも目的を重視する、縦割り打破に向かえる若手が存在したことを読み取ることができる。その彼らの主張した国土交通省は、どのように展開したのであろうか。

6　国土交通省と技官の課題

本章冒頭で引用したように、国土交通行政をめぐっては、物流問題一つとっても縦割りの弊害が少なくなかった。低成長の時代に突入し、財政問題も深刻化していたから、割拠状態を放置するわけにはいかなかった。それは、運輸省内の縦割りだけの問題ではなく、関係各省間の問題であり、省庁再編という抜本的な解決策が必要とされた。公共事業についても同じであった。

まず平成九年（一九九七年）の行政改革会議において、国土行政について、国土開発省・国土保全省を設立する案が提出された。道路局と河川局を分離することとなるこの案に、建設省が族議員や業界まで動員して大反対を唱えたため、建設省を分割せずに運輸省などと統合する国土交通省案が検討されることとなった。建設省に呑み込まれることを嫌った運輸省幹部による交通通信省構想は聞き入れられることなく、平成一三年に建設・運輸省と国土・北海道開発庁を統合する形で国土交通省が設立された。農林水産省所管の公共事業を巻き込んだ再編はできなかったが、組織上は、公共事業の大部分を総括し、交通行政も一元化することができたのである[36]。

かかる経緯で国土交通省が成立した以上、この分野の行政において総合調整が実現し、縦割りの弊害が除去できるかが、同省の成否を判断するポイントとなろう。確かに、統合の成果はいくつかの事例で見られるようになってきた。その最大のものは、従来の各事業計画を統合して、社会資本整備重点計画としたことであろう。各部門のバラバラな計画は、縦割りの象徴のようなものであったが、それを一元化したのである。また個別にも旧建設・運輸省で分かれていたバリアフリー関連の法律の統合、鉄道・都市地域整備・道路局が連携したＬＲＴプロジェクトなど、様々な成果が見られる。当時批判を受けてはいたが、東京の地下鉄副都心線建設費への道路特定財源投入も一元化の好例と捉えることもできる。

しかし、同省統合の成果がより定着・拡大するかは、最終的には同省を動かす官僚、特にこれまで政策への影響力が強いとされてきた技官のあり方に左右されることとなろう。かかる意味を持つ同省設立後の技官の実態は、まだ統合前とさほど変わることなく、問題も持ち越されているようである。(37)

たとえば、人事についていえば、確かに統合後も技官が概ね三年に一度の事務次官ポストを確保し、技監、技術総括審議官ポストも継続され、局長ポスト数も原則維持できていたが、それは事務官と技官の棲み分けが続いていることに加え、技官の冷遇状況があまり改善されていないことを意味していた。これでは技官グループのタコツボ化の解決には何ら結びつかないのであり、総合調整は継続課題として残ったとも言えるだろう。さらに、当初七年に一度しか技官には事務次官ポストが回ってこないとの予測がある中で、これまでどおり概ね三年に一度を維持できたのは、目に見えない技官の力が依然として強いことを窺わせるが、背後で建設・運輸両省技官の連携があったとされる。(38)この技官の連携が事実ならば、総合調整という点からは、むしろ歓迎すべきことであるが、その後の推移を見る限り、かかる連携はかなり限定的なものであったようである。それどころか、技官内の人事交流もなかなか進んでいないのが現状である。

上述の社会資本整備重点計画も、同じく一元化された社会資本整備特別会計も、実際の予算額での全体像を踏まえたメリハリある配分がなされなければ、効果は薄くなってしまい、ただの「寄せ集め」に終わってしまう。実際、一部で柔軟な予算配分が見られるとはいえ、特別会計の各勘定も含めて、具体的数字を見る限り、公共事業予算配分はその硬直性から脱し切れてはいないのではないか。長期計画による事業推進については、技官が専門性を背景に大きな影響力を有していたから、技官タコツボが継続している状況での、縦割りの改善は限定的なものにならざるを得ないであろう。もちろん、これらの問題は、政権交代によって一時的に変化が見られるかもしれないが、長期的には問題の根底に技官改革があることは変わらないのではないだろうか。

この国土交通省は、現在多くの政策課題を抱えている。たとえば、道路整備の問題は財源も含めどのようにしていくのか、ダムはどうするのか、といった現在の日本にとってふさわしい公共事業のあり方を模索しなければならない。これらの改革には談合や天下りなど問題も絡むから、技官にとっても「痛み」が伴う可能性もあるが、日本の財政・社会状況を考えた場合、不可避の改革となろう。

また、許認可官庁と評された運輸省を引き継いだ同省にとって構造改革に伴う規制緩和の問題も避けては通れないが、規制緩和や民営化は、往々にして予算や権限、天下り先との結びつきを重視する技官の既得権と衝突する。[39]一方、改革を推進すれば、バスなど需給調整規制緩和などに見られるように副作用も出てくる。現に、タクシーについても供給過剰と再規制の問題で揺れている。これらの課題にも早急に道筋をつけなければならない。

その他にも課題はあるだろうが、いずれにしても、同省組織が縦割りの弊害を克服して国民・国家本位の行政を行える体制にならなければ、解決は難しい。もちろん、そのためには技官改革が不可欠であり、その改革は、技官と事務官の問題、ラインとスタッフの配置や待遇の問題など、政治家の責任による公務員制度改革と直結する部分も少なくないが、何より必要なのは技官自身の意識改革ではないだろうか。

おわりに

以上、縦割りと技術官僚の展開に焦点をあてて国土交通行政史を通観してきた。

国土交通行政史は、明治維新以後、鉄道、道路などの交通インフラ整備や、河川の治水事業などを積極的に進め、戦後もその延長上で新しい技術を取り入れつつ、鉄道・道路・治水・港湾・空港など、より多方面にわたる開発・整備を強力に推進してきた歴史であった。それらは、経済成長の基盤となり、国民生活の利便性を向上させるなど、大きな成果をもたらした。

そのような展開は、常に順調に問題ないものであったわけではない。国土交通分野の歴史的特徴とも言えるセクショナリズムは、既に明治維新期の工部省管轄のあり方にその萌芽が見られ、各行政分野の拡大と共に、各省間での摩擦に広がっていった。戦後は最大の総合調整官庁たる内務省の解体や戦後復興・高度成長下での事業拡大などもあり、さらに縦割り問題は大きくなっていったが、その問題がとりわけ顕在化したのは、低成長下での国家財政の悪化後であった。国土交通省は縦割り打破という文脈で設立されたのであった。

そして、この分野の行政史を支えてきたのが技術官僚・技官であった。工部省時代にその源流が求められる彼らは、戦前・戦後、一貫して規制も含めて事業を担う存在であり、その役割を十分に果たしてきた。一方で、セクショナリズムとも深く関係する立場にあった。戦前においては、維新期の山尾庸三を始めとして、河川・道路を共に担当する土木技術官僚など、セクショナリズムの弊害を助長するというよりは調整する側に位置し、特に戦中にその傾向が強まった。戦後になるとそのような立場は一転し、国土交通行政のみならず、縦割り行政をも支える存在と化していった。したがって、縦割り打破を図るために登場した国土交通省の成否を握っているのは技官ということになる。歴史は、彼らの意識レベルも含めて、彼ら自身によって技官改革がなされる必要性と可能性を示していると言えよう。

注

（1）『衆議院決算行政監視委員会第四分科会会議録』（平成十四年四月八日）。
（2）『陸上交通事業調整法案委員会議録』。
（3）技官については、西川伸一『官僚技官』（五月書房、二〇〇二年）、新藤宗幸『技術官僚』（岩波新書、二〇〇二年）、藤田由紀子『公務員制度と専門性』（専修大学出版局、二〇〇八年）などの研究があり、その歴史については、大淀昇一『技術官僚の政治参画』（中公新書、一九九七年）が詳しいが、国土交通分野の技術官僚と縦割り行政の歴史を通観するようなものは管見の限り存在していない。また、大森彌『官のシステム』（東京大学出版会、二〇〇七年、二三六、二三七頁）は、三〇年前の辻清明氏の言及を踏襲する形での主張である。よって、この技官と縦割りの問題も少なくとも三〇年以上の歴史があることになる。なお、セクショナリズムについては、今村都南雄『官庁セクショナリズム』（東京大学出版会、二〇〇六年）などの研究がある。

（4）明治初年における彼らや工部省については、柏原宏紀『工部省の研究』（慶應義塾大学出版会、二〇〇九年）、工部省全体やその政策については、永井秀夫『明治国家形成期の外政と内政』（北海道大学図書刊行会、一九九〇年）、鈴木淳編『工部省とその時代』（山川出版社、二〇〇二年）、参照。

（5）本章において人事に言及する際は、『官員録』『日本官僚制総合事典』『内務省人事総覧』『政官要覧』等を参照している。

（6）原田勝正『鉄道史研究試論』（日本経済評論社、一九八九年）。

（7）鈴木淳「製鉄事業の挫折」（鈴木『工部省とその時代』）。

（8）戦前土木行政の政策変遷は、大霞会『内務省史』（原書房、一九八〇年復刻）を参照。

（9）古市については、土木学会土木図書館委員会『古市公威とその時代』（土木学会、二〇〇四年）、参照。

（10）戦前政党内閣期の利水をめぐるセクショナリズムについては、御厨貴『政策の総合と権力』（東京大学出版会、一九九六年）に詳しい。

（11）戦後、内務省土木局技監経験者の青山士は「昔はひとつの現場の所長をかなり長く勤め、現在のように二年ぐらいで次々と交替することはなかった。……技術者の責任観念が劣えているのではないか……」との主旨の発言をしていた（高橋裕「名誉会員青山士氏をお訪ねして」『土木学会誌』四七巻一号、一九五二年一月）。

（12）大淀昇一「明治期内閣制成立前後の工業行政機関と法学エリートの登場」『東洋大学大学院紀要』三八集（二〇〇一年）。内務省人事から溢れてゆく技術官僚たちは、満州に出てゆくことが多かった（大淀昇一『宮本武之輔と科学技術行政』東海大学出版会、一九八九年）。また、この「法科偏重」への批判と技術官僚の動向については、若月剛史「『法科偏重』批判の展開と政党内閣」『史学雑誌』一一四編三号（二〇〇五年）、参照。

（13）たとえば、二代目技監の沖野忠雄は、内々に土木局長就任の打診を受けても、それを拒絶していたようである。また元土木局長水野錬太郎によれば、沖野は「自分は技術に対しては一切の責任を負ひ、且つ夫れ以外のことには一切口嘴を入れぬから、其の代りに事務系等の人々が濫りに技術に関してとやかく云ふことはやめて貰らはなければ困る」と語っていた（清水生「内務技監の今昔（一）古市公威氏沖野忠雄氏」『道路の改良』二三巻六号、一九四一年）。土木技官であった赤木正雄は、戦後に「国会で随分治水問題のごときは難問題が出ても、一たび沖野さんが国会に姿を現わしたならばどんな難問題でももう一言で解消してしまつた。これが厳然たる事実なんです」と語っている（『参議院建設委員会会議録』昭和二七年五月二四日）。
(14) この件は、勅任技官が結局辞表を撤回し、青山技監が責任を取る形で退任して、決着をみた（高崎哲郎『評伝技師　青山士の生涯』講談社、一九九四年）。
(15) 新藤『技術官僚』、宮本武之輔「土木省設置問題管見」『土木学会誌』二二巻一〇号（一九三六年一〇月）。
(16) 鉄道省編『日本鉄道史』（鉄道省、一九二一年）、参照。以下、鉄道政策の変遷については、『日本国有鉄道百年史』（日本国有鉄道、一九六九－七四年）、野田正穂他編『日本の鉄道――成立と展開』（日本経済評論社、一九八六年）等を参照している。
(17) 老川慶喜『近代日本の鉄道構想』（日本経済評論社、二〇〇八年）。
(18) 鉄道省においては、事務官よりも出世のスピードが遅かったなど、事務官より技官の方が冷遇されているということが指摘されている（高橋泰隆「鉄道政策と鉄道官僚」波形昭一他編『近代日本の経済官僚』日本評論社、二〇〇〇年）。ただ、銓衡採用の時代に、局長や次官ポストを事務官並みに確保していること自体、きわめて破格のことであり、彼らの地位が省内で高かったことを示すものと言えよう。
(19) 大淀『宮本武之輔と科学技術行政』。
(20) 建設省における計画行政については、新藤『技術官僚』、参照。
(21) 道路行政については、武藤博己『道路行政』（東京大学出版会、二〇〇八年）が詳しい。
(22) 『衆議院建設委員会会議録』（昭和二四年四月二六日）。なお、同時期以降の国土関係の行政一元化（「国土省構想」）の動きについては、今村『官庁セクショナリズム』に詳しい。
(23) 予算比率の固定化と技官の関係については、新藤『技術官僚』、西川『官僚技官』、参照。
(24) 『参議院建設委員会会議録』（昭和二七年五月二四日）。
(25) 西川『官僚技官』、参照。
(26) 大霞会『内務省史』第四巻、二七〇、二七一頁。
(27) 岩沢忠恭先生追想録刊行委員会『岩沢忠恭先生追想録』（国政社、一九六八年）。
(28) 科研費研究成果報告書『竹内良夫　オーラルヒストリー』（政策研究大学院大学、二〇〇一年）。同書では、民間への技術移転としての天下りやその民間を育成する談合など、戦後建設行政を支えてきた実態も述べられている。
(29) 新藤『技術官僚』。
(30) 村松岐夫『日本の行政』（中公新書、一九九四年）。

(31) 前掲『日本国有鉄道百年史』、参照。
(32) 元運輸省航空局監理部長丸山博氏は「マスコミからは、運輸省が自分の権益なり権限を手放したくないから規制緩和をしないのだとよく言われます。……一番規制緩和に反対しているのは、役所ではなく利害関係を持っている人なんです。……僕は規制行政に対して何の未練もありません」と語っており、必ずしも、規制緩和の抵抗勢力が運輸官僚であったわけではないようである（中道實編『日本官僚制の連続と変化』ライフヒストリー編、ナカニシヤ出版、二〇〇七年、七〇九―七一一頁）。以下運輸省官僚の談話は、同書による。
(33) 新藤『技術官僚』、西川『官僚技官』。
(34) 技官の政策決定への影響力は、非常に大きかったとされる（西川『官僚技官』）。
(35) 「建設と運輸なども、昔は必ずしも仲がよくなくて、何かというと角突き合わせて同じ庁舎にいても大変でした。昔だと、空港は空港で勝手に造って、アクセス道路のことは知らない、アクセス鉄道も勝手にやれ、という連携の悪さがなきにしもあらずだった」との回顧もある。
(36) この間の経緯は、藤田『公務員制度と専門性』などに詳しい。
(37) 柏原宏紀「国土交通省技官に関する一考察」（日本法政学会創立五十周年記念論文集編集委員会編『現代政治学の課題』成文堂、二〇〇六年）。
(38) 「朝日新聞」二〇〇〇年二月二八日付朝刊。なお、最近は技官の事務次官就任が四年に一度となることもあったが、全体としては概ね三年に一度としてよいようである。
(39) 西川『官僚技官』、参照。

第12章　参考文献一覧

今村都南雄『官庁セクショナリズム』東京大学出版会、二〇〇六年
老川慶喜『近代日本の鉄道構想』日本経済評論社、二〇〇八年
大淀昇一『宮本武之輔と科学技術行政』東海大学出版会、一九八九年

大淀昇一『技術官僚の政治参画』中公新書、一九九七年
柏原宏紀「国土交通省技官に関する一考察」日本法政学会創立五十周年記念論文集編集委員会編『現代政治学の課題』成文堂、二〇〇六年
柏原宏紀『工部省の研究』慶應義塾大学出版会、二〇〇九年
新藤宗幸『技術官僚』岩波新書、二〇〇二年
鈴木淳編『工部省とその時代』山川出版社、二〇〇二年
高崎哲郎『評伝技師　青山士の生涯』講談社、一九九四年
高橋泰隆「鉄道政策と鉄道官僚」波形昭一他編『近代日本の経済官僚』日本評論社、二〇〇〇年
土木学会土木図書館委員会『古市公威とその時代』土木学会、二〇〇四年
永井秀夫『明治国家形成期の外政と内政』北海道大学図書刊行会、一九九〇年
中道實編『日本官僚制の連続と変化』ライフヒストリー編、ナカニシヤ出版、二〇〇七年
西川伸一『官僚技官』五月書房、二〇〇二年
野田正穂他編『日本の鉄道――成立と展開』日本経済評論社、一九八六年
原田勝正『鉄道史研究試論』日本経済評論社、一九八九年
藤井肇男『土木人物事典』アテネ書房、二〇〇四年
藤田由紀子『公務員制度と専門性』専修大学出版局、二〇〇八年
御厨貴『政策の総合と権力』東京大学出版会、一九九六年
武藤博己『道路行政』東京大学出版会、二〇〇八年
若月剛史「『法科偏重』批判の展開と政党内閣」『史学雑誌』一一四編三号、二〇〇五年

柏原　宏紀

1999(平成11)年	3月	国会審議活性化法成立（政府委員・政務次官の廃止と副大臣・大臣政務官の新設等）
		地方分権推進一括法成立（機関委任事務廃止等）
	7月	PFI法成立
		独立行政法人通則法成立
2000(平成12)年	12月	行政改革大綱閣議決定（森喜朗内閣　行政改革推進本部設置）
2001(平成13)年	1月	中央省庁再編（1府22省庁を1府12省庁へ）
	6月	特殊法人等改革基本法成立
2002(平成14)年	7月	いざなみ景気（2007年10月まで）
	9月	日朝首脳会談（平壌宣言）
2003(平成15)年	4月	日本郵政公社設立（郵政三事業の公社化）
2004(平成16)年	3月	「三位一体改革関連三法」成立
2005(平成17)年	10月	郵政民営化関連法案成立
2007(平成19)年	10月	郵政事業民営化（日本郵政グループへ）
2009(平成21)年	9月	鳩山由紀夫内閣成立（自民党から民主党への政権交代）

	11月	自由民主党結成（日本民主党と自由党が合同、「五五年体制」の始まり）
1956（昭和31）年	10月	日ソ共同宣言（日ソ国交正常化）
	12月	国際連合に加盟
1958（昭和33）年	6月	岩戸景気（1961年12月まで）
1960（昭和35）年	1月	日米安全保障条約改定
1962（昭和37）年	2月	臨時行政調査会（第1次臨調）設置
1964（昭和39）年	10月	東京オリンピック開催
1965（昭和40）年	6月	日韓基本条約締結
	10月	いざなぎ景気（1970年7月まで）
1968（昭和43）年	6月	小笠原諸島返還
1972（昭和47）年	5月	沖縄返還
	9月	日中共同声明（日中国交正常化）
1973（昭和48）年	10月	第1次石油危機
1976（昭和51）年	7月	ロッキード事件
1979（昭和54）年	2月	第2次石油危機
1981（昭和56）年	3月	第2次臨時行政調査会発足（土光敏夫経団連会長を会長に）
1983（昭和58）年	7月	臨時行政改革推進審議会（第1次行革審）設置
1985（昭和60）年	4月	日本電信電話公社（電電公社）民営化（NTT に）
		日本専売公社民営化（JT に）
1986（昭和61）年	12月	防衛費対 GNP 1％枠を突破（設定は1976年三木武夫内閣）
		バブル景気（1991年2月まで）
1987（昭和62）年	4月	日本国有鉄道（国鉄）分割・民営化（JR 各社に、三公社民営化実現）
		臨時行政改革推進審議会（第2次行革審：通称「土地臨調」）設置
1988（昭和63）年	11月	消費税導入
1990（平成2）年	10月	臨時行政改革推進審議会（第3次行革審）設置
1993（平成5）年	6月	内閣不信任案可決（宮沢喜一内閣）
	8月	細川護煕内閣成立（非自民七党一会派連立、「五五年体制」終焉）
1994（平成6）年	1月	政治改革関連法成立（衆議院議員選挙を中選挙区制から小選挙区・比例代表並立制に変更、政治資金規正法改正、政党助成法等）
	6月	村山富市内閣成立（自社さ連立内閣　自民党与党復帰）
	11月	行政改革委員会設置
1996（平成8）年	11月	行政改革会議発足（橋本龍太郎内閣　会長は橋本首相）
1998（平成10）年	6月	中央省庁等改革法成立

1944(昭和19)年	7月	サイパン島陥落（日本本土への爆撃開始、東条内閣総辞職・小磯国昭内閣成立）
1945(昭和20)年	5月	ドイツ降伏
		運輸通信省を運輸省と逓信院に分割
	8月	ポツダム宣言受諾（日本無条件降伏、第二次世界大戦終結）
	10月	連合国軍最高司令官総司令部（GHQ／SCAP）、東京に設置
		五大改革指令（幣原喜重郎内閣）
		財閥解体指令
	12月	衆議院議員選挙法改正（満20歳以上の成年男女に選挙権を付与）
		労働組合法制定
1946(昭和21)年	1月	公職追放指令（教育関係者は1945年10月より）
	2月	第1次農地改革
	10月	第2次農地改革
	11月	日本国憲法公布
1947(昭和22)年	3月	教育基本法・学校教育法制定
	4月	地方自治法制定
		独占禁止法・労働基準法制定
	10月	国家公務員法制定
	12月	内務省廃止
1948(昭和23)年	3月	警察法制定（自治体警察と国家警察）
	7月	国家行政組織法制定
		建設省設置
	11月	人事委員会廃止、人事院設置
1950(昭和25)年	6月	朝鮮戦争勃発（対日占領政策の転換、特需景気）
	8月	警察予備隊創設（後の自衛隊）
	9月	レッド・パージ
	10月	公職追放解除（鳩山一郎ら約1万人が復帰）
1951(昭和26)年	9月	サンフランシスコ平和条約調印
		日米安全保障条約締結
	10月	日本社会党分裂（講和問題を巡って左派・右派に分裂）
1952(昭和27)年	5月	破壊活動防止法制定
1954(昭和29)年	7月	M.S.A.協定（日米相互防衛援助協定）調印
		自衛隊創設
		警察法改正（都道府県警察へ）
	11月	神武景気（1957年6月まで）
1955(昭和30)年	10月	社会党再統一

1930(昭和５)年	４月	ロンドン海軍軍縮条約調印（統帥権干犯問題の発生）
1931(昭和６)年	６月	臨時行政財政審議会設置（第２次若槻礼次郎内閣）
	９月	満州事変勃発（柳条湖事件）
1932(昭和７)年	２月	血盟団事件（井上準之助暗殺・団琢磨暗殺（３月））
	５月	五・一五事件（犬養毅首相暗殺、「憲政の常道」の終焉）
1933(昭和８)年	３月	国際連盟脱退
1935(昭和10)年	５月	内閣調査局設置
1936(昭和11)年	２月	二・二六事件（斎藤実内大臣・渡辺錠太郎陸軍教育総監・高橋是清蔵相ら暗殺）
	５月	軍部大臣現役武官制復活
	11月	日独防共協定締結
1937(昭和12)年	５月	企画庁設置（内閣調査局廃止）
	７月	日中戦争開戦（盧溝橋事件）
	８月	日独伊三国防共協定締結
	10月	国民精神総動員運動
		企画院設置
1938(昭和13)年	１月	厚生省設置
	４月	国家総動員法制定
	６月	五相会議設置（国策協議機関として正式に閣議決定）
1939(昭和14)年	５月	ノモンハン事件（ソ満国境での大規模な日ソ間の軍事衝突）
	９月	第二次世界大戦勃発
1940(昭和15)年	９月	日独伊三国軍事同盟締結
	10月	大政翼賛会結成
	11月	大日本産業報告会結成
1941(昭和16)年	４月	日ソ中立条約締結
	12月	太平洋戦争開戦（真珠湾攻撃）
1942(昭和17)年	４月	翼賛選挙実施（東条英機内閣）
	６月	ミッドウェー海戦
	11月	行政簡素化実施要領（東条英機内閣の行政整理、拓務省・対満事務局・興亜院を廃止・統合して大東亜省を設置等）
1943(昭和18)年	３月	戦時行政権特例法公布
	７月	東京都制施行
	９月	イタリア降伏
	11月	行財政整理（東条英機内閣　商工省・農林省・逓信省・鉄道省・企画院を廃止して、軍需省・農商省・運輸通信省を設置、内閣調査官を廃止して内閣参事官を設置等）

1913(大正２)年	２月	第３次桂太郎内閣総辞職（第１次護憲運動・大正政変）
	６月	軍部大臣現役武官制廃止（現役規定削除）
		文官任用令改正（自由任用枠拡大）
		行財政整理（第１次山本権兵衛内閣　官吏6878人の削減等）
1914(大正３)年	７月	第一次世界大戦勃発
	８月	第一次世界大戦に日本参戦
1915(大正４)年	１月	対華二十一カ条要求（第２次大隈内閣）
1918(大正７)年	８月	シベリア出兵開始
		米騒動発生（寺内正毅内閣総辞職）
	９月	原敬内閣成立（初の本格的政党内閣）
	11月	第一次世界大戦終戦
1919(大正８)年	３月	衆議院議員選挙法改正（納税要件を３円に緩和）
	６月	ヴェルサイユ条約締結
1920(大正９)年	１月	国際連盟発足（日本は常任理事国として参加）
	５月	鉄道省設置
1921(大正10)年	４月	郡制廃止法公布（1923年に郡会が、1926年に郡長・郡役所が廃止）
	11月～	ワシントン会議（海軍軍縮条約・四カ国条約・九カ国条約締結）
1922(大正11)年	10月	シベリア撤兵完了（1922年６月に撤兵を宣言）
		行財政整理（加藤友三郎内閣　国務院廃止、内閣統計局・内務省社会局設置等）
	７月	日本共産党結成
1923(大正12)年	９月	関東大震災
1924(大正13)年	６月	清浦奎吾内閣総辞職（第２次護憲運動、加藤高明内閣発足）
	11月	行財政整理（加藤高明内閣　陸軍４個師団の廃止、特別会計の整理等）
1925(大正14)年	３月	農商務省廃止
	４月	治安維持法公布
		行政調査会設置
		農林省・商工省設置
	５月	衆議院議員選挙法改正（普通選挙）
1927(昭和２)年	４月	金融恐慌
	５月	内閣資源局設置
	６月	行政制度審議会設置（田中義一内閣　行政調査会廃止）
1928(昭和３)年	２月	第１回普通選挙
	６月	満州某重大事件（張作霖爆殺事件）
1929(昭和４)年	10月	世界恐慌発生（ニューヨーク株式市場での株価暴落）

1878(明治11)年	3月	郡区町村編制法・府県会規則・地方税規則発布（三新法体制）
	5月	紀尾井坂の変（大久保利通暗殺）
1880(明治13)年	2月	太政官制改革（参議・省卿分離、翌3月より六部分掌制）
1881(明治14)年	10月	明治一四年の政変（大隈重信、政府を追放）
		国会開設の勅諭
		自由党結成（党首　板垣退助）
1882(明治15)年	3月	立憲改進党結成（党首　大隈重信）
1887(明治17)年	5月	明治17年の改正（戸長官選制・戸長管区拡大など）
1885(明治18)年	12月	内閣制度成立（初代総理大臣　伊藤博文　「内閣職権」・「政綱五章」）
		工部省廃止
1887(明治20)年	7月	文官試験試補及見習規則（官吏の試験任用開始）
	12月	保安条例公布
1889(明治22)年	2月	大日本帝国憲法発布
	4月	市制・町村制施行
	12月	内閣官制制定（「大宰相主義」から「小宰相主義」へ）
1890(明治23)年	7月	第1回衆議院議員選挙
	11月	第1帝国議会
	5月	府県制・郡制施行
1893(明治26)年	10月	文官任用令・文官試験規則制定
1894(明治27)年	7月	日英通商航海条約（領事裁判権の撤廃）
		日清戦争開戦（豊島沖海戦）
1895(明治28)年	4月	日清戦争終戦（下関条約締結）
1898(明治31)年	10月	第1次大隈内閣成立（隈板内閣、最初の政党内閣）
1899(明治32)年	3月	文官任用令改正（同時に文官分限令・文官懲戒令制定）
1900(明治33)年	3月	衆議院議員選挙法改正（納税用件を10円に緩和）
	5月	軍部大臣現役武官制制定
	9月	立憲政友会結成（初代総裁　伊藤博文）
1902(明治35)年	2月	日英同盟締結
1904(明治37)年	2月	日露戦争開戦（仁川沖海戦）
1905(明治38)年	3月	奉天会戦
	5月	日本海海戦
	9月	日露戦争終戦（ポーツマス条約締結）
1911(明治44)年	6月	日米通商航海条約（関税自主権の回復）
1912(大正元)年	12月	2個師団増設問題（上原勇作陸相の帷幄上奏と第2次西園寺公望内閣総辞職）

[日本行政史関連年表]

1867(慶応3)年	10月	大政奉還の上表
	12月	王政復古の大号令（三職七科／三職八局制）
		小御所会議（辞官納地問題）
1868(明治元)年	1月	鳥羽・伏見の戦い（戊辰戦争開始）
	3月	五箇条の御誓文
		江戸城開城
	閏4月	政体書発布（政体書官制）
1869(明治2)年	5月	箱館戦争終戦（戊辰戦争終結）
	6月	版籍奉還
	7月	職員令発布（太政官制）
	8月	民部省・大蔵省合併（民蔵合併）
1870(明治3)年	7月	民部省・大蔵省分離（民蔵分離）
	閏10月	工部省設置
1871(明治4)年	7月	廃藩置県
		太政官三院制
		民部省・大蔵省再合併（民蔵再合併）
	11月	岩倉遣外使節団出発
1873(明治6)年	5月	太政官制潤飾
		井上馨・渋沢栄一大蔵省を辞職（「明治六年の予算紛議」決着）
	7月	地租改正条例発布
	9月	岩倉遣外使節団帰国
	10月	明治六年政変（西郷隆盛・板垣退助・江藤新平・副島種臣・後藤象二郎ら下野）
	11月	内務省設立
1874(明治7)年	1月	民撰議院設立建白書
	2月	佐賀の乱（江藤刑死）
	4月	台湾出兵
1875(明治8)年	2月	大阪会議（木戸孝允・板垣退助参議復帰）
	4月	漸次立憲政体樹立の詔（左・右院廃止、元老院・大審院・地方官会議設置）
	6月	第1回地方官会議
1876(明治9)年	8月	金禄公債証書条例発布（秩禄処分完了）
1877(明治10)年	1月	地租軽減（地価3％→2.5％）
	2月	西南戦争（6月終結、西郷自刃）

タ行

サ行

〈索　引〉

福沢　真一（ふくざわ しんいち）〔第５章、第９章〕

常磐大学総合政策学部教授。

1972年生まれ。慶應義塾大学大学院法学研究科政治学専攻後期博士課程修了。

著書に、笠原英彦編『近代日本の政治意識』（共著、慶應義塾大学出版会、2007年）、大山耕輔監修『公共政策の歴史と理論』（共著、ミネルヴァ書房、2013年）、東京都港区編『港区史（近代編）』（東京都港区、2022年）など。

神崎　勝一郎（こうざき しょういちろう）〔第７章〕

学校法人大原学園講師。

1973年生まれ。慶應義塾大学大学院法学研究科政治学専攻後期博士課程修了。博士（法学）。

著書に、笠原英彦・桑原英明編『日本行政の歴史と理論』（共著、芦書房、2004年）、堀江湛編『政治学・行政学の基礎知識』（共著、一藝社、2004年）、笠原英彦編『近代日本の政治意識』（共著、慶應義塾大学出版会、2007年）など。

半田　英俊（はんだ ひでとし）〔第８章〕

杏林大学総合政策学部准教授。

1974年生まれ。杏林大学大学院国際協力研究科後期博士課程修了。

著書・論文に、『明治外債史の研究』（一藝社、2022年）、『日本政治史入門』（一藝社、2022年）、「西園寺公望とオーストリア特命全権公使」『杏林社会科学研究』35巻２号（2019年）など。

小島　和貴（こじま かずたか）〔第10章〕

桃山学院大学法学部教授。

1970年生まれ。慶應義塾大学大学院法学研究科政治学専攻後期博士課程修了。博士（法学）。

著書に『長与専斎と内務省の衛生行政』（慶應義塾大学出版会、2021年）、『長崎偉人伝　長与専斎』（長崎文献社、2019年）など。

柏原　宏紀（かしはら ひろき）〔第12章〕

関西大学経済学部教授。

1978年生まれ。慶應義塾大学大学院法学研究科政治学専攻後期博士課程修了。博士（法学）。

著書・論文に、『工部省の研究――明治初年の技術官僚と殖産興業政策』（慶應義塾大学出版会、2009年）、『明治の技術官僚――近代日本をつくった長州五傑』（中公新書、2018年）、「大久保利通の内務・工部省合併論に関する一考察」『法学研究』94巻11号（2021年）など。

〈編者紹介〉

笠原　英彦（かさはら　ひでひこ）

慶應義塾大学名誉教授。

1956年生まれ。慶應義塾大学大学院法学研究科政治学専攻博士課程修了。法学博士。

著書に、『日本行政史序説』（芦書房、1998年）、『日本の医療行政』（慶應義塾大学出版会、1999年）、『歴代天皇総覧［増補版］』（中公新書、2021年）、『天皇・皇室制度の研究』（慶應義塾大学法学研究会、2022年）など多数。

〈執筆者紹介〉（目次順。〔　〕内は担当章）

門松　秀樹（かどまつ　ひでき）〔第1章、第2章、第6章、年表〕

東北公益文科大学公益学部准教授。

1974年生まれ。慶應義塾大学大学院法学研究科政治学専攻後期博士課程単位取得退学。博士（法学）。

著書・論文に、『開拓使と幕臣――幕末・維新期の行政的連続性』（慶應義塾大学出版会、2009年）、『明治維新と幕臣――「ノンキャリア」の底力』（中公新書、2014年）、「設置当初の屯田兵による北海道防衛に関する一考察」『東北公益文科大学総合研究論集』39号（2021年）など。

清水　唯一朗（しみず　ゆいちろう）〔第3章〕

慶應義塾大学総合政策学部教授。

1974年生まれ。慶應義塾大学大学院法学研究科政治学専攻後期博士課程単位取得。博士（法学）。

著書に、『政党と官僚の近代』（藤原書店、2007年）、『近代日本の官僚』（中公新書、2013年）、*The Origins of the Modern Japanese Bureaucracy*（Bloomsbury, 2019）、『日本政治史』（共著、有斐閣、2020年）、『原敬』（中公新書、2021年）など。

小川原　正道（おがわら　まさみち）〔第4章、第11章〕

慶應義塾大学法学部教授。

1976年生まれ。慶應義塾大学大学院法学研究科政治学専攻後期博士課程修了。博士（法学）。

著書に、『西南戦争と自由民権』（慶應義塾大学出版会、2017年）、『日本の戦争と宗教 1899-1945』（講談社選書メチエ、2014年）、『明治の政治家と信仰――クリスチャン民権家の肖像』（吉川弘文館、2013年）など。

日本行政史

2010年10月30日　初版第1刷発行
2022年12月15日　初版第2刷発行

編　者――――笠原英彦
発行者――――依田俊之
発行所――――慶應義塾大学出版会株式会社
〒108-8346　東京都港区三田2-19-30
TEL〔編集部〕03-3451-0931
〔営業部〕03-3451-3584〈ご注文〉
〔　〃　〕03-3451-6926
FAX〔営業部〕03-3451-3122
振替　00190-8-155497
https://www.keio-up.co.jp/
装　丁――――鈴木　衛
印刷・製本――株式会社加藤文明社
カバー印刷――株式会社太平印刷社

Printed in Japan ISBN 978-4-7664-1784-5